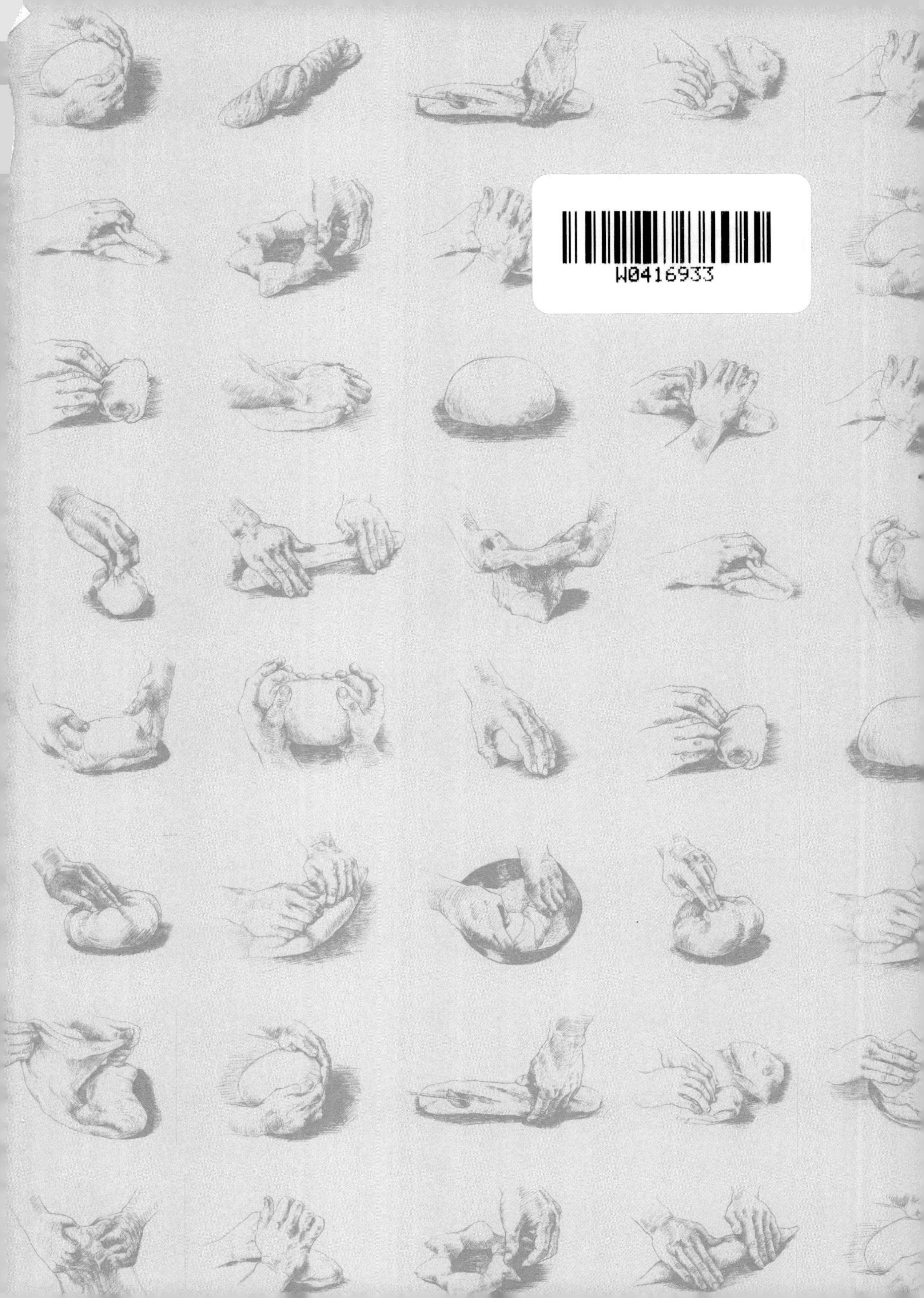

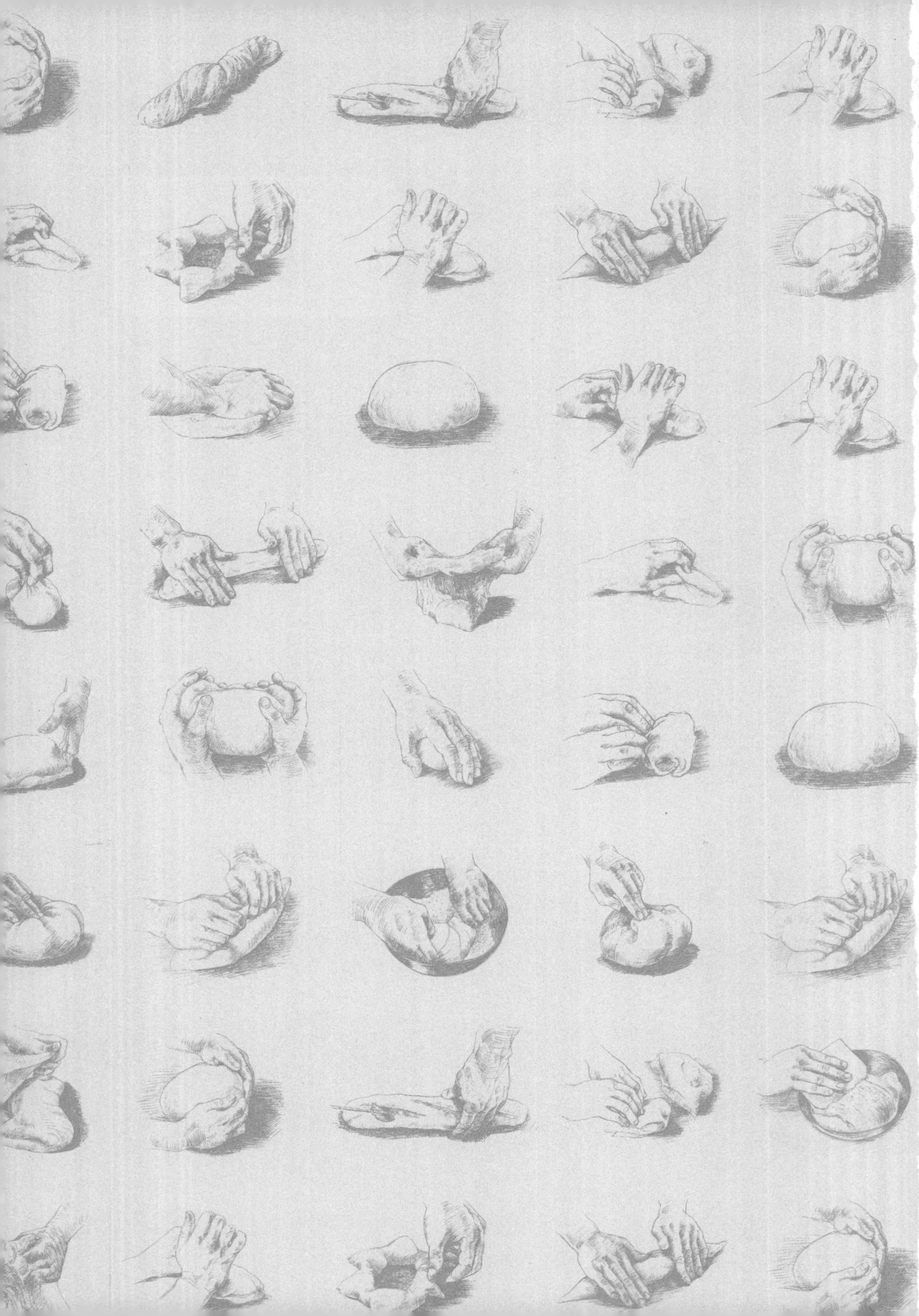

FÜR MARIA

DAS BROT BACK BUCH

Grundlagen & Rezepte
für *ursprüngliches* Brot

von LUTZ GEIßLER | *unter Mitarbeit von* FELIX REMMELE

Inhalt

Alles rund ums Brotbacken

Vorwort

Im Jahre 2009 habe ich eine Leidenschaft entdeckt, die weit über das hinausgeht, was ich selbst noch als Hobby bezeichnen würde. Eine Leidenschaft, die sich hoffentlich auf Sie als Leser überträgt.

Meine ersten Backversuche im eigenen Ofen waren Symbiosen aus völliger Unwissenheit und guten Rezepten aus dem Internet. Besonders gedankt sei an dieser Stelle Petra Holzapfel und Gerhard Kellner, die mit ihren Foodblogs den Grundstein für mein Backinteresse legten.

Schon nach kurzer Zeit hielt ich meine Backversuche selbst im Internet fest (www.ploetzblog.de).

Das Wissen habe ich mir autodidaktisch aus unzähligen Quellen im Internet, aber auch aus Fachbüchern zusammengetragen. Ich durfte in professionellen Backstuben helfen und im Austausch mit anderen Hobbybrotbäckern Wissen teilen. Dieser Austausch hat mir gezeigt, dass Hobbybäcker bislang keine Möglichkeit hatten, Grundlagen zum Brotbacken gebündelt nachzulesen. Deshalb habe ich mir vorgenommen, ein umfassendes Buch für Menschen zu schreiben, die gerne backen möchten und dabei Wert auf Tradition und Qualität legen.

Aus der eigenen Erfahrung heraus empfehle ich Anfängern, mit dem Rezepteteil des Buches zu beginnen, also einfach loszubacken, aus den Fehlern zu lernen und erst dann gezielt nach möglichen Ursachen im Buch zu forschen.

Verstehen Sie das Buch als Nachschlagewerk, das Sie bei Problemen und mit wachsendem Wissensdurst immer wieder zur Hand nehmen können.

Unter www.brotbackbuch.de habe ich eine Internetseite aufgebaut, auf der Sie zu jedem Rezept ergänzende Anleitungen, Fotomaterial und Tipps finden. Außerdem können Sie mir bei Problemen Ihre Fragen stellen.

Dieses Buch hätte ich ohne die Unterstützung vieler Menschen nicht schreiben können. An erster Stelle sei meinem Bäckerfreund Felix Remmele gedankt, der seine vielen Erfahrungen in das Buch einfließen lassen hat. Anita Voigt hat fantastische Illustrationen geschaffen. Für die detailreiche Korrektur des Manuskriptes danke ich Bäckermeister Wolfgang Süpke, Anne Losinski, Tobias Höfig, meinen Eltern und meiner wunderbaren Frau Maria.
Sie hat mir gemeinsam mit unserer Tochter Lotte Wochenende für Wochenende und Abend für Abend den Rücken freigehalten, um dieses Buch schreiben zu können.

Ihr Lutz Geißler

Links: Roggenbrötchen

Tipps für den Start

Sie können die Rezepte allesamt backen, ohne den Grundlagenteil meines Buches gelesen zu haben. Die wichtigsten Grundbegriffe finden Sie auf Seite 13. Das unbedingt notwendige Zubehör habe ich für Sie ab Seite 162 aufgelistet. Einige Hinweise zum Umgang mit den Rezepten und auf hilfreiche, praxisbezogene Buchkapitel gebe ich Ihnen auf den folgenden Seiten mit auf den Weg.

Sollten Sie Fragen zu den Rezepten haben, können Sie sich direkt an mich wenden. Auf der Internetseite www.brotbackbuch.de gebe ich Ihnen ein Forum für Ihre Fragen. Außerdem finden Sie dort weitere Fotos und ergänzende Informationen zu den Rezepten.

Nichts ist so unvorhersagbar wie Brotbacken.

Verstehen Sie die nachfolgenden Rezepte als Hilfe, als Richtlinie oder Leitfaden, ein gutes Brot zu backen. Befolgen Sie die Rezepte nicht wie ein Gesetz, sondern achten Sie auf Ihre Backumgebung und sammeln Sie Erfahrungen.

Es ist noch kein Meister vom Himmel gefallen. Auch wenn die Brote und Brötchen am Anfang nicht nach Ihren Vorstellungen aussehen, schmecken werden sie in aller Regel sehr gut.

MEINE BITTE

Dieses Buch gibt Ihnen Ratschläge und Tipps, wie Sie daheim das Beste aus Ihrem Teig herausholen. Guten Bäckerprodukten können Sie so sehr nahe kommen, sie aber in ihrer Qualität nie erreichen (z. B. wegen anderer Ofentechnik). Deshalb und weil mir die alteingesessenen, traditionellen Bäcker sehr am Herzen liegen, bitte ich Sie: Unterstützen Sie Ihren heimischen Bäcker im harten Wettbewerb mit SB-Backshops, Backautomaten, Discountern und Großbäckereien. Erst wenn Sie mit seinem Angebot und der Backwarenqualität nicht zufrieden sind, lohnt es sich aus meiner Sicht, selbst zu backen.

Vor- und Zubereitungszeiten

Für jedes Rezept habe ich effektive und absolute Vor- und Zubereitungszeiten angegeben. Zur Vorbereitung zählen alle Tätigkeiten, die vor dem Backtag stattfinden müssen, beispielsweise das Ansetzen von Sauerteigen oder Vorteigen, aber auch die Teigbereitung und das Formen von Teig, der über Nacht gehen muss. Die Zubereitung umfasst sämtliche Aufgaben während des Backtages.

Die effektiven Zeiten geben Ihnen an, wie lange Sie tatsächlich in der Küche tätig sein müssen. Die absoluten Zeiten umfassen zusätzlich jene Zeiträume, in denen die Teige oder Teiglinge ruhen oder backen.

Sie werden feststellen: Brotbacken ist nicht so zeitaufwändig, wie die meisten Menschen glauben. Die meiste Zeit arbeitet der Teig allein. Sie können sich anderen Aufgaben widmen.

Teiggewicht und Teigeinlage

Das Teiggewicht in den Rezepten gibt Ihnen auf einen Blick die auf wenige Gramm gerundete Gesamtmasse des Teiges wieder. Die Teigeinlage dagegen ist das Gewicht eines Teigstückes, das vom Gesamtteig abgenommen und zu einem Teigling verarbeitet wird. Bei Brotrezepten sind beide Angaben identisch, da das Brot aus dem gesamten Teig gebacken wird. Bei Kleingebäck oder Brötchen entspricht die Teigeinlage dem Gewicht eines Teiglings. Haben Sie also 800 g Teig und eine Teigeinlage von 100 g, so können Sie daraus acht Brötchen backen.

Wenn Sie von der Teigeinlage 10–25 % abrechnen, erhalten Sie das Gebäckgewicht nach dem Backen. Dieser sogenannte Backverlust entsteht vor allem, weil beim Backen Wasser aus dem Teig verdampft.

Teigausbeute (TA)

In jedem Rezept ist eine sogenannte Teigausbeute (TA) angegeben. Sie ist ein Maß für die Teigkonsistenz. Eine hohe Teigausbeute (> 165) ist ein Indiz für einen weicheren Teig, eine niedrigere Teigausbeute (< 160) für einen festeren Teig. Sie berechnet sich aus dem Anteil der verwendeten Flüssigkeiten im Verhältnis zur Gesamtmehlmenge (siehe Seite 214).

Mit dem Ausdruck „(theoret.)“ verdeutliche ich in manchen Rezepten, dass es sich um eine theoretische, rein rechnerische Größe handelt. Grund hierfür sind Zutaten, die sehr viel Wasser binden können. Trotz der rechnerisch hohen Teigausbeute besitzt der Teig deshalb eine Konsistenz, mit der Sie gut arbeiten können.

In die Teigausbeute habe ich auch die Mehl- und Flüssigkeitsmengen vom Anstellgut des Sauerteiges eingerechnet, da es nicht wieder vom fertigen Sauerteig abgenommen, sondern mit verbacken wird (siehe Seiten 193 und 194).

Zutaten

Wiegen Sie Zutaten bitte generell mit einer Waage ab. Besonders bei kleinen Mengen sollten Sie exakt vorgehen. Eine Löffelwaage ist hilfreich für Mengen kleiner als fünf Gramm.

Kaufen Sie Mehle möglichst direkt vom Hersteller. Achten Sie darauf, das Mehl nicht über das Verfallsdatum zu lagern, da die Backkraft mit der Zeit schwindet.

Wird in den Rezepten mit Hefe gearbeitet, handelt es sich stets um Frischhefe. Sie ist unkomplizierter einsetzbar als Trockenhefe. Frischhefe muss nicht in Wasser aufgelöst werden. Sie wird wie alle anderen Zutaten behandelt. Beim Kneten verteilen sich die Hefezellen ausreichend gut im Teig.

Möchten Sie mit Trockenhefe arbeiten, nehmen Sie nur ein Drittel der angegebenen Frischhefemenge an Trockenhefe. Sie werden jedoch spätestens bei Rezepten mit Vorteigen merken, dass derart kleine Mengen Trockenhefe nur noch mit teuren Feinwaagen abzumessen sind. Häufig sind nur 0,1 g Frischhefe notwendig. Umgerechnet wären das 0,03 g Trockenhefe. Arbeiten Sie auch deshalb besser mit Frischhefe.

Falls Sie keine Waage zur Hand haben, gilt folgende Annäherung: 0,1 g Frischhefe entsprechen ungefähr der Größe von ein bis zwei Reiskörnern.

Einige Zutaten sind in den Rezepten in Klammern aufgeführt. Oft handelt es sich dabei um Malz, das die Broteigenschaften in Nuancen verbessern kann. Auf diese eingeklammerten Zutaten können Sie auch ohne Weiteres verzichten. Die Brotqualität wird sich dadurch nicht wesentlich verschlechtern.

Bäckerprozente

In den Rezepten habe ich sogenannte Bäckerprozente aufgeführt. Dabei handelt es sich um den relativen Anteil der jeweiligen Zutat. Für erfahrenere Hobbybäcker sind diese Prozente ein wichtiges Hilfsmittel, um die Rezepte auf größere oder kleinere Mengen umzurechnen. Außerdem bieten die Angaben die Möglichkeit, die Rezepte mengenunabhängig untereinander zu vergleichen.

Die Prozentangaben in der ersten Spalte beziehen sich auf die Gesamtmehlmenge (beziehungsweise Gesamtmenge der Getreideerzeugnisse) des Teiges. Die Angaben der zweiten Spalte beziehen sich nur auf die in der jeweiligen Vorstufe verwendete Mehlmenge (beziehungsweise Getreideerzeugnismenge).

Sauerteige

Sämtliche Sauerteige werden in den Rezepten aus praktischen Gründen einstufig geführt. Eine mehrstufige Führung ist möglich und rundet den Geschmack der Backwaren ab. Ab Seite 190 finden Sie die Grundlagen dafür. Die angegebenen Gartemperaturen für den Sauerteig sind auf die üblichen Küchenbedingungen angepasst (20–22 °C). Optimal wären Temperaturen um 26 °C. Abstriche in der Triebleistung und bei der ausgewogenen Säureverteilung sind deshalb unvermeidbar. Sie werden dennoch ein gutes Brot backen.

Kneten

Da die Teigkonsistenz neben dem Wasseranteil vor allem von der Mehlqualität und von den schwankenden Wassergehalten anderer Zutaten (zum Beispiel Joghurt, Quark, Kartoffeln) abhängt, behalten Sie bei Teigen mit hohem Wassergehalt (Teigausbeute größer als 160) zunächst 10 % der jeweiligen Wassermenge zurück. Fügen Sie diese erst ab der Hälfte der Knetphase in kleinen Portionen zu, bis der Teig eine Beschaffenheit hat, die Ihnen praktikabel erscheint. Mit dem zurückbehaltenen Wasser vermeiden Sie einen zu weichen Teig. Gleiches gilt für andere Schüttflüssigkeiten, wie zum Beispiel Milch.

Die in den Rezepten angegebenen Knetzeiten sind für die maschinelle Knetung ausgelegt und als Richtwerte zu verstehen, die Sie auf Ihre Maschine anpassen sollten.

Verwenden Sie niemals ein haushaltsübliches Handrührgerät. Es kann mit den schweren Brotteigen nur kurze Zeit umgehen, ehe es Schaden nimmt.

In den Rezepten werden die Zutaten zunächst auf „niedrigster Stufe" gemischt und anschließend auf „zweiter Stufe" geknetet. Die niedrigste Stufe entspricht an allen Geräten der langsamsten Geschwindigkeit. Die Zutaten sollen nur homogen vermengt und noch nicht im eigentlichen Sinne geknetet werden. Die zweite Stufe steht für die nächsthöhere Geschwindigkeit. Schneller sollte eine Knetmaschine nicht eingestellt werden. Nur bei weichen Weizenteigen kann es sich lohnen, die Geschwindigkeit auf die dritte Stufe zu erhöhen.

Sollten Sie keine Knetmaschine haben, kneten Sie von Hand (siehe Seite 225). So lernen Sie am besten die Entwicklung des Teiges beim Kneten kennen. Als Faustregel gilt, dass sich die Knetzeiten beim Kneten von Hand um das Doppelte bis Dreifache der Maschinenknetzeiten verlängern.

Neben dem Maschinentyp hängt die Knetzeit auch von der Mehlqualität und der Temperatur der Zutaten ab. Deshalb sollten Sie sich in erster Linie an der im jeweiligen Rezept beschriebenen Teigkonsistenz und nicht haargenau an den Knetzeiten orientieren. Setzen Sie möglichst viele Ihrer Sinne ein, um den Teig zu riechen, zu schmecken, zu sehen und zu fühlen.

Techniken zur Teigverarbeitung

In den Rezepten werden Sie häufig aufgefordert, den Teig zu falten. Damit ist gemeint, den Teig während der ersten Gehphase (Stockgare oder Teigruhe genannt) zu dehnen und anschließend wieder zusammenzufalten, um den Teig zu straffen, ihn später besser verarbeiten zu können und letztlich die Brotqualität zu verbessern. Der Teig kann auf verschiedene Art und Weise gefaltet werden. Ab Seite 228 finden Sie die genauen Anleitungen.

Auch das Rundwirken, Langwirken und Rundschleifen von Teig ist im Grundlagenteil ausreichend beschrieben (siehe Seite 231). Die Herstellung spezieller Brotformen ist im jeweiligen Rezept Schritt für Schritt dokumentiert. Bei sehr weichen Teigen ist es hilfreich, mit nassen Händen und ohne Mehl zu arbeiten. So können Sie den Teig ohne zu kleben in Form bringen.

Gartemperatur und Garzeit

Die Gartemperatur ist die Temperatur, bei der ein Teig oder ein Teigling (der geformte Teig) aufgehen soll. Ist die Raumtemperatur in Ihrer Küche niedriger als im Rezept für die Teiggare angegeben, verlängern Sie die Garzeit. Ist sie höher, verkürzen Sie die Garphase. Die empfohlenen Garzeiten sollten Sie genauso flexibel handhaben. Je nach Luftfeuchte, Temperatur, Sauerteig-, Enzym- und Hefeaktivität, Mehlqualität und Teigverarbeitung können diese Zeiten schwanken. Nutzen Sie den Fingertest (siehe Seite 243), um den richtigen Garzustand Ihres Brot- oder Brötchenteiges festzustellen.

Einschneiden von Teiglingen

Zum Einschneiden des Teiges vor dem Backen wird ein sehr scharfes Messer oder eine Rasierklinge benötigt. Ist in den Rezepten vom Einschneiden „mit flacher Klinge“ die Rede, müssen Sie das Messer oder die Rasierklinge schräg (ca. 20–40°) zur Teigoberfläche halten. Beim Einschneiden „mit gerader Klinge“ führen Sie das Schneidwerkzeug mit der Klinge senkrecht zur Teigoberfläche.

Das Schwaden

Das Schwaden oder Bedampfen des Ofens ist eine der wichtigsten Aufgaben, nachdem Sie den geformten Teig in den Ofen geschoben haben. Der Dampf verhilft dem Brot zu einer schönen Kruste und verbessert das Brotvolumen. Wie Dampf im Ofen am besten erzeugt werden kann, erfahren Sie ab Seite 249.

Kurzfassung der Rezepte

Jedes Rezept wird von mir so ausführlich wie möglich beschrieben. Für erfahrenere Bäcker oder für Bäcker, die ein Rezept immer wieder backen, gibt es eine Kurzfassung. Dort werden die wichtigsten Schritte und Backangaben auf einen Blick zusammengefasst.

Planung eines Backtages

Egal ob Sie vorhaben, am kommenden Backtag nur ein Brot oder eine ganze Reihe von Backwaren herzustellen, sollten Sie sich immer Gedanken um den zeitlichen Ablauf machen. Das trifft besonders auf die indirekt geführten Teige zu. Teige also, für die am Vortag eine Vorstufe (Sauerteig, Vorteig oder anderes) angesetzt werden muss. Es hängt von Ihren eigenen Vorlieben ab, ob und wie genau Sie einen Backtag planen. Auch ohne Planung gelingt das Backen, sofern Sie auf die Vorstufen und den Teig achten. Ist der grobe zeitliche Ablauf jedoch bereits von vornherein klar, kann der Backtag deutlich entspannter verlaufen.

Nehmen Sie Ihr Rezept bereits 1–4 Tage vorher zur Hand. Bewährt hat sich das Rückwärtsrechnen. Wenn Sie wissen, dass Sie beispielsweise am Sonntag 12 Uhr ein frisches Brot aus dem Ofen ziehen möchten, können Sie jeden Rezeptschritt rückwärts durchgehen und die Zeiten dazu aufschreiben. Um nicht bei einer Zeit zu enden, in der Sie schlafen oder nicht zu Hause sind, ziehen Sie zunächst die gesamte absolute Vor- und Zubereitungszeit von Ihrem Zieltermin ab.

Zurück zum Beispiel: Ziel für das fertige Brot ist Sonntag 12 Uhr. Bei einer Vor- und Zubereitungszeit von 26 Stunden müssten Sie am Samstag um 10 Uhr mit den ersten Vorbereitungen beginnen. Ist dieser Beginn für Sie in Ordnung, rechnen Sie anschließend vom Zielzeitpunkt rückwärts. 12 Uhr kommt das Brot am Sonntag aus dem Ofen. 1 Stunde Backzeit ergibt 11 Uhr als Backtermin. Die Zubereitung am Backtag dauert inklusive aller Garphasen 5 Stunden. Die Zutaten müssten also 6 Uhr vermischt und zum Teig geknetet werden. Der Vorteig benötigt 20 Stunden bis zur vollen Reife. Sie müssen ihn also um 10 Uhr am Samstag anrühren.

Legen Sie sich einen Zettel zurecht, auf dem Sie die noch bis zum Backtag verbleibenden Tage aufführen. Den Tagen ordnen Sie nun die im Rezept beschriebenen Tätigkeiten und Zeiten zu. Backen Sie an einem Tag mit vielen Rezepten, lohnt sich ein übersichtlicher Backplan in Tabellenform, in dem Sie bereits erledigte Punkte streichen können. In den Tabellenkopf schreiben Sie spaltenweise die Tage bis zum Backtag, den Backtag selbst, den Backbeginn und das Backende (zum Beispiel: je eine Spalte für Donnerstag, Freitag, Backtag (Samstag), Backstart, Backende). In die Tabellenzeilen werden dann die Zeiten und Aufgaben pro Rezept eingetragen.

MEIN TIPP

Bauen Sie sich in Ihren Plan immer Zeitpuffer ein, insbesondere am Backtag selbst. Die in den Rezepten angegebenen Garzeiten unterliegen je nach Raumtemperatur und anderen Faktoren Schwankungen. So kann es sein, dass Sie Ihren Teig deutlich länger oder kürzer gehen lassen müssen bis er die gewünschte Reife hat. Ähnliches gilt für die Knetzeiten.

Fachbegriffe auf einen Blick

ABGLÄNZEN
Abstreichen der Brotkruste vor und/oder nach dem Backen mit einer Glanzstreiche oder einer anderen flüssigen Substanz unter Bildung einer glänzenden Schicht.

ABSTREICHEN
Aufbringen von flüssigen Stoffen oder Stoffgemischen mit Pinsel oder Bürste auf die Brotkruste.

ANBACKEN
Erste Backphase bei hoher Temperatur (ca. 10–15 Minuten).

ANSTELLGUT (ASG)
Von einem bereits zu Brot verbackenen Sauerteig abgenommener Rest zum Ansetzen eines frischen Sauerteiges. Vereinzelt auch als Starter bezeichnet.

AUFARBEITEN
Bezeichnet die Bearbeitung des Teiges nach der Stockgare (Teigruhe) und umfasst im Wesentlichen das Abtrennen von Teiglingen sowie das Wirken.

AUFFRISCHEN
Regelmäßiges Mischen des kühl gelagerten Sauerteiges (Anstellgut) mit Mehl und Wasser unter Gewährleistung ausreichender Reifezeit.

AUSMAHLUNGSGRAD
Prozentuale Größe, die den zu Mehl vermahlenen Kornanteil angibt. Je kleiner der Ausmahlungsgrad, umso kleiner die Mehltype, umso weniger Kornbestandteile im Mehl.

AUSBACKEN
Letzte Backphase bei fallender Temperatur im Anschluss an das Anbacken.

AUSBUND
Kontrolliert oder zufällig aufgerissener Teil der Brotkruste während des Ofentriebes.

AUSSTOSSEN / ZUSAMMENSTOSSEN
Sehr kurzes, aber kräftiges Durchkneten des Teiges.

AUTOLYSE
Verquellen von Weizenmehl und Wasser bei Zimmertemperatur über 20–60 Minuten zur Verbesserung der Teigeigenschaften und Reduzierung der Knetzeit.

EINSCHIESSEN / EINSCHIEBEN
Hineinschieben von Brot in den Ofen.

FALTEN
Dehn- und Faltvorgang innerhalb der Stockgare zum Straffen der Teigstruktur.

FENSTERTEST
Schneller Test zur Überprüfung der Kleberentwicklung beziehungsweise Teigstraffung in Weizenteigen durch Dehnen und Ausdünnen einer kleinen Teigprobe zwischen den Fingern.

FENSTERUNG
Während der Abkühlung des Brotes gebildetes Netzwerk aus feinen Rissen auf der Kruste. Qualitätsmerkmal.

FINGERTEST
Schneller Test zur Überprüfung des Garzustandes von Teiglingen während der Stückgare durch leichtes Eindrücken der Teigoberfläche mit einem Finger.

FREIGESCHOBEN
Ohne stützende Form frei im Ofen gebacken.

FÜHRUNG / TEIGFÜHRUNG
Gesamter Herstellungsablauf eines Teiges vom Mischen der Zutaten bis zum Backen unter Steuerung verschiedener eigenschaftsbestimmender Faktoren.

GARE
Phase zwischen Teigmachen und Backen. Umfasst die Stockgare, Zwischengare und die Stückgare.

GÄRSTABILITÄT
Maß für das Gashaltevermögen von Teigen. Eine gute Gärstabilität ist Voraussetzung für eine gute Gärtoleranz.

GÄRTOLERANZ
Fähigkeit eines Teiges, bei Erreichen oder Überschreiten der optimalen Gare dehnbar und elastisch zu bleiben.

GÄRUNG
Mikrobieller Prozess unter Bildung von Kohlenstoffdioxid und Alkohol, der den Teig reifen und aufgehen lässt.

GLANZSTREICHE
Mischung aus Wasser mit Stärke oder anderen Glanzmitteln zum Abglänzen der Brotkruste.

GLUTEN/KLEBER
Durch Quellung mit Wasser und Kneten erzeugter geordneter Verbund aus Eiweißstoffen (Gliadin, Glutenin) zur Entwicklung eines Teig- beziehungsweise Krumengerüstes. Bestimmt die Backfähigkeit eines Mehles.

HYDRATATION
In Prozenten ausgedrückter Wasseranteil des Teiges bezogen auf die Gesamtmehlmenge.

LANGSTOSSEN
Formen eines rund vorgewirkten länglich-ovalen Brötchenteiglings durch eine schnelle Handbewegung.

LANGWIRKEN
Formen eines länglich-ovalen Brotteiglings.

KRUME
Gelockertes, elastisches und von der Kruste umgebenes Inneres eines Brotes.

KRUSTE
Feste, gebräunte und knusprige äußere Schicht eines Brotes.

MEHLKOCHSTÜCK (TANGZHONG, WATER ROUX)
Erhitztes und dadurch zähflüssig verkleistertes Gemisch aus Mehl und Wasser oder Milch. Erhöht die Teigausbeute und verbessert die Krumeneigenschaften von Brot.

MEHLTYPE
Auf dem Mineralstoffgehalt (Aschegehalt) basierende Sorteneinteilung innerhalb der jeweiligen Getreideart. Weizenmehl der Type 550 enthält durchschnittlich 550 mg Mineralstoffe pro 100 g Mehl.

OFENTRIEB
Starke Volumenzunahme des Brotes innerhalb der ersten Backphase durch verstärkte mikrobielle Tätigkeit.

RÖSCHE
Zart splitternde, knusprige, elastische Gebäckkruste. Qualitätsmerkmal.

RUNDWIRKEN
Formen eines runden Brotteiglings.

RUNDSCHLEIFEN/SCHLEIFEN
Formen von runden Brötchenteiglingen in der hohlen Hand.

SCHLEIMSTOFFE (PENTOSANE)
Zu den Ballaststoffen zählende Stoffgruppe. Bauen in Roggenteigen durch Quellung mit Wasser das Teig- und spätere Krumengerüst auf.

SCHLUSS
Die Nahtstelle eines Teiglings, an welcher der Teig beim Wirken zusammengeführt wurde.

SCHÜTTFLÜSSIGKEIT
Für die Teigbereitung notwendige Flüssigkeit, meist Wasser oder Milch.

SCHWADEN / WRASEN
Dem Ofen zugeführter heißer Dampf.

STOCKGARE / TEIGRUHE
Erste Garphase des Teiges.

STÜCKGARE / ENDGARE
Letzte Garphase des Teiges.

Brotkruste

TEIGAUSBEUTE (TA)
Maß für die Teigkonsistenz. Mit 100 multipliziertes Verhältnis aus Teigmenge (Mehl, Schüttflüssigkeit) und Mehlmenge.

TEIGEINLAGE
Gewicht der vom Teig abzutrennenden Teigportionen.

TEIGLING
Vom Teig abgetrennte Teigportion im ungeformten oder geformten Zustand.

VORSTUFE
Mischung aus Getreideerzeugnissen und Flüssigkeit zum Verquellen von Getreidestärke, Eiweißen und Schleimstoffen sowie zur mikrobiellen Vermehrung und Aromabildung. Je nach Vorstufe auch mit Salz und/oder Milchsäurebakterien/Hefepilzen. Zur Vorstufe zählen Sauerteige, Vorteige, Quell-, Brüh- und Kochstücke.

WIRKEN
Formen des Teiges.

ZWISCHENGARE
Kurze Teigruhe zwischen zwei formgebenden Arbeitsschritten.

Das Rezept für das auf Seite 16/17 abgebildete Weißbierbrot finden Sie auf www.brotbackbuch.de

Rezepte

FÜR DEN

Anfang

Landbrot

Das Landbrot ist ein Allrounder: Genau das richtige Brot für süße Aufstriche, milde Käse- und Wurstsorten sowie als Beilage zu Salaten.

WEIZENMISCHBROT MIT DINKELANTEIL

Das Landbrot ist ein sehr einfaches Brot aus hellen Mehlen. Das Zusammenspiel der milden Krume mit der kräftigen Kruste verleiht ihm einen besonderen Geschmack. Zu seinem vielfältigen Aroma trägt außerdem der Dinkel-Vorteig bei.

VORSTUFE: Vorteigzutaten mischen, 1 Stunde Gare bei Raumtemperatur, 22–24 Stunden Gare im Kühlschrank (4–6 °C)

KNETEN: 5 Minuten langsam, 8–10 Minuten schnell (glatt, straff, elastisch)

STOCKGARE: 1 Stunde, 24 °C

AUFARBEITEN: ausstoßen, rundwirken

STÜCKGARE: 1 ½ Stunden, 24 °C, im Gärkorb (Schluss nach oben)

SCHNITT: 2 cm tief über Kreuz

BACKEN: 45 Minuten bei 250 °C fallend auf 210 °C, mit Schwaden (Schluss nach unten)

ZEITEN

Vorbereitung effektiv:	ca. 15 Minuten
Vorbereitung absolut:	ca. 24 Stunden
Zubereitung am Backtag effektiv:	ca. 45 Minuten
Zubereitung am Backtag absolut:	ca. 4 Stunden

INFOS

Teiggesamtgewicht:	ca. 860 g
Teigeinlage:	ca. 860 g
Teigausbeute:	160

VORTEIG

155 g Dinkelmehl	30 %	100 %
155 g Wasser	30 %	100 %
1 g Frischhefe	0,2 %	0,6 %

HAUPTTEIG

Vorteig	
365 g Weizenmehl 1 050	70 %
155 g Wasser	30 %
8 g Frischhefe	1,5 %
10 g Honig	1,9 %
10 g Salz	1,9 %

MEIN TIPP
Wenn die Zeit zwischen dem Ansetzen des Vorteiges und dem Backtag etwas weniger als 22–24 Stunden beträgt, können Sie die Schüssel in vielen Kühlschränken z. B. ein oder zwei Fächer höher stellen, da die Temperaturen in den meisten Kühlschränken von unten nach oben steigen.

MEIN TIPP
Ist kein Gärkorb zur Hand, können Sie den Teigling auch sofort nach dem Formen mit dem Schluss nach unten auf Backpapier setzen. Zur Gare muss er zuvor bemehlt und dann mit einer Folie oder einem ausreichend großen Behälter abgedeckt werden.

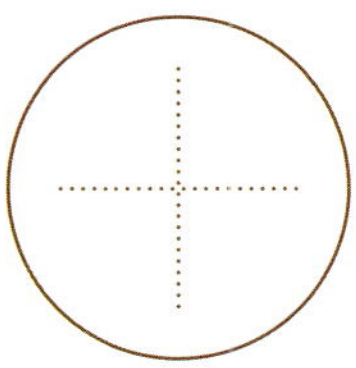

Für den Vorteig eine Schüssel mit Wasser füllen, die Hefe hineinbröckeln und das Mehl zugeben. Die Zutaten mit einem Löffel verrühren. Der Vorteig muss nicht glatt und homogen aussehen. Es genügt, wenn alle Zutaten miteinander vermischt sind.

Die Schüssel mit einer Folie oder einem Deckel abdecken. Den Teig bei Raumtemperatur (ca. 20–22 °C) 1 Stunde lang reifen lassen. Die Schüssel anschließend für 22–24 Stunden bei 4–6 °C im Kühlschrank lagern (z. B. im untersten Fach). Der Vorteig ist reif, wenn er deutlich aufgegangen ist, Blasen schlägt und aromatisch riecht.

Am Backtag den Vorteig mit sämtlichen Zutaten für den Hauptteig 5 Minuten auf niedrigster Stufe vermengen. Anschließend 8–10 Minuten auf zweiter Stufe zu einem glatten, straffen und elastischen Teig kneten.

Den Teig 1 Stunde luftdicht abgedeckt bei ca. 24 °C gehen lassen.

Den Teig auf der leicht bemehlten Arbeitsfläche von Hand kräftig auskneten, um das während der ersten Gare entstandene Gas auszudrücken.

Den Teig rund formen und mit dem Schluss nach oben in einem runden und bemehlten Gärkorb ca. 1 ½ Stunden abgedeckt bei etwa 24 °C zur Gare stellen.

Hat sich der Teig sichtbar vergrößert (mindestens verdoppelt), den Teig vorsichtig aus dem Gärkorb auf Backpapier stürzen. Der Schluss befindet sich nun unten. Das anhaftende Mehl mit der Hand gleichmäßig verstreichen.

Den Teigling mit einem scharfen Messer und gerader Klinge ca. 2 cm tief über Kreuz einschneiden.

(SIEHE GRAFIK LINKS)

Das Backpapier mit Teigling in den kräftig vorgeheizten Ofen schieben. Bei 250 °C mit viel Schwaden 45 Minuten ausbacken. Nach 10 Minuten den Schwaden ablassen und die Temperatur auf 210 °C senken. In den letzten 10 Minuten die Temperatur auf 250 °C erhöhen und die Ofentür einen Spalt breit geöffnet lassen, damit die Kruste schön rösch wird.

Das Brot unbedeckt auf einem Gitterrost abkühlen lassen.

Körnerbrot

Das Körnerbrot schmeckt hervorragend zu milden Käse- und Wurstsorten, zu Salaten oder einfach nur mit Frischkäse oder Butter bestrichen.

WEIZENBROT MIT VOLLKORNANTEIL, SONNENBLUMENKERNEN, KÜRBISKERNEN UND LEINSAMEN

Dieses Brot besticht durch einen hohen Vollkorn- sowie Kern- und Saatenanteil. Dennoch ist seine Krume weich, saftig und locker. Dank der Sonnenblumen- und Kürbiskerne entwickelt sich ein ausgezeichneter, nussig-milder Geschmack. Dieses Aroma ist in der kräftig ausgebackenen, knusprigen Kruste besonders intensiv, da sich in den Kernen Röststoffe entwickeln. Um eine weiche, elastische und großvolumige Krume zu erhalten, wird Ei in den Teig gegeben: Das im Eigelb enthaltene Lecithin wirkt als natürlicher Emulgator und sorgt so für eine optimale Verteilung der Fettstoffe im Teig.

VORSTUFE: Quellstückzutaten mischen, 6–8 Stunden bei 6–10 °C quellen lassen

KNETEN: 8 Minuten langsam, 6 Minuten schnell (weich bis mittelfest, schwer, etwas klebend)

STOCKGARE 10–12 Stunden, 6–8 °C

AUFARBEITEN I: ausstoßen, rundwirken

ZWISCHENGARE: 30 Minuten, 24 °C

AUFARBEITEN II: langwirken, Pain fendu

STÜCKGARE: 1 ¼ Stunden, 24 °C, im Gärkorb (Schluss nach oben)

BACKEN: 50 Minuten (Schluss nach unten), 250 °C fallend auf 220 °C, mit Schwaden (Schluss nach unten)

ZEITEN

Vorbereitung effektiv:	ca. 30 Minuten
Vorbereitung absolut:	ca. 20 Stunden
Zubereitung am Backtag effektiv:	ca. 30 Minuten
Zubereitung am Backtag absolut:	ca. 3 ½ Stunden

INFOS

Teiggesamtgewicht:	ca. 1150 g
Teigeinlage:	ca. 1150 g
Teigausbeute (theoret.):	188

QUELLSTÜCK (POOLISH)

75 g kernige Haferflocken	15,5 %
70 g Leinsamen	14,5 %
50 g Sonnenblumenkerne	10 %
50 g Kürbiskerne	10 %
45 g Hartweizengrieß	9,5 %
10 g Salz	2 %
310 g Wasser	65 %

HAUPTTEIG

Quellstück	
160 g Weizenmehl 550	33,5 %
170 g Weizenvollkornmehl	33,5 %
30 g Roggenvollkornmehl	6 %
90 g Wasser	19 %
8 g Frischhefe	1,7 %
50 g Ei (ca. 1 Stück)	10 %
20 g Pflanzenöl	4 %

Die festen Zutaten für das Quellstück in einer Schüssel gut vermischen. Das Wasser darüber gießen, nochmals umrühren und anschließend abgedeckt 6–8 Stunden bei 6–10 °C (z. B. Keller oder Kühlschrank) quellen lassen.

Für den Hauptteig das Quellstück mit den übrigen Zutaten in einer Knetschüssel 8 Minuten auf niedrigster Stufe vermengen. Anschließend weitere 6 Minuten auf zweiter Stufe kneten, bis ein relativ weich erscheinender, aber trotzdem elastischer Teig entstanden ist. Der Teig ist ausreichend entwickelt, wenn er sich beim Kneten nahezu vollständig vom Schüsselrand löst, aber noch etwas am Boden kleben bleibt.

Den Teig abgedeckt in einer Schüssel für 10–12 Stunden bei 6–8 °C im Kühlschrank lagern (z. B. in der unteren Kühlschrankhälfte).

Am Backtag den Teig auf der leicht bemehlten Arbeitsfläche von Hand kurz kneten, um das während der Gare entstandene Gas auszudrücken.

Den Teig zu einer Kugel vorformen und anschließend abgedeckt mit einem Leinentuch, einer Schüssel oder Folie 30 Minuten bei ca. 24 °C gehen lassen.

Die Kugel zu einem ovalen, länglichen Laib formen. Den Laib mit Schluss nach unten auf die etwas bemehlte Arbeitsfläche setzen und entlang der Längsachse mit Mehl bestauben. Den Laib mit einem Rollholz (ca. 2–3 cm Durchmesser) der Länge nach bis wenige Millimeter vor Erreichen der Arbeitsfläche eindrücken. Mit beiden Händen seitlich unter die nun entstanden, noch zusammenhängenden Teiglingshälften greifen. Den Teigling mit der eingedrückten Seite nach unten in einen bemehlten Gärkorb legen. Der Schluss zeigt nach oben.

(SIEHE GRAFIK RECHTS)

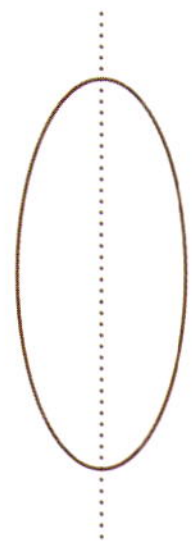

Den Teigling im abgedeckten Gärkorb 1 ¼ Stunden bei ca. 24 °C zur Gare stellen.

Vor dem Backen den Teigling auf Backpapier oder einen mit Grieß bestreuten Brotschieber stürzen. Die eingedrückte Seite des Teiglings zeigt jetzt nach oben. Der Eindruck ist nur noch als dünne Naht in der Teiglingsmitte erkennbar.

Das Brot im kräftig vorgeheizten Ofen bei 250 °C mit Schwaden insgesamt 50 Minuten dunkelbraun backen. Nach 10 Minuten die Ofentür weit öffnen, den Schwaden ablassen und die Temperatur auf 220 °C senken. Während der letzten 5–8 Minuten die Temperatur auf 250 °C erhöhen und die Ofentür einen Spalt breit öffnen, damit die Kruste knusprig wird.

Das Brot auf einem Gitterrost bei Zimmertemperatur unbedeckt vollständig abkühlen lassen.

MEIN TIPP

Um das Brot noch aromatischer zu machen, können Sie die Kürbiskerne und Sonnenblumenkerne in einer beschichteten Pfanne ohne Fett bei mittlerer Hitze anrösten.

MEIN TIPP

Haben Sie keine Angst vor der weichen Konsistenz des Teiges. Nach der kalten Gare im Kühlschrank lässt er sich hervorragend bearbeiten, da sowohl die Bestandteile des Quellstückes als auch die Vollkornmehle noch aufquellen und damit Wasser binden.

Weizenmischbrot I

Ein ideales Alltagsbrot – dazu schmecken eigentlich alle Aufstriche und Beläge. Die helle, lockere und mild-aromatische Krume und die kräftig-würzige Kruste zeichnen dieses Weizenmischbrot aus.

WEIZENMISCHBROT MIT VOLLKORNANTEIL UND BALSAMICO

Gute Mischbrote mit einem relativ hohen Anteil an Roggenmehl werden in aller Regel mit Sauerteig gebacken. Um den Roggen für den menschlichen Magen aufzuschließen und bekömmlicher zu machen, muss der Teig gesäuert werden. Das geschieht in der Regel durch Sauerteig, der Milch- und Essigsäuren enthält. Bei diesem Brot wird statt Sauerteig Essig verwendet. Er reicht für die geringe Roggenmenge aus, die nur 25 % der Gesamtmehlmenge ausmacht. Sie können dem Weizenmischbrot durch verschiedene Essigsorten immer wieder unterschiedliche geschmackliche und farbliche Nuancen verleihen. Der Zucker fördert die beginnende Gärung, da ihn die Hefen – im Gegensatz zum Mehl – direkt in Kohlenstoffdioxid und Alkohol umwandeln können. Der Vollkornanteil sorgt für einen erhöhten Mineralstoffgehalt. Und der Vorteig schließlich unterstützt den ausgewogenen Geschmack.

VORSTUFE: Vorteigzutaten mischen, 12 Stunden bei Raumtemperatur (20–22 °C) reifen lassen
KNETEN: 8 Minuten langsam, 3 Minuten schnell (fest, elastisch, schwach bis nicht klebend)
STOCKGARE: 1 ½ Stunden, 24 °C, nach je 30 Minuten falten
AUFARBEITEN: langwirken, Pain fendu
STÜCKGARE: 45 Minuten, 24 °C, im Gärkorb (Schluss nach oben)
BACKEN: 50 Minuten, 250 °C fallend auf 190 °C, mit Schwaden (Schluss nach unten)

ZEITEN

Vorbereitung effektiv:	ca. 10 Minuten
Vorbereitung absolut:	ca. 12 Stunden
Zubereitung am Backtag effektiv:	ca. 30 Minuten
Zubereitung am Backtag absolut	ca. 3 ½ Stunden

INFOS

Teiggesamtgewicht:	ca. 850 g
Teigeinlage:	ca. 850 g
Teigausbeute:	163

VORTEIG

180 g Weizenvollkornmehl	35,5 %	100 %
145 g Wasser	29 %	80,5 %
0,7 g Frischhefe	0,1 %	0,4 %

HAUPTTEIG

Vorteig	
200 g Weizenmehl 1 050	39,5 %
125 g Roggenmehl 1 150	25 %
150 g Wasser	30 %
6 g Frischhefe	1,2 %
10 g Salz	2 %
25 g dunkler Balsamico-Essig	5 %
2 g Zucker	0,4 %
(5 g flüssiges Gerstenmalz)	(1 %)

Die Vorteigzutaten mit einem Löffel zu einer klebenden, halbfesten Masse mischen. Den Vorteig 12 Stunden bei ca. 20 °C reifen lassen. Ist der Vorteig reif, sollte er im Inneren eine lockere, wabenartige Struktur aufweisen und aromatisch duften.

Für den Brotteig den Vorteig zusammen mit allen übrigen Zutaten für den Hauptteig mit der Knetmaschine 8 Minuten auf niedrigster Stufe und weitere 3 Minuten auf zweiter Stufe zu einem leicht klebenden Teig verarbeiten, der sich am Ende des Knetvorganges vollständig vom Schüsselboden löst. Der Teig sollte einen angenehm säuerlichen Geruch aufweisen, feucht glänzen und von mittelfester Konsistenz sein.

Den Teig 1 ½ Stunden luftdicht abgedeckt in einer Schüssel zur Gare stellen. Nach 30 Minuten und 1 Stunde jeweils auf der bemehlten Arbeitsfläche falten und danach in die Schüssel zurücklegen.

Nun einen länglichen Laib wirken. Dabei darauf achten, dass der Teig gut entgast wird, um eine gleichmäßige Porung zu erzielen. Den Laib entlang seiner Längsachse bemehlen und mit dem Rollholz nach unten bis auf die Arbeitsfläche eindrücken. Die beiden Teighälften etwas zusammendrücken und mit der eingedrückten Seite nach unten in Bäckerleinen oder einem bemehlten Gärkorb ca. 45 Minuten gehen lassen.

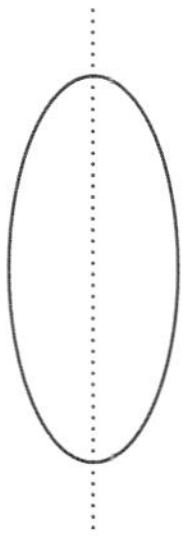

(SIEHE GRAFIK LINKS)

Den Laib mit Schluss nach unten (eingedrückte Seite nach oben) auf Backpapier oder einen mit Grieß bestreuten Brotschieber stürzen. Das überschüssige Mehl mit der Hand verstreichen.

Im auf 250 °C vorgeheizten Backofen 50 Minuten mit Schwaden dunkelbraun backen. Nach 10 Minuten die Ofentür weit öffnen, um den Schwaden abzulassen. Die Temperatur auf 190 °C senken. Für eine rösche Kruste während der letzten 5 Backminuten die Ofentür einen Spalt breit geöffnet lassen und die Temperatur auf 250 °C einstellen.

Das Mischbrot unbedeckt auf einem Gitterrost abkühlen lassen.

Weißbrot mit Buttermilch

Dank Schrot und Haferflocken ist dieses Brot nicht nur für klassische Weißbrotbeläge wie süße Aufstriche oder milde Käsesorten geeignet – es schmeckt auch mit würziger Wurst.

WEIZENBROT MIT BUTTERMILCH, HAFERFLOCKEN UND WEIZENSCHROT

Weißbrot verdankt seinen Namen der cremeweißen Farbe seiner Brotkrume. Für diese ist Weizenmehl mit geringer Typenzahl beziehungsweise geringem Mineralstoffgehalt verantwortlich.

Zwar sieht ein Weißbrot mit seinem hellen, lockeren Inneren verführerisch aus, enthält aber nur wenig wertvolle Nährstoffe. Daher habe ich dem Weizenmehl in diesem Rezept Haferflocken und Weizenschrot zur Seite gestellt. Schrot und Hafer verleihen dem Brot zudem einen gewissen Biss, die Buttermilch macht die Krume angenehm fluffig.

Aufgrund der vorteiglosen Führung bleibt das Brot nicht sehr lange frisch und Sie sollten es daher innerhalb von 1 bis 3 Tagen aufbrauchen. Danach wird es zunehmend fester, kann den Gaumen aber immer noch erfreuen, wenn Sie es toasten.

KNETEN:	5 Minuten langsam, 10 Minuten schnell (straff, fest, elastisch)
STOCKGARE:	2 ¾ Stunden mit je einem Faltvorgang nach 60 und 120 Minuten, 24 °C
AUFARBEITEN:	ausstoßen, Bâtard formen
STÜCKGARE:	30 Minuten, 24 °C, auf Backpapier oder in Bäckerleinen
SCHNITT:	2 cm tiefer Doppelschnitt
BACKEN:	50 Minuten, 250 °C fallend auf 190 °C, mit Schwaden, danach mit heißem Wasser abstreichen

ZEITEN

Vorbereitung effektiv:	keine
Vorbereitung absolut:	keine
Zubereitung am Backtag effektiv:	ca. 30 Minuten
Zubereitung am Backtag absolut:	ca. 5 Stunden

INFOS

Teiggesamtgewicht:	ca. 1015 g
Teigeinlage:	ca. 1015 g
Teigausbeute (theoret.):	169

HAUPTTEIG

500 g Weizenmehl 550	91 %
50 g Weizenschrot	9 %
50 g kernige Haferflocken	9 %
55 g Wasser	10 %
325 g Buttermilch (1 % Fett)	59 %
15 g Frischhefe	2,7 %
10 g Salz	1,8 %
10 g Zucker	1,8 %

Alle Zutaten mit der Knetmaschine 5 Minuten auf niedrigster Stufe und weitere 10 Minuten auf zweiter Stufe verkneten. Der Teig sollte sich vollständig vom Schüsselboden lösen, straff, elastisch und nicht klebend sein.

Den Teig luftdicht abgedeckt 2 Stunden und 45 Minuten bei ca. 24 °C gehen lassen. Dabei jeweils nach 1 Stunde und 2 Stunden auf der leicht bemehlten Arbeitsfläche falten, um das Klebergerüst weiter zu entwickeln.

Nach der Stockgare den Teig kräftig, aber kurz mit der Hand durchkneten (ausstoßen) und zu einem länglichen, an den Enden spitz zulaufenden Laib formen („Bâtard“).

Den Teigling mit Schluss nach unten 30 Minuten luftdicht abgedeckt (z. B. durch Folie oder großen Behälter) auf Backpapier oder in unbemehltem Bäckerleinen bei ca. 24 °C zur Gare stellen.

Die Teighaut zweimal ca. 2 cm tief mit einem scharfen Messer einschneiden. Dazu mit einem flach gehaltenen, scharfen Messer entlang der Längsachse des Teiglings zwei parallele Schnitte setzen. Die Schnitte verlaufen in einem äußerst spitzen Winkel zur Längsachse. Sie sollten in der Teiglingsmitte auf ca. einem Drittel ihrer Länge nebeneinander verlaufen.

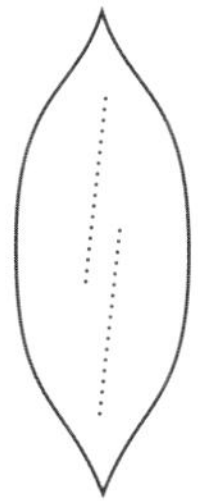

(SIEHE GRAFIK RECHTS)

Im kräftig vorgeheizten Backofen bei 250 °C mit Schwaden 10 Minuten backen. Anschließend die Ofentür weit öffnen, den Schwaden ablassen und das Brot weitere 40 Minuten bei 190 °C weiterbacken. Während der letzten 5–8 Minuten die Ofentür einen Spalt weit öffnen, um eine rösche Kruste zu erhalten.

Das Weißbrot unbedeckt auf einem Gitterrost vollständig abkühlen lassen.

Toastbrot

Das Kastenweißbrot ist die ideale Grundlage für süße Aufstriche oder aromatische Sandwiches und ein prima Begleiter für Salate und Grillspezialitäten.

WEIZENBROT MIT VOLLKORNANTEIL

Der Anspruch an ein Toastbrot ist meist gering, gewinnt es seinen typischen Geschmack und seine Konsistenz doch erst durch das Rösten im Toaster oder in der Pfanne. Mich überzeugt ein gutes Toastbrot aber nur, wenn es auch im ungerösteten Zustand ein Genuss ist. Für einen etwas kräftigeren Geschmack sorgt in diesem Rezept Weizenvollkornmehl. Sahne und Butter machen die Krume angenehm locker und fluffig – wie es bei einem Toastbrot sein soll. Die Salz-Hefe-Führung verbessert neben der Krume auch die Verarbeitungseigenschaften des Teiges.

VORSTUFE: Hefe und Salz in Wasser lösen, abgedeckt 4–12 Stunden im Kühlschrank aufbewahren

KNETEN: 5 Minuten langsam, 10 Minuten schnell (ohne Butter), 10 Minuten schnell (mit Butter) (straff, elastisch, matt glänzend)

STOCKGARE: 2 Stunden, 24 °C, nach 1 Stunde falten

AUFARBEITEN: ausstoßen, rundwirken, 15 Minuten entspannen lassen, Strang rollen (40 cm), 4 Teiglinge abstechen, quer in Kastenform setzen

STÜCKGARE: 1 ½ Stunden, 24 °C

BACKEN: 40 Minuten, 210 °C, mit Schwaden, danach mit Wasser abstreichen

ZEITEN

Vorbereitung effektiv:	keine
Vorbereitung absolut:	keine
Zubereitung am Backtag effektiv:	ca. 1 ½ Stunden
Zubereitung am Backtag absolut:	ca. 5 Stunden

INFOS

Teiggesamtgewicht:	ca. 670 g
Teigeinlage:	ca. 670 g
Teigausbeute (theoret.):	171

SALZ-HEFE-MISCHUNG

10 g Frischhefe	2,7 %
7 g Salz	1,9 %
70 g Wasser	19 %

HAUPTTEIG

Salz-Hefe-Mischung	
215 g Weizenmehl 550	59 %
150 g Weizenvollkornmehl	41 %
170 g Wasser	47 %
20 g süße Sahne	5 %
10 g Zucker	2,7 %
20 g Butter	5,5 %

MEIN TIPP
Der Strang wird geteilt, damit sich das Brot beim Backen nicht in der Mitte zusammenzieht. Diese sogenannte Taillen-Bildung können Sie auch durch andere Methoden verhindern. Dafür den Teig zum Beispiel in 10 gleich schwere Teiglinge teilen und rundschleifen. Anschließend die Kastenform mit den runden Teiglingen in Zweierreihen (2 x 5 Stück) füllen. Für eine weitere Methode zwei gleich große Stränge formen, der Länge nach nebeneinander legen und miteinander verdrehen. So verdreht in die Kastenform legen.

MEIN TIPP
Haben Sie das Rezept auf eine größere oder kleinere Kastenform umgerechnet, sollten Sie die Backzeit verändern. Je 100 g mehr oder weniger Teig muss die Gesamtbackzeit um je 3–5 Minuten verlängert beziehungsweise verkürzt werden.

Für die Salz-Hefe-Mischung Hefe und Salz im Wasser lösen und abgedeckt 4–12 Stunden im Kühlschrank lagern.

Für den Hauptteig die Salz-Hefe-Mischung und alle übrigen Zutaten außer der Butter 5 Minuten auf niedrigster Stufe mit der Küchenmaschine vermischen. Weitere 10 Minuten zu einem straffen, elastischen Teig verarbeiten. Nun die Butter in Stücken zugeben und insgesamt ca. 10 Minuten auf zweiter Stufe verkneten. Der Teig sollte sich fast vollständig vom Schüsselboden der Knetmaschine lösen, nicht kleben und seidenmatt glänzen.

Den Teig luftdicht abgedeckt 2 Stunden bei ca. 24 °C gehen lassen. Nach 1 Stunde den Teig falten.

Ist der Teig deutlich sichtbar aufgegangen, kräftig ausstoßen, um das entstandene Kohlenstoffdioxid auszudrücken und die Teigtemperatur zu vereinheitlichen. Den Teig anschließend rundwirken.

Abgedeckt 15 Minuten entspannen lassen.

In der Zwischenzeit die Kastenform mit Öl oder Butter fetten und mit einer hauchdünnen Schicht aus Mehl bestreuen. Alternativ kann die Form auch mit Backpapier ausgekleidet werden.

Mit beiden Händen einen ca. 40 cm langen Strang rollen. Den Strang mit einem Messer oder der Teigkarte in vier 10 cm lange Stücke teilen. Diese Stücke mit den Schnittflächen nach außen (quer zur Längsachse der Kastenform) in die Kastenform legen.

Die Kastenform luftdicht abdecken und den Teig darin 1 ½ Stunden bei ca. 24 °C gehen lassen. Der Teig sollte in dieser Zeit mindestens den Rand der Kastenform erreicht haben.

Im kräftig vorgeheizten Backofen bei 210 °C 30 Minuten mit Schwaden backen. Nach 10 Minuten die Ofentür weit öffnen und den Schwaden ablassen.

Das Brot aus der Form nehmen und weitere 10 Minuten ohne Form bei 210 °C backen. Zum Schluss das Brot noch im heißen Zustand mit Wasser abstreichen, damit es eine schwach glänzende Kruste bekommt.

Das Toastbrot unbedeckt auf einem Gitterrost vollständig abkühlen lassen.

Passgenaues Zuschneiden von Backpapier für eine Kastenform

MEIN TIPP

Das Backpapier hinterlässt am Brot normalerweise unschöne Falten. Um das zu vermeiden, sollten Sie das Backpapier auf die Kastenform zuschneiden. Dazu wird die Form mit dem Boden nach unten auf das Papier gestellt. Mit einem Bleistift können Sie nun die Umrisse nachzeichnen. Anschließend wird die Form nacheinander zu allen vier Seiten hin gekippt, um die Wände der Form auf das Papier zu zeichnen. An den äußeren Bleistiftlinien wird das Backpapier ausgeschnitten und mit der bemalten Seite nach unten in die Kastenform gelegt.

MEIN TIPP

Das Rezept ist für eine Kastenform mit den Abmaßen 22 x 10 x 9 cm ausgelegt. Möchten Sie eine andere Kastenform verwenden, können Sie die Mengen mit folgender Anleitung neu berechnen.

1. Breite (B), Höhe (H) und Tiefe (T) der Kastenform ausmessen (Beispiel: B 30 cm, H 10 cm, T 10 cm).
2. Das Volumen der Kastenform mit B x H x T berechnen (Beispiel: 30 cm x 10 cm x 10 cm = 3000 cm^3).
3. Die ungefähre Dichte des Brotes beträgt 0,33 g/cm^3. Über die Formel Dichte x Volumen wird die Masse (M) berechnet, die in die Kastenform passt (Beispiel: 0,33 g/cm^3 x 3000 cm^3 = 990 g).
4. Nun wird das Verhältnis (V) der gewünschten Gesamtmasse des Brotes (M) zur dem Rezept zu Grunde liegenden Gesamtmasse (N) gebildet (Beispiel: V = M/N = 990 g/672 g = 1,47)
5. Mit dem Faktor V werden nun alle Mengenangaben des Rezeptes multipliziert (Beispiel: 215 g x 1,47 = 316 g Weizenmehl 550).

Fladenbrot

Das Fladenbrot bietet sich für die mediterrane Küche ebenso an wie für Grillabende, als Salatbeilage oder als Tasche für Füllungen mit Gyros- oder Dönerfleisch.

WEIZENBROT MIT OLIVENÖL UND SESAM

Fladenbrote gelten zu Recht als urtümlich: Das flache, runde Gebäck war wohl eines der ersten Brote überhaupt und gehört bis heute in vielen Kulturkreisen zu den Hauptnahrungsmitteln. Häufig werden Fladenbrote ganz ohne Triebmittel, einfach nur aus Mehl und Wasser gebacken. Die Mehle wiederum werden oftmals aus Getreide oder getreideähnlichen Pflanzen ohne eigenes Klebereiweiß hergestellt, sodass daraus nur die Form des flachen Teigfladens entstehen kann.

Fladenbrote aus Weizenmehl und Hefe haben in den vergangenen Jahren in Deutschland vor allem durch türkische und griechische Imbiss-Läden Verbreitung und Wertschätzung gefunden. Charakteristisch für die Brote ist vor allem die elastische und saftige Krume mit ihrer groben und unregelmäßigen Porung. Durch einen Hauch von Sesam oder Kümmel auf der Kruste entstehen beim Backen nussige Röstaromen.

KNETEN: 3 Minuten langsam, 15 Minuten schnell (ohne Salz und Öl), 5 Minuten schnell (mit Salz und Öl) (weich, dehnbar, elastisch)
STOCKGARE: 1 Stunde, 20 °C, 24 Stunden, 6 °C
AUFARBEITEN: rundwirken, 15 Minuten entspannen lassen, Fladen ziehen (30 cm Ø)
STÜCKGARE: 1 Stunde, 24 °C
VOR DEM BACKEN: mit Fingern eindrücken, mit Milch abstreichen, mit Sesam bestreuen
BACKEN: 20–25 Minuten, 220 °C fallend auf 190 °C, mit Schwaden

ZEITEN

Vorbereitung effektiv:	ca. 30 Minuten
Vorbereitung absolut:	ca. 25 Stunden
Zubereitung am Backtag effektiv:	ca. 30 Minuten
Zubereitung am Backtag absolut:	ca. 1 ½ Stunden

INFOS

Teiggesamtgewicht:	ca. 570 g
Teigeinlage:	ca. 570 g
Teigausbeute:	174

HAUPTTEIG

255 g Weizenmehl 550	80 %
65 g Weizenmehl 1 050	20 %
150 g Wasser	47 %
80 g Milch (3,5 % Fett)	25 %
4 g Frischhefe	1,4 %
5 g Zucker	1,6 %
7 g Salz	2,2 %
6 g Olivenöl	1,9 %
schwarzer Sesam zum Bestreuen (alternativ auch Kreuzkümmel oder Schwarzkümmel)	

MEIN TIPP
Eine etwas kräftigere Variante des Fladenbrotes gelingt Ihnen, wenn Sie zum Beispiel ein Viertel oder ein Drittel des Mehles durch Weizenvollkornmehl ersetzen. Da das volle Korn mehr Wasser speichert, sollten Sie die Wassermenge im Teig pro 100 g Vollkornmehl um ca. 10 g erhöhen.

Sämtliche Zutaten für den Hauptteig bis auf Salz und Öl in der Knetschüssel 3 Minuten auf niedrigster Stufe vermengen und zu einem Teig kneten, der noch etwas am Schüsselrand und Schüsselboden kleben bleibt. Weitere 15 Minuten auf zweiter Stufe kneten. Anschließend Salz und Öl (tropfenweise) zugeben und nochmals 5 Minuten kneten. Der Teig sollte sich zum Ende hin vollständig vom Schüsselrand lösen, eine weiche, zäh-klebrige Konsistenz haben und noch etwas am Schüsselboden kleben.

Den Teig luftdicht abgedeckt zunächst für 1 Stunde bei Raumtemperatur (ca. 20 °C) und anschließend für 24 Stunden bei ca. 6 °C (z. B. unterstes Kühlschrankfach) zur Gare stellen. Das Volumen sollte sich in dieser Zeit etwa verdoppeln.

Den kalten Teig mit einer Teigkarte vorsichtig aus der Schüssel auf die bemehlte Arbeitsfläche geben. Den Teigling vorsichtig rundwirken, indem die Außenkanten zur Mitte geschlagen und im Zentrum festgedrückt werden. Darauf achten, dass kein Mehl mit eingeschlagen wird und das Porengas überwiegend im Teig bleibt.

Den Teigling bemehlen und mit einem Leinentuch oder einer Folie abdecken. 15 Minuten entspannen lassen.

Anschließend den Teigling mit beiden bemehlten Händen vorsichtig auf einen Durchmesser von ca. 25 cm und eine Dicke von etwa 5–10 mm dehnen, ohne zu viele der Gasblasen im Teig auszudrücken. Den Fladen auf Backpapier oder einen mit Grieß bestreuten Brotschieber setzen und mit einer Folie oder einem Behälter abgedeckt 1 Stunde bei 24 °C gehen lassen.

Den Teigling mit einem Pinsel mit Milch abstreichen und nachfolgend mit allen 10 Fingern kleine Dellen in die Oberfläche drücken.

Sesam oder Kümmel auf den Fladen streuen und sofort im kräftig vorgeheizten Backofen bei 220 °C mit Schwaden 20–25 Minuten backen. Nach 10 Minuten die Ofentür weit öffnen, um den Schwaden abzulassen. Die Temperatur auf 190 °C senken und weiterbacken. Während der letzten 5 Minuten die Ofentür einen Spalt breit öffnen, um eine knusprige Kruste zu erzeugen.

Das Fladenbrot unbedeckt auf einem Gitterrost abkühlen lassen oder lauwarm genießen.

Schweizer Brot

Das Schweizer Brot hat eine dünne, knusprige Kruste und eine sehr fluffige, helle, mittelfaserige Krume. Der relativ hohe Salzgehalt unterstützt den mild-aromatischen Geschmack, der durch den festen Vorteig in das Brot gelangt.

WEIZENBROT MIT FETTANTEIL

Die Schweiz hat, ähnlich wie Deutschland, eine lange Brottradition. Allerdings werden in der Schweiz eher helle Mehle verbacken. Jeder Kanton hat seine eigenen Spezialitäten; dieses Rezept ist einem Weißbrot aus dem Tessin nachempfunden. Markantestes Merkmal ist seine Form: Das Brot ist aus einzelnen kleinen Laiben zusammengesetzt, dadurch kann es auch ohne Messer geteilt werden. Früher hatte dieses Weißbrot ein Gewicht von mehreren Kilogramm, heute wird es meist handlicher gebacken. Die Einzellaibe wiegen oft nicht mehr als 250 g, können aber auch deutlich kleiner sein.

In der Schweiz werden andere Mehltypen verwendet als in Deutschland. Für dieses Brot wäre das Mehl der Wahl Schweizer Halbweißmehl. Es hat einen Ausmahlgrad von etwa 75 % und einen Mineralstoffgehalt von durchschnittlich 0,75 %. Damit entspräche es nach deutscher Nomenklatur der Type 750. Da diese in Deutschland nicht hergestellt wird, empfiehlt sich entweder die Verwendung der Weizenmehltype 812 oder eine Mischung der Standardtypen 550 und 1050.

VORSTUFE: Vorteigzutaten von Hand mischen, 16 Stunden Gare bei Raumtemperatur (ca. 20–22 °C)

KNETEN: 5 Minuten langsam, 8 Minuten schnell (ohne Öl und Salz); 5 Minuten schnell (mit Öl und Salz) (nicht klebend, fest, straff, elastisch)

STOCKGARE: 1 Stunde, 24 °C, nach 30 Minuten falten

AUFARBEITEN: 6 Teiglinge abstechen, rundschleifen, langstoßen, mit 5 mm Abstand aneinander setzen

STÜCKGARE: 45 Minuten, 24 °C

BACKEN: 20 Minuten, 230 °C fallend auf 200 °C, mit Schwaden

ZEITEN

Vorbereitung effektiv:	ca. 10 Minuten
Vorbereitung absolut:	ca. 16 Stunden
Zubereitung am Backtag effektiv:	ca. 45 Minuten
Zubereitung am Backtag absolut:	ca. 3 Stunden

INFOS

Teiggesamtgewicht:	ca. 470 g
Teigeinlage:	ca. 80 g (470 g)
Teigausbeute:	156

VORTEIG (BIGA)

65 g Weizenmehl 1 050	22 %	50 %
65 g Weizenmehl 550	22 %	50 %
0,5 g Frischhefe	0,2 %	0,4 %
60 g Wasser	20 %	46 %

HAUPTTEIG

Vorteig	
90 g Weizenmehl 1 050	31 %
75 g Weizenmehl 550	25 %
4 g Frischhefe	1,4 %
85 g Wasser	29 %
20 g Pflanzenöl	7 %
9 g Salz	3 %

Die Vorteigzutaten grob mit einem stabilen Löffel mischen und anschließend von Hand zu einem extrem festen, homogenen Teig kneten (Biga). Den Biga luftdicht abgedeckt bei Raumtemperatur (20–22 °C) ca. 16–18 Stunden reifen lassen. Sein Volumen sollte sich im reifen Zustand trotz der festen Teigkonsistenz mindestens verdoppelt haben.

Alle Zutaten für den Hauptteig bis auf das Olivenöl und das Salz 5 Minuten auf niedrigster Stufe vermengen und weitere 8 Minuten zu einem festen Teig kneten. Anschließend bei gleichbleibender Geschwindigkeit das Öl tropfenweise unterkneten und nach Zugabe des Salzes weitere 5 Minuten auf zweiter Stufe alles zu einem straffen, nicht klebenden, elastischen Teig verarbeiten.

Den Teig 1 Stunde bei ca. 24 °C abgedeckt gehen lassen. Nach 30 Minuten einmal falten.

6 Teiglinge zu je ca. 80 g abstechen, rundschleifen und 10 Minuten abgedeckt ruhen lassen.

Nun die Teiglinge durch leichte Rollbewegungen mit der Hand etwas länglich stoßen und an ihren langen Seiten mit ca. 5 mm Abstand nebeneinander auf Backpapier setzen.

Abgedeckt 45 Minuten bei ca. 24 °C gehen lassen. Die Teiglinge sollten danach ihren Abstand überwunden und Kontakt zueinander haben.

Mit einem scharfen Messer einen etwa 1,5 bis 2 cm tiefen, geraden Schnitt über alle Teiglinge setzen.

(SIEHE GRAFIK RECHTS)

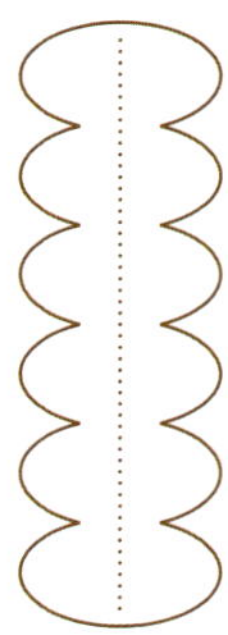

Im kräftig vorgeheizten Backofen bei 230 °C 20 Minuten mit Schwaden goldbraun backen. Nach 10 Minuten die Ofentür weit öffnen, um den Schwaden abzulassen. Die Temperatur auf 200 °C senken. Während der letzten 5 Minuten die Ofentür einen Spalt breit öffnen, um den für eine rösche Kruste notwendigen trockenen Backraum zu schaffen.

Für eine glänzende Kruste das Brot direkt nach dem Backen mit Wasser abstreichen.

Auf einem Gitterrost unbedeckt abkühlen lassen.

MEIN TIPP
Anstatt mit Wasser nach dem Backen können Sie die Teiglinge auch vor dem Backen, am besten vor und nach der letzten Gare, mit verrührtem Ei abstreichen. Auch das gibt dem Brot einen herrlichen, appetitanregenden Glanz.

Eckbrötchen

Die Eckbrötchen setzen geschmacklich durch die gerösteten Kürbis- und Sonnenblumenkerne Akzente. Zudem sind sie nicht nur leckere, sondern dank der Kerne und des Weizenschrotes auch gesunde Brötchen für den Frühstückstisch.

WEIZENMISCHBRÖTCHEN MIT SCHROT, KÜRBISKERNEN UND SONNENBLUMENKERNEN

Frische Brötchen zum Frühstück sind vor allem am Wochenende eine Freude. Doch wie frische Brötchen backen, wenn Sie am Samstag und Sonntag gern ausschlafen möchten? Die Lösung ist einfach: Nutzen Sie die Übernachtgare. Abends den Teig mit wenig Hefe ansetzen, im Kühlschrank langsam gehen lassen und morgens nur noch die Teiglinge abstechen und backen. So stehen die Wochenendbrötchen innerhalb kurzer Zeit auf dem Tisch. Der Vorteil dieser Methode liegt nicht allein im Zeitgewinn am Morgen – die Brötchen erhalten durch die lange und langsame Gare auch mehr Aroma.

KNETEN:	5 Minuten langsam, 15 Minuten schnell (ohne Kerne), 1 Minute langsam (mit Kernen) (schwach klebend, feucht, schwer)
STOCKGARE:	30 Minuten, 24 °C, 15 Stunden, 6 °C
AUFARBEITEN:	Teig ausziehen, 8 dreieckige Teiglinge abstechen, in Wasser und Weizenschrot wälzen
STÜCKGARE:	30 Minuten, 24 °C
SCHNITT:	ein tiefer Längsschnitt von der Dreiecksspitze zur Basis
BACKEN:	20 Minuten, 230 °C, mit Schwaden

ZEITEN

Vorbereitung effektiv:	ca. 30 Minuten
Vorbereitung absolut:	ca. 16 Stunden
Zubereitung am Backtag effektiv:	ca. 30 Minuten
Zubereitung am Backtag absolut:	ca. 1 ½ Stunden

INFOS

Teiggesamtgewicht:	ca. 825 g
Teigeinlage:	ca. 100 g
Teigausbeute:	167

HAUPTTEIG

50 g Kürbiskerne	12 %
50 g Sonnenblumenkerne	12 %
250 g Weizenmehl 550	59 %
50 g Roggenmehl 1 150	12 %
120 g Weizenschrot (mittelgrob gemahlen)	29 %
280 g Wasser	67 %
4 g Frischhefe	1 %
10 g Salz	2,4 %
8 g Schweineschmalz (alternativ: Butter)	1,9 %
(5 g Backmalz (enzyminaktiv))	1,2 %

Weizenschrot zum Wälzen

MEIN TIPP
Weizenschrot wird von Mühlen oftmals in verschiedenen Korngrößen angeboten. Die Brötchenkruste verändert sich sowohl optisch als auch geschmacklich, wenn Sie zum Wälzen beispielsweise statt mittelgrob oder grob gemahlenem Schrot fein gemahlenes Schrot verwenden. So können Sie mit dem gleichen Rezept auf einfache Weise eine andere Geschmacksnuance erreichen.

Die Kürbis- und Sonnenblumenkerne in einer Pfanne ohne Öl anrösten. Abkühlen lassen.

Alle Zutaten für den Haupttteig bis auf die Kerne 5 Minuten auf niedrigster Stufe und 15 Minuten auf zweiter Stufe zu einem weichen, schweren Teig verarbeiten. Der Teig sollte am Ende des Knetens noch etwas am Schüsselboden hängen bleiben. Das Weizenschrot saugt während der langen Gehzeit überschüssiges Wasser auf und verleiht dem Teig im Laufe der Zeit eine für die Weiterverarbeitung angenehme Konsistenz.

Zum Schluss die Kerne zugeben und 1 Minute langsam unterkneten.

Den Teig luftdicht abgedeckt für 30 Minuten bei 24 °C und anschließend ca. 15 Stunden bei 6 °C (z. B. unterstes Fach im Kühlschrank) gehen lassen.

Den Teig mit beiden Händen auf der bemehlten Arbeitsfläche vorsichtig auf ca. 1,5–2 cm Dicke ziehen. Mit einer Teigkarte 8 dreieckige Teiglinge abstechen.

Zwei Schüsseln jeweils mit etwas Wasser beziehungsweise Weizenschrot füllen. Die Teiglinge von einer Seite zunächst in das Wasser, anschließend in das Weizenschrot drücken. Mit der Schrotseite nach oben auf Backpapier setzen.

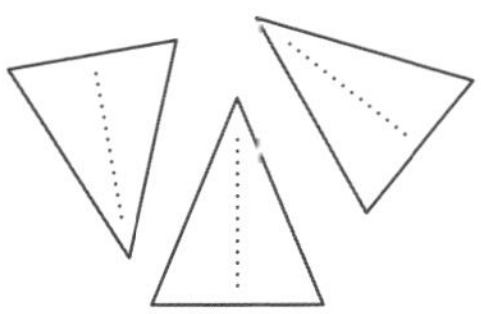

Die abgestochenen und gewälzten Teiglinge 30 Minuten bei ca. 24 °C abgedeckt gehen lassen (Stückgare).

Mit einem scharfem Messer und gerader Klinge von der Dreiecksspitze zur Dreiecksbasis ca. 5 mm tief einschneiden.

(SIEHE GRAFIK LINKS)

Im kräftig vorgeheizten Backofen bei 230 °C mit Schwaden 20 Minuten lang hellbraun backen. Nach 10 Minuten den Schwaden durch weites Öffnen der Ofentür ablassen. Während der letzten 5 Minuten die Ofentür einen Spalt breit öffnen, um eine rösche Kruste zu erreichen.

Die Brötchen unbedeckt auf einem Gitterrost etwas abkühlen lassen und am besten noch lauwarm genießen.

Morgenbrötchen

Die Morgenbrötchen überzeugen durch ihre dünne, knusprige Kruste und die lockere Krume. Sie passen sowohl zu süßen wie auch herzhaften Aufstrichen und Belägen.

WEIZENMISCH-BRÖTCHEN MIT HARTWEIZENGRIESS UND OLIVENÖL

Eine lange und kalte Führung des Teiges macht morgens frisch gebackene Brötchen möglich und lässt dennoch Zeit zum Ausschlafen: Der Teig wird abends angesetzt und 12 Stunden dem Kühlschrank überlassen. Am Morgen benötigen Sie höchstens 20 Minuten effektive Arbeitszeit, um die Teiglinge zu formen und ofenfertig zu machen. Durch die lange Gare im Kühlschrank entwickelt sich ein feines, mildes Aroma. Das Roggenmehl sorgt dabei für etwas mehr Herbe und Biss. Dank Hartweizengrieß, Olivenöl und Milch wird die Krume locker und saftig.

KNETEN:	10 Minuten langsam, 5 Minuten schnell (mittelfest, etwas klebend)
STOCKGARE:	12 Stunden, 6–8 °C
AUFARBEITEN:	8 Teiglinge abstechen, zu Zylindern aufrollen, in Roggenvollkornmehl wälzen
STÜCKGARE:	45 Minuten (Schluss nach unten), 22 °C
BACKEN:	20 Minuten, 230 °C, mit Schwaden (Schluss nach oben)

ZEITEN

Vorbereitung effektiv:	ca. 20 Minuten
Vorbereitung absolut:	ca. 12 ½ Stunden
Zubereitung am Backtag effektiv:	ca. 20 Minuten
Zubereitung am Backtag absolut:	ca. 1 ½ Stunden

INFOS

Teiggesamtgewicht:	ca. 710 g
Teigeinlage:	ca. 90 g
Teigausbeute (theoret.):	179

HAUPTTEIG

180 g Weizenmehl 550	46 %
100 g Hartweizengrieß	26 %
110 g Roggenmehl 1 150	28 %
150 g Wasser	38 %
150 g Milch	38 %
4 g Frischhefe	1 %
8 g Salz	2 %
8 g Olivenöl	2 %

Roggenvollkornmehl zum Wälzen

Sämtliche Zutaten für den Hauptteig mit der Knetmaschine 10 Minuten auf niedrigster Stufe vermengen und weitere 5 Minuten auf zweiter Stufe zu einem mittelfesten, etwas klebenden Teig kneten, der sich zum Ende hin fast vollständig vom Schüsselboden löst.

Den Teig in einer Schüssel luftdicht abgedeckt für ca. 12 Stunden bei 6–8 °C (z. B. unterstes Kühlschrankfach) reifen lassen. Er sollte sein Volumen danach deutlich vergrößert haben.

Den nun kalten und straffen Teig aus der Schüssel auf die leicht bemehlte Arbeitsfläche geben. 8 Teiglinge abstechen. Die Teiglinge etwas länglich ziehen. Mit den Fingerspitzen beider Hände nun das vom Körper weg zeigende kurze Teiglingsende zum Körper hin umschlagen und festdrücken. Das neu entstandene Teiglingsende nochmals zum Körper hin umschlagen und auf dem unterlagernden Teig festdrücken. Diesen Vorgang so lange wiederholen, bis der Teigling zu einem straffen Zylinder aufgerollt ist. Während der gesamten Bearbeitung des Teiges darauf achten, dass möglichst wenig Porengas entweicht. Umso großporiger werden später die Brötchen.

Die Teigzylinder rundum in Roggenvollkornmehl wälzen und mit Schluss nach unten 45 Minuten abgedeckt in Bäckerleinen (oder auf Backpapier) bei ca. 22 °C gehen lassen.

Die Teiglinge umdrehen (Schluss nach oben) und auf einen Backschieber oder auf Backpapier setzen.

Im kräftig vorgeheizten Backofen bei 230 °C mit Schwaden 20 Minuten hellbraun bis braun backen. Nach 10 Minuten den Schwaden durch weites Öffnen der Ofentür ablassen. Während der letzten 5 Minuten die Ofentür einen Spalt breit öffnen, um eine rösche Kruste zu erhalten.

Die Brötchen unbedeckt auf einem Gitterrost vollständig abkühlen lassen.

SCHRITT 1
Zum Zylinderformen die hintere, vom Körper weg zeigende Teigkante mit den Fingern beider Hände fassen und straff zum Körper hin umschlagen. Die Teigkante auf dem unterlagernden Teig festdrücken.

SCHRITT 2
Die neu entstandene hintere Teigkante wieder zum Körper hin umschlagen und festdrücken. Diesen Vorgang solange wiederholen bis der gesamte Teig eingerollt ist.

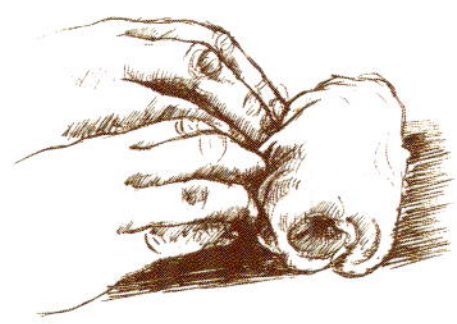

Kartoffelbrötchen

Diese Brötchen schmecken mild-aromatisch und haben die erdig-herbe Note von Kartoffeln. Ihre Krume ist locker, fluffig und dank des Vollkornmehls mit ausreichend Biss ausgestattet.

WEIZENMISCHBRÖTCHEN MIT OLIVENÖL UND VOLLKORNANTEIL

Kartoffeln im Brotteig bieten viele Vorteile: Das in ihnen gebundene Wasser bringt Feuchtigkeit in den Teig. Gleichzeitig liefern die stärkereichen Knollen das Grundnahrungsmittel der Hefen. Geschmacklich tragen sie zum erdig-herben Aroma der Krume bei, während die Kruste auffällig goldbraun und dünn erscheint. Nicht zuletzt bleibt die Krume dank der Kartoffeln lange Zeit saftig und frisch.

In diesem Rezept setze ich auf eine lange und kühle Führung des Teiges. Dadurch können sich Teigstruktur und Teigaroma ausreichend entfalten. Gleichzeitig spart die Methode Zeit am Backtag und macht frische Brötchen zum Frühstück möglich.

VORARBEITEN: Kartoffeln kochen, pellen, abkühlen lassen, zerdrücken
KNETEN: 10 Minuten langsam (anfangs trocken, später feucht, mittelfest, elastisch/locker)
STOCKGARE: 9 Stunden, 6 °C
AUFARBEITEN: ausstoßen, 8 Teiglinge abstechen, rundschleifen, in Roggenvollkornmehl wälzen
STÜCKGARE: 1 Stunde, 24 °C
SCHNITT: 1 cm tiefer Längsschnitt
BACKEN: 20 Minuten, 230 °C fallend auf 200 °C, mit Schwaden

ZEITEN

Vorbereitung effektiv:	ca. 30 Minuten
Vorbereitung absolut:	ca. 10 Stunden
Zubereitung am Backtag effektiv:	ca. 30 Minuten
Zubereitung am Backtag absolut:	ca. 2 Stunden

INFOS

Teiggesamtgewicht:	ca. 810 g
Teigeinlage:	ca. 100 g
Teigausbeute (theoret.):	121

HAUPTTEIG

10 g Salz	2,9 %
15 g Olivenöl	4,3 %
450 g mehlig kochende Kartoffeln (roh, ungeschält) (beziehungsweise 365 g gekocht und gepellt)	59 %
140 g Roggenvollkornmehl	40 %
210 g Weizenmehl 550	60 %
60 g Wasser	17 %
10 g Frischhefe	2,9 %
Roggenvollkornmehl zum Wälzen	

MEIN TIPP

Je nach Kartoffelsorte kann der Geschmack der Brötchen variieren beziehungsweise bewusst verändert werden. Gleiches gilt auch für den Wassergehalt des Teiges. Stärker wasserhaltige Sorten führen zu einem weicheren Teig. Deshalb sollten Sie im Zweifel zunächst auf ca. 20–30 g des im Rezept angegebenen Schüttwassers verzichten. Nach 3–5 Minuten Knetzeit wird die tatsächliche Teigkonsistenz sichtbar. Sollte der Teig zu fest erscheinen, können Sie das zurückbehaltene Wasser portionsweise mit einkneten bis ein mittelfester, kaum klebender Teig entstanden ist.

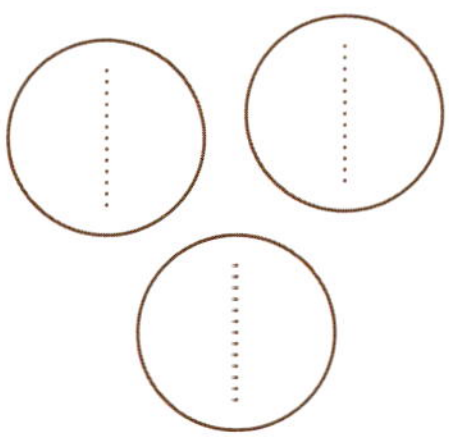

MEIN TIPP

Wenn Sie die gekochten Kartoffeln in einer Pfanne oder im Backofen rösten, können Sie den Geschmack der Brötchen verändern. Vor dem Einkneten sollten die Röstkartoffeln abkühlen. Da der Wassergehalt der Kartoffeln durch das Rösten sinkt, muss die Schüttwassermenge im Teig etwas erhöht werden. Daher nach 3–5 Minuten Knetzeit bei zu fester Teigkonsistenz tropfenweise Wasser zufügen, bis die gewünschte Teigbeschaffenheit erreicht ist.

Die Kartoffeln mit Schale weich kochen, pellen und abkühlen lassen. Anschließend mit einer Gabel zerdrücken. Salz und Olivenöl zugeben und gut vermengen. Diese Mischung mit den übrigen Zutaten 10 Minuten auf niedrigster Stufe verkneten. Der Teig ist anfangs recht trocken, wird aber nach 2–3 Minuten dank der Kartoffeln zunehmend feuchter. Gegen Ende des Knetvorgangs klebt der Teig noch etwas am Schüsselboden. Seine Konsistenz ist mittelfest, elastisch-locker und nicht klebend.

Den Teig luftdicht abgedeckt in einer Schüssel 9 Stunden bei ca. 6 °C (z. B. unterstes Fach im Kühlschrank) zur Gare stellen. Der Teig sollte sich am Ende deutlich vergrößert haben.

Den Teig aus dem Kühlschrank nehmen und mit den Händen kräftig ausstoßen (Gärgas ausdrücken).

Mit der Teigkarte 8 Teiglinge abstechen und auf der leicht bemehlten Arbeitsfläche rundschleifen. Die Teiglinge anschließend vollständig in Roggenvollkornmehl wälzen und mit Schluss nach unten auf Backpapier setzen.

1 Stunde mit einem Leinentuch oder einer Folie abgedeckt bei ca. 24 °C gehen lassen.

Die Teiglinge mit einem scharfen Messer und gerader Klinge je einmal ca. 1 cm tief über den gesamten Durchmesser einschneiden.

(SIEHE GRAFIK LINKS)

Im kräftig vorgeheizten Backofen bei 230 °C mit Schwaden 20 Minuten backen. Nach 10 Minuten die Ofentür weit öffnen, um den Schwaden abzulassen. Die Temperatur dabei auf 200 °C senken. Während der letzten 5 Minuten die Ofentür einen Spalt breit öffnen, um den für die rösche Kruste nötigen trockenen Backraum zu erreichen.

Die Kartoffelbrötchen unbedeckt auf einem Gitterrost vollständig abkühlen lassen.

Schusterjungen

Diese Brötchen mit ihrer gleichporigen, lockeren Krume und dünnen, knusprigen Kruste schmecken wie ein gutes Mischbrot: mild-herb und aromatisch. Sie sind ideale Begleiter für herzhaftere, würzige Beläge und Aufstriche.

ROGGENMISCH-BRÖTCHEN

Roggenmischbrötchen mit der Bezeichnung „Schusterjungen" werden deutschlandweit geschätzt. Oft wird noch zusätzlich ihr Ursprungsort, die Stadt Berlin, vor den Namen gesetzt. Manchen Brotliebhabern wird auch die Bezeichnung „Berliner Salzkuchen" bekannt sein.
Der Teig wird direkt geführt, ein Vorteig als Geschmacksgeber ist also nicht vorgesehen. Stattdessen bringt eine kleine Menge Anstellgut vom Roggensauerteig die nötigen Aromen mit („Aromasauer") und sorgt gleichzeitig für eine bessere Verträglichkeit. Letztlich spart diese Methode auch Hefe, das Anstellgut ist allerdings nicht so triebstark wie ein frisch angesetzter Sauerteig.
Um den Roggen, der über 50 % der Mehlmenge liefert, nicht zu stark durch das Kneten zu belasten, wird der Weizenmehlanteil einer Vorquellung (Autolyse) unterzogen. Das fördert das Klebergerüst sowie den Geschmack und reduziert außerdem die Knetzeit.

AUTOLYSE: Weizenmehl und Wasser verrühren, 30 Minuten ruhen lassen
KNETEN: 5 Minuten langsam, 5 Minuten schnell (feucht, straff, schwach klebend)
STOCKGARE: 30 Minuten, 24 °C
AUFARBEITEN: ausstoßen, 8 Teiglinge abstechen, rundschleifen, in Roggenvollkornmehl wälzen
STÜCKGARE: 90 Minuten, 24 °C, in Bäckerleinen (Schluss nach oben)
BACKEN: 20 Minuten, 250 °C fallend auf 230 °C, mit Schwaden (Schluss nach oben)

ZEITEN

Vorbereitung effektiv:	keine
Vorbereitung absolut:	keine
Zubereitung am Backtag effektiv:	ca. 30 Minuten
Zubereitung am Backtag absolut:	ca. 3 ½ Stunden

AUTOLYSE-TEIG

230 g Weizenmehl 550	48,5 %
150 g Wasser	32 %

INFOS

Teiggesamtgewicht:	ca. 800 g
Teigeinlage:	ca. 100 g
Teigausbeute:	166

HAUPTTEIG

Autolyse-Teig	
230 g Roggenmehl 1 150	48,5 %
25 g Anstellgut vom Roggensauer (100 % Hydratation)	5,2 %
150 g Wasser	32 %
5 g Frischhefe	1 %
9 g Salz	1,9 %

Das Weizenmehl mit dem Wasser zu einem mittelfesten Teig verrühren. Kleinere Mehlklümpchen stören nicht. 30 Minuten luftdicht abgedeckt ruhen lassen (Autolyse).

Den Autolyse-Teig mit den restlichen Zutaten für den Hauptteig auf niedrigster Stufe mit der Knetmaschine 5 Minuten lang vermischen. Anschließend weitere 5 Minuten auf zweiter Stufe zu einem straffen, aber feuchten und schwach klebenden Teig kneten, der sich am Ende von den Seiten der Schüssel löst.

30 Minuten luftdicht abgedeckt bei ca. 24 °C zur Gare stellen.

Den Teig mit beiden Händen auf der bemehlten Arbeitsplatte kurz durchkneten (ausstoßen). Mit der Teigkarte 3 Teiglinge abstechen und auf der Arbeitsfläche rundschleifen. Die Teiglinge anschließend vollständig in Roggenvollkornmehl wälzen und mit Schluss nach oben in Bäckerleinen 1 ½ Stunden bei ca. 24 °C zur Gare stellen. Die Teiglinge sollten nahezu Vollgare erreichen.

Die Teiglinge aus dem Bäckerleinen vorsichtig mit einer Hand auf die andere Hand kippen und mit Schluss nach unten auf Backpapier oder einen mit Grieß bestreuten Brotschieber setzen.

Im kräftig vorgeheizten Backofen bei 250 °C mit Schwaden 20 Minuten backen. Nach 10 Minuten die Ofentür weit öffnen, um den Schwaden abzulassen. Die Temperatur dabei auf 230 °C senken. Während der letzten 5 Minuten die Ofentür einen Spalt breit öffnen, um den für die rösche Kruste nötigen trockenen Backraum zu schaffen.

Die Schusterjungen unbedeckt auf einem Gitterrost vollständig abkühlen lassen.

Rezepte

MIT ETWAS Übung

Weizenmischbrot II

Mischbrote sind häufig die Standardbrote der Bäckereien – das hier vorgestellte Brot hat ebenfalls großes Potenzial, zu Ihrem ganz persönlichen Standardbrot zu werden. Es schmeckt aromatisch-mild mit einer dezenten Würze und passt praktisch zu jedem Belag.

WEIZENMISCHBROT MIT VOLLKORNANTEIL

Der Teig muss aufgrund des Roggenanteils schonend geknetet werden. Um dem Weizenkleber dennoch ausreichend Zeit zu geben, das für die Krumenstruktur so wichtige Glutengerüst aufzubauen und geschmackliche Vorteile auszunutzen, wird das Weizenmehl zunächst mit Wasser verquollen (Autolyse). Erst dann folgen die übrigen Zutaten.

Das Brot hat einen kräftigen Ofentrieb, der dank Doppelschnitt einen großen Ausbund verursacht. Dadurch ergibt sich ein größerer Krustenanteil, was zum hervorragenden Geschmack des Brotes beiträgt.

VORSTUFE: Sauerteigzutaten mischen, 18 Stunden bei Raumtemperatur (20–22 °C) reifen lassen

AUTOLYSE: Weizenmehl und Wasser mischen, 30 Minuten ruhen lassen

KNETEN: 5 Minuten langsam, 5 Minuten schnell (mittelfest, nicht klebend)

STOCKGARE: 1 Stunde, 26 °C

AUFARBEITEN: langwirken

STÜCKGARE: 45 Minuten, 24 °C, im Gärkorb (Schluss nach oben)

SCHNITT: zwei Schnitte mit flacher Klinge im spitzen Winkel zur Längsachse

BACKEN: 45 Minuten, 250 °C fallend auf 220 °C, mit Schwaden (Schluss nach unten)

ZEITEN

Vorbereitung effektiv:	ca. 10 Minuten
Vorbereitung absolut:	ca. 18 Stunden
Zubereitung am Backtag effektiv:	ca. 30 Minuten
Zubereitung am Backtag absolut:	ca. 4 Stunden

INFOS

Teiggesamtgewicht:	ca. 830 g
Teigeinlage:	ca. 830 g
Teigausbeute:	165

ROGGENSAUERTEIG

30 g Roggenvollkornmehl	6 %	100 %
50 g Wasser	10 %	167 %
5 g Anstellgut vom Roggensauer	1 %	16,7 %

AUTOLYSE-TEIG

300 g Weizenmehl 1 050	63 %
200 g Wasser	41 %

HAUPTTEIG

Roggensauerteig	
Autolyse-Teig	
150 g Roggenmehl 1 150	31 %
60 g Wasser	12 %
10 g Frischhefe	2,1 %
10 g Honig	2,1 %
10 g Salz	2,1 %
5 g Butter	1 %

Die Sauerteigzutaten mit einem Löffel vermengen und 18 Stunden bei Raumtemperatur (20–22 °C) reifen lassen. Der Sauerteig ist sehr flüssig, wird aber während der Reifung durch das Aufquellen des Vollkornmehles etwas fester.

Das Weizenmehl mit 200 g Wasser verrühren und 30 Minuten abgedeckt ruhen lassen (Autolyse). In dieser Zeit beginnt sich das Klebergerüst zu bilden.

Alle weiteren Zutaten mit der Autolyse-Masse in der Knetmaschine 5 Minuten auf niedrigster Stufe und weitere 5 Minuten auf zweiter Stufe verkneten. Der Teig hat eine mittelfeste, leicht klebende Konsistenz.

Den Teig 1 Stunde luftdicht abgedeckt in einer Schüssel bei ca. 26 °C zur Gare stellen.

Anschließend den Teig auf der gut bemehlten Arbeitsfläche kurz durchkneten (ausstoßen) und zu einem länglichen Laib wirken. Den Teigling mit Schluss nach oben in einen bemehlten Gärkorb setzen und luftdicht abdecken.

Ca. 45 Minuten bei etwa 24 °C zur Gare stellen.

Den Laib mit Schluss nach unten auf Backpapier oder einen mit Grieß bestreuten Brotschieber stürzen. Das überschüssige Mehl mit der Hand verstreichen.

Nun mit einer scharfen Klinge im flachen Winkel zur Teigoberfläche zwei Schnitte setzen, die im spitzen Winkel (fast parallel) zur Längsachse des Teiglings und in der Mitte zu einem Drittel nebeneinander verlaufen.

(SIEHE GRAFIK RECHTS)

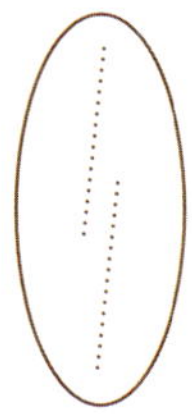

Im kräftig vorgeheizten Backofen 45 Minuten bei 250 °C mit Schwaden backen. Nach 10 Minuten die Ofentür weit öffnen, um den Schwaden abzulassen. Die Temperatur dabei auf 220 °C senken. Für eine rösche Kruste während der letzten 5 Backminuten die Ofentür einen Spalt breit geöffnet lassen.

Das Mischbrot unbedeckt auf einem Gitterrost abkühlen lassen.

Foto zu Weizenmischbrot II siehe vorangehende Doppelseite

Reines Roggenbrot

Die Krume dieses Brotes ist feinporig und saftig. Im Zusammenspiel mit der kräftig ausgebackenen Kruste entwickelt sich das für Roggenbrote so typische mild-säuerliche bis würzig-herbe Aroma.

ROGGENBROT MIT SCHROTANTEIL

Reine Roggenbrote haben einen unvergleichlichen Geschmack. Zudem halten sie lange Zeit frisch. Sie intensivieren ihr Aroma sogar noch in den ersten Tagen. Dieses Rezept arbeitet mit einem Brühstück, in dem Roggenschrot verquollen wird. Das im Brühstück verarbeitete volle Korn bringt viele Vorteile mit sich: Es erhöht den Nährwert, macht die Krume saftiger und sorgt gleichzeitig für mehr Biss und eine längere Frischhaltung.

VORSTUFEN: Sauerteigzutaten mischen, 20 Stunden bei Raumtemperatur (20–22 °C) reifen lassen; Roggenschrot und Salz mit kochendem Wasser mischen, mind. 8 Stunden bei 6–10 °C lagern

KNETEN I: 5 Minuten langsam (ohne Hefe)

STOCKGARE I: 30 Minuten, 24 °C

KNETEN II: 5 Minuten langsam (mit Hefe) (klebend, mittelfest, unelastisch)

STOCKGARE II: 30 Minuten, 24 °C

AUFARBEITEN: rundwirken

STÜCKGARE: 30 Minuten, 24 °C, im Gärkorb (Schluss nach unten), danach mit heißem Wasser abstreichen

BACKEN: 55 Minuten, 250 °C fallend auf 200 °C, mit Schwaden (Schluss nach oben), danach mit heißem Wasser abstreichen

ZEITEN

Vorbereitung effektiv:	ca. 30 Minuten
Vorbereitung absolut:	ca. 10 Stunden
Zubereitung am Backtag effektiv:	ca. 30 Minuten
Zubereitung am Backtag absolut:	ca. 2 Stunden

INFOS

Teiggesamtgewicht:	ca. 1285 g
Teigeinlage:	ca. 1285 g
Teigausbeute:	166

ROGGENSAUERTEIG

210 g Roggenmehl 1 150	28 %	100 %
210 g Wasser	28 %	100 %
21 g Anstellgut vom Roggensauer	2,8 %	10 %

BRÜHSTÜCK

105 g Roggenschrot (mittel)	14 %
105 g Wasser	14 %
14 g Salz	1,9 %

HAUPTTEIG

Roggensauerteig	
Brühstück	
425 g Roggenmehl 1 150	58 %
175 g Wasser	24 %
7 g Frischhefe	0,9 %
(14 g flüssiges Gerstenmalz)	(1,9 %)

Kartoffelstärke zum Stäuben

Die Sauerteigzutaten mit einem Löffel vermengen und 20 Stunden bei Raumtemperatur (20–22 °C) reifen lassen. Das Volumen sollte sich mindestens verdoppeln.

Roggenschrot und Salz mit siedendem Wasser übergießen und verrühren. Abkühlen lassen und mindestens 8 Stunden im Kühlschrank quellen lassen.

Bis auf die Hefe alle Zutaten mit der Knetmaschine 5 Minuten auf niedrigster Stufe mischen. Den Teig in einer Schüssel 30 Minuten luftdicht abgedeckt bei ca. 24 °C reifen lassen. Anschließend die Hefe zugeben und weitere 5 Minuten auf niedrigster Stufe kneten. Der Teig bekommt eine klebende, strukturlose und unelastische Beschaffenheit, die frisch angerührtem Mörtel oder Beton ähnelt. Nun den Teig erneut 30 Minuten bei ca. 24 °C gehen lassen. Das Volumen sollte sich in dieser Zeit deutlich vergrößern.

Den Teig auf der am besten mit Roggenvollkornmehl bestreuten Arbeitsfläche zügig zu einem runden Laib formen. Dazu den Teig kurz durchkneten und mit wenig Mehl glatt rund formen. Darauf achten, dass kein Mehl mit eingeschlagen wird.

Den Laib mit einem Pinsel vom überschüssigen Mehl befreien und im mit Kartoffelstärke bemehlten Gärkorb mit Schluss nach unten 30 Minuten bei ca. 24 °C abgedeckt reifen lassen.

Den Laib mit Schluss nach oben auf Backpapier oder einen mit Grieß bestreuten Brotschieber stürzen und mit heißem Wasser abstreichen.

Im kräftig vorgeheizten Backofen 55 Minuten bei 250 °C mit Schwaden dunkelbraun backen. Nach 10 Minuten die Ofentür weit öffnen, um den Schwaden abzulassen. Die Temperatur auf 200 °C senken. Für eine rösche Kruste während der letzten 5 Backminuten die Ofentür einen Spalt breit geöffnet lassen.

Direkt nach dem Backen nochmals mit heißem Wasser abstreichen.

Das Roggenbrot unbedeckt auf einem Gitterrost abkühlen lassen.

Dreierbrot

Ein kräftiges, vollaromatisches Brot für alle Gelegenheiten und Beläge. Sein Name leitet sich von den drei verwendeten Mehlsorten ab: Roggen-, Dinkel- und Weizenmehl.

ROGGENMISCHBROT

Dieses Brot verdankt seinen urig-kräftigen Geschmack dem Zusammenspiel der drei Mehle mit der milden Säure des Sauerteiges. Die optisch reizvolle, gut ausgebackene Kruste ergänzt den vollen Geschmack durch ihre Röststoffe.

Die Herstellung setzt etwas Erfahrung mit dem richtigen Garpunkt voraus. Die Teigoberfläche wird zwar eingeschnitten, jedoch nicht tief und hauptsächlich zur Zierde. Aus diesem Grund sollte der Teigling nahezu Vollgare erreicht haben, bevor er in den Ofen geschoben wird: Nur dann wird Ihnen ein brottypischer Querschnitt gelingen, ohne dass der Laib an beliebiger Stelle unkontrolliert aufreißt oder (bei Übergare) flach bleibt. Hier kommt es auf Ihre Erfahrung, Ihre Experimentierfreude und Ihre Geduld an, bis Sie ein für Sie akzeptables Ergebnis erzielen.

VORSTUFE: Sauerteigzutaten mischen, 18 Stunden bei Raumtemperatur (20–22 °C) reifen lassen

KNETEN: 8 Minuten langsam, 2 Minuten schnell (mittelfest, mäßig klebend)

STOCKGARE: 2 Stunden, 26 °C, nach 1 Stunde ausstoßen

AUFARBEITEN: langwirken

STÜCKGARE: 45 Minuten, 26 °C, im Gärkorb (Schluss nach oben), danach mit heißem Wasser abstreichen

SCHNITT: kurze vertikale Schnitte an den langen Seiten

BACKEN: 50 Minuten, 250 °C fallend auf 200 °C, mit Schwaden (Schluss nach unten), danach mit Glanzstreiche abstreichen

ZEITEN

Vorbereitung effektiv:	ca. 10 Minuten
Vorbereitung absolut:	ca. 18 Stunden
Zubereitung am Backtag effektiv:	ca. 30 Minuten
Zubereitung am Backtag absolut:	ca. 4 Stunden

INFOS

Teiggesamtgewicht:	ca. 935 g
Teigeinlage:	ca. 935 g
Teigausbeute:	167

ROGGENSAUERTEIG

110 g Roggenmehl 1 150	20 %	100 %
110 g Wasser	20 %	100 %
15 g Anstellgut vom Roggensauer	2,8 %	13,6 %

HAUPTTEIG

Roggensauerteig	
260 g Roggenmehl 1 150	48 %
130 g Dinkelmehl 1 050	24 %
45 g Weizenmehl 1 050	8 %
250 g Wasser	46 %
11 g Salz	2 %

GLANZSTREICHE

1 g Kartoffelstärke (geröstet)
20 g Wasser

Die Sauerteigzutaten mit einem Löffel vermengen und 18 Stunden bei Raumtemperatur (20–22 °C) reifen lassen. Er sollte im reifen Zustand deutlich Blasen schlagen und aromatisch-säuerlich riechen.

Alle Zutaten in der Knetmaschine 8 Minuten auf niedrigster Stufe und weitere 2 Minuten auf zweiter Stufe verkneten. Der Teig hat eine mittelfeste, klebende und homogene Beschaffenheit.

Den Teig 2 Stunden luftdicht abgedeckt in einer Schüssel bei ca. 26 °C zur Gare stellen. Nach 1 Stunde den Teig auf der bemehlten Arbeitsfläche kurz kräftig durchkneten (ausstoßen) und wieder in die Schüssel geben.

Nach der Stockgare den Teig auf der bemehlten Arbeitsfläche ausstoßen und zu einem länglichen Laib wirken. Das überschüssige Mehl mit einem Pinsel vom Laib entfernen. Einen Gärkorb mit Kartoffelstärke bestäuben und den Teigling mit Schluss nach oben hinein setzen.

Ca. 45 Minuten bei etwa 26 °C zur Gare stellen.

Den Laib mit Schluss nach unten auf Backpapier oder einen mit Grieß bestreuten Brotschieber stürzen. Die überschüssige Stärke abbürsten. Mit einem Pinsel den Laib zügig mit heißem Wasser abstreichen.

Nun mit einem scharfen Messer mehrere nahezu senkrechte und kurze Schnitte entlang der Längsseiten des Laibes setzen. Je nach Garzustand des Laibes sollten die Schnitte tiefer (bei knapper Gare) oder weniger tief erfolgen (bei Vollgare).

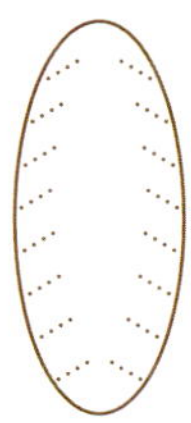

(SIEHE GRAFIK RECHTS)

Im kräftig vorgeheizten Backofen 50 Minuten bei 250 °C mit Schwaden dunkelbraun backen. Nach 10 Minuten die Ofentür weit öffnen, um den Schwaden abzulassen. Die Temperatur dabei auf 200 °C senken. Für eine knusprige Kruste während der letzten 5 Backminuten die Ofentür einen Spalt breit geöffnet lassen.

In der Zwischenzeit das in einer Pfanne fettfrei hellbraun geröstete Kartoffelmehl mit heißem Wasser klumpenfrei verrühren und den Laib sofort nach dem Backen damit abstreichen.

Das Dreierbrot unbedeckt auf einem Gitterrost abkühlen lassen. Das volle Aroma entwickelt sich erst nach 8-12 Stunden. Vorher sollte das Brot nicht angeschnitten werden.

Rundbrot

Das Brot ist dank seiner ausgeprägten dunklen, aromatischen Kruste und der milden Krume die ideale Unterlage für würzige Beläge wie luftgetrocknete Wurst oder lang gereifte Hartkäse-Sorten.

WEIZENMISCHBROT MIT DINKEL- UND ROGGENVOLLKORN-ANTEIL

Das Rundbrot vereint die Herbe des Roggenvollkornmehles mit der Milde und der lockeren Porung eines Weizenbrotes. Der Dinkelanteil wird im Vorteig mit Wasser verquollen.
Die Herstellung ist einfach, dennoch ist etwas Erfahrung mit weicheren Teigen von Vorteil. Der Wasseranteil von etwas weniger als 68 % macht den Teig schwach klebend. Dank Vollkornmehl und gut verquollenem Dinkelmehl ist dies jedoch bei der Bearbeitung kaum spürbar: Der Teig ist straff und lässt sich mit wenig Mehl gut rundwirken.

VORSTUFEN: Sauerteigzutaten mischen, 20 Stunden Gare bei Raumtemperatur (ca. 20–22 °C); Vorteigzutaten mischen, 18 Stunden Gare bei Raumtemperatur (ca. 20–22 °C)

KNETEN: 5 Minuten langsam, 5 Minuten schnell (schwach klebend, straff, elastisch)

STOCKGARE: 1 Stunde, 24 °C, nach 30 Minuten falten

AUFARBEITEN: rundwirken

STÜCKGARE: 1 Stunde, 24 °C, im Gärkorb (Schluss nach oben)

SCHNITT: tiefer Kreuzschnitt, flache horizontale Schnitte auf den Kreuzschnitt-Vierteln

BACKEN: 45 Minuten, 250 °C fallend auf 190 °C, mit Schwaden (Schluss nach unten)

ZEITEN

Vorbereitung effektiv:	ca. 15 Minuten
Vorbereitung absolut:	ca. 20 Stunden
Zubereitung am Backtag effektiv:	ca. 30 Minuten
Zubereitung am Backtag absolut:	ca. 3 ½ Stunden

INFOS

Teiggesamtgewicht:	ca. 895 g
Teigeinlage:	ca. 895 g
Teigausbeute:	168

ROGGENSAUERTEIG

105 g Roggenvollkornmehl	20 %	100 %
105 g Wasser	20 %	100 %
10 g Anstellgut vom Roggensauer	1,9 %	9,5 %

VORTEIG (POOLISH)

155 g Dinkelmehl 1 050	30 %	100 %
155 g Wasser	30 %	100 %
0,2 g Frischhefe	0,04 %	0,13 %

HAUPTTEIG

Roggensauerteig	
Vorteig	
260 g Weizenmehl 1 050	50 %
90 g Wasser	17 %
5 g Frischhefe	1 %
10 g Salz	1,9 %

MEIN TIPP
Zu intensives Kneten kann bei diesem Teig schnell zur Überknetung führen. Der Teig verliert dann an Konsistenz, wird weicher und zieht Fäden. Außerdem klebt er wieder am Schüsselrand fest. Ist der Teig erst im Anfangsstadium überknetet, kann sich die Teigstruktur während der Stockgare wieder stabilisieren. Im schlimmsten Fall jedoch müssen Sie den Teig verwerfen und neu ansetzen. Deshalb sollten Sie den Teig beim Kneten unbedingt beobachten.

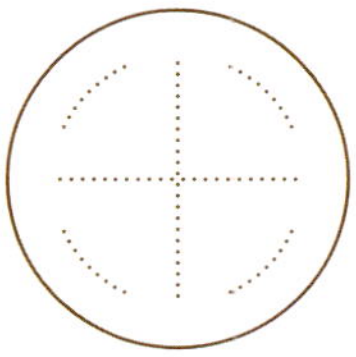

In je einer Schüssel die Vorteigzutaten und die Zutaten für den Sauerteig mit einem Löffel gut verrühren und 18–20 Stunden bei Raumtemperatur reifen lassen.

Sind beide Teige gut aufgegangen und schlagen deutlich Blasen, mit den Hauptteigzutaten 5 Minuten auf niedrigster und weitere 5 Minuten auf zweiter Stufe zu einem schwach klebenden, straffen, elastischen Teig kneten. Der Teig sollte sich am Ende des Knetvorganges vollständig von der Schüssel lösen.

Den Teig in einer Schüssel luftdicht abgedeckt 1 Stunde bei ca. 24 °C zur Gare stellen. Nach 30 Minuten auf der schwach bemehlten Arbeitsfläche einmal falten, um dem Teig noch mehr Struktur zu verleihen.

Im Anschluss an die Stockgare den Teig kräftig ausstoßen, um das durch die Hefen produzierte Kohlenstoffdioxid auszudrücken. Den Teig zu einer Kugel wirken. Im bemehlten Gärkorb mit Schluss nach oben 1 Stunde bei ca. 24 °C gehen lassen.

Den Teigling aus dem Gärkorb mit Schluss nach unten auf Backpapier oder einen mit Grieß bestreuten Brotschieber stürzen. Mit scharfer und gerader Klinge ca. 1,5 bis 2 cm tief über Kreuz einschneiden. Vier weitere ca. 1 cm tiefe, horizontale Einschnitte an den Seiten der durch den Kreuzschnitt entstandenen Teiglingsviertel setzen.

(SIEHE GRAFIK LINKS)

Im kräftig vorgeheizten Backofen bei 250 °C 45 Minuten mit viel Schwaden backen. Nach 10 Minuten die Temperatur auf 190 °C senken und die Ofentür weit öffnen, um den Schwaden abzulassen. Während der letzten 10 Minuten die Temperatur auf 230 °C erhöhen und für eine rösche Kruste die Ofentür dabei einen Spalt breit geöffnet lassen.

Das Brot vor dem Verzehr unbedeckt auf einem Gitterrost vollständig abkühlen lassen.

Speckfettbrot

Das Speckfettbrot ist als Alltagsbrot ebenso geeignet wie als besondere Beilage zum Grillen.

WEIZENMISCHBROT MIT VOLLKORNANTEIL

In vielen Regionen Deutschlands gehört Speckfett (auch Schmalz genannt) auf ein gutes Brot. Deshalb liegt es nahe, den Brotteig selbst mit etwas Speckfett zu verfeinern. Je nach eigenen Vorlieben und regionalen Besonderheiten lässt sich dieses Grundrezept mit Schmalz unterschiedlichster Geschmacksrichtungen zubereiten: Grieben, Apfel, Honig oder verschiedene Kräuter und Gewürze im Speckfett verleihen jedem Brot eine andere Note.

Das Sauerteigbrot mit seinem kleinen Vollkornanteil hat einen starken Ofentrieb, der sich in der lockeren Porung und dem schönen Ausbund niederschlägt. Die dunkle Kruste trägt mit ihren Röststoffen wesentlich zum mild-würzigen Aroma des Brotes bei.

VORSTUFE: Sauerteigzutaten mischen, 20 Stunden bei Raumtemperatur (20–22 °C) reifen lassen

KNETEN: 5 Minuten langsam, 5 Minuten schnell (ohne Salz und Speckfett), 10 Minuten schnell (mit Salz und Speckfett) (straff, kaum klebend)

STOCKGARE: 45 Minuten, 24 °C, ausstoßen, 15 Minuten, 24 °C

AUFARBEITEN: langwirken

STÜCKGARE: 30 Minuten, 24 °C, im Gärkorb (Schluss nach oben)

SCHNITT: 1 tiefer Schnitt mittig entlang Längsachse

BACKEN: 50 Minuten, 250 °C fallend auf 220 °C, mit Schwaden (Schluss nach unten)

ZEITEN

Vorbereitung effektiv:	ca. 10 Minuten
Vorbereitung absolut:	ca. 20 Stunden
Zubereitung am Backtag effektiv:	ca. 40 Minuten
Zubereitung am Backtag absolut:	ca. 3 Stunden

INFOS

Teiggesamtgewicht:	ca. 900 g
Teigeinlage:	ca. 900 g
Teigausbeute:	160

ROGGENSAUERTEIG

65 g Roggenvollkornmehl	12 %	100 %
50 g Wasser	10 %	77 %
6 g Anstellgut vom Roggensauer	1 %	9 %

HAUPTTEIG

Roggensauerteig	
420 g Weizenmehl 550	79 %
45 g Roggenmehl 1 150	8 %
265 g Wasser	50 %
8 g Frischhefe	1,5 %
10 g Salz	1,9 %
35 g Speckfett	1,6 %

Die Sauerteigzutaten mit einem Löffel verrühren und ca. 20 Stunden bei 20–22 °C reifen lassen. Das Volumen sollte sich mindestens verdoppelt haben.

In der Knetmaschine alle Zutaten außer Salz und Speckfett 5 Minuten auf niedrigster Stufe mischen. Weitere 5 Minuten auf zweiter Stufe zu einem festen und sich vom Schüsselboden lösenden Teig kneten. Nun Salz und Speckfett zugeben und nochmals 10 Minuten auf zweiter Stufe kneten. Der Teig wird feuchter, bleibt aber dennoch von straffer und kaum klebender Konsistenz.

Den Teig in einer Schüssel luftdicht abgedeckt 45 Minuten bei ca. 24 °C zur Gare stellen. Anschließend den Teig kurz von Hand durchkneten (ausstoßen) und nochmals 15 Minuten gehen lassen.

Aus dem Teig einen länglichen Laib formen. Mit Schluss nach oben in bemehltem Bäckerleinen oder in einem Gärkorb 30 Minuten bei ca. 24 °C gehen lassen.

Den Teigling mit Schluss nach unten auf Backpapier oder einen mit Grieß bestreuten Brotschieber stürzen. Mit einem scharfen Messer und gerader Klinge einen ca. 2 cm tiefen Schnitt entlang der Längsachse des Laibes setzen.

(SIEHE GRAFIK RECHTS)

Im kräftig vorgeheizten Backofen bei 250 °C 50 Minuten mit Schwaden dunkelbraun backen. Nach 10 Minuten die Ofentür weit öffnen, um den Schwaden abzulassen. Die Temperatur auf 220 °C senken. Für eine rösche Kruste während der letzten 5 Backminuten die Ofentür einen Spalt breit öffnen.

Das Brot unbedeckt auf einem Gitterrost abkühlen lassen.

MEIN TIPP
Eine besonders aromatische Variante des Brotes können Sie backen, wenn Sie zusätzlich zum Speckfett noch geröstete Zwiebeln mit in den Teig einarbeiten.

Kartoffelbrot

Das Brot steht nach vergleichsweise kurzer Zeit auf dem Tisch, erfordert dafür aber eine etwas umfangreichere Vorbereitung. Es eignet sich hervorragend als Alltagsbrot und passt zu herzhaften Aufstrichen und Belägen. Ein gelingsicheres Brot für jeden Anlass.

WEIZENMISCHBROT MIT KARTOFFELN UND VOLLKORNANTEIL

Während in vielen Bäckereien und in der Backindustrie ausschließlich mit Kartoffelflocken gearbeitet wird, kommen in diesem Rezept frische Kartoffeln zum Einsatz. Sie geben dem Brot einen ganz besonderen, urig-herben Geschmack. Dazu tragen außerdem die milde Säure des Sauerteiges, das nussig-fruchtige Aroma des Vorteiges und das Vollkornmehl bei. Das lockere, saftige und rustikale Brot hält sich nicht nur dank der Kartoffeln lange frisch: Auch das als Quellstück zugegebene getrocknete Brot verbessert neben dem Geschmack die Haltbarkeit.

VORSTUFEN: Vorteig- beziehungsweise Sauerteigzutaten mischen, 20 Stunden Gare bei Raumtemperatur (ca. 20–22 °C). Getrocknetes Brot aufmahlen und mit Wasser mischen, mind. 4 Stunden bei 6–10 °C quellen lassen; Kartoffeln kochen, pellen und abkühlen lassen

KNETEN: 5 Minuten langsam, 8 Minuten schnell (schwach klebend, straff, elastisch)

STOCKGARE: 1 Stunde, 24 °C

AUFARBEITEN: rundwirken

STÜCKGARE: 45 Minuten, 24 °C, im Gärkorb (Schluss nach oben)

SCHNITT: tiefer Kreuzschnitt, flache vertikale Schnitte auf den Kreuzschnitt-Vierteln

BACKEN: 1 Stunde, 250 °C fallend auf 190 °C, mit Schwaden (Schluss nach unten)

ZEITEN

Vorbereitung effektiv:	ca. 30 Minuten
Vorbereitung absolut:	ca. 20 Stunden
Zubereitung am Backtag effektiv:	ca. 30 Minuten
Zubereitung am Backtag absolut:	ca. 3 ½ Stunden

INFOS

Teiggesamtgewicht:	ca. 1315 g
Teigeinlage:	ca. 1315 g
Teigausbeute (theoret.):	163

VORTEIG (POOLISH)

100 g Weizenvollkornmehl	14,5 %	100 %
100 g Wasser	14,5 %	100 %
0,1 g Frischhefe	0,01 %	0,1 %

ROGGENSAUERTEIG

135 g Roggenvollkornmehl	19,5 %	100 %
135 g Wasser	19,5 %	100 %
13 g Anstellgut vom Roggensauer	1,9 %	10 %

QUELLSTÜCK

40 g getrocknetes Brot	6 %
75 g Wasser	11 %

HAUPTTEIG

Vorteig	
Roggensauerteig	
Quellstück	
200 g mehlig kochende Kartoffeln (roh, ungeschält) (beziehungsweise 150 g gekocht und gepellt)	
65 g Roggenmehl 1 150	9 %
350 g Weizenmehl 1 050	51 %
120 g Wasser	17 %
8 g Frischhefe	1,2 %
14 g Salz	2 %
10 g Schweineschmalz (alternativ: Butter)	1,5 %

Die Vorteig- und die Sauerteigzutaten jeweils mit einem Löffel verrühren und ca. 20 Stunden bei 20–22 °C reifen lassen. Der Reifezustand ist erreicht, wenn sich das Volumen mindestens verdoppelt hat und die Teige zahlreiche Blasen an der Oberfläche zeigen. Der Sauerteig sollte mild-säuerlich, der Vorteig fruchtig-herb riechen.

Das getrocknete Altbrot mit einem Mörser oder der Küchenmaschine zerstoßen beziehungsweise aufmahlen (< 1 mm). Mit Wasser mischen und mindestens 5 Stunden abgedeckt im Kühlschrank bei unter 10 °C quellen lassen.

Ca. 200 g rohe Kartoffeln mit Schale weich kochen und pellen. Abkühlen lassen und anschließend mit einer Gabel zu Brei zerdrücken.

Für den Hauptteig den Vorteig, den Roggensauerteig und das Quellstück zusammen mit den übrigen Zutaten in die Knetschüssel geben. 5 Minuten auf niedrigster Stufe vermengen und weitere 8 Minuten auf zweiter Stufe kneten. Der Teig wird in den ersten Knetminuten relativ trocken erscheinen. Erst später macht sich das in den Kartoffeln gebundene Wasser auch in der Teigkonsistenz bemerkbar. Der Teig sollte zusammenhängend-straff, aber dennoch etwas klebend-zäh sein.

Den Teig in einer Schüssel abgedeckt 1 Stunde bei ca. 24 °C gehen lassen.

Den Teig auf der bemehlten Arbeitsfläche rundwirken und mit Schluss nach oben in den ebenfalls bemehlten Gärkorb setzen.

45 Minuten abgedeckt zur Gare bei ca. 24 °C stellen.

Den Teigling mit Schluss nach unten auf Backpapier oder einen mit Grieß bestreuten Brotschieber stürzen. Das überschüssige Mehl mit der Hand auf dem Teigling verstreichen. Mit einem scharfen Messer und gerader Klinge über Kreuz ca. 2 cm tief einschneiden. Anschließend den Teigling zwischen den entstandenen Vierteln des Kreuzschnittes maximal 5 mm tief von oben nach unten auf einer Länge von etwa 5 cm einschneiden. (SIEHE GRAFIK RECHTS)

Sofort in den kräftig vorgeheizten Ofen geben und bei 250 °C 1 Stunde lang mit Schwaden tiefbraun backen. Nach 10 Minuten die Ofentür weit öffnen, um den Schwaden abzulassen. Gleichzeitig die Temperatur auf 190 °C senken. Während der letzten 10 Minuten die Temperatur auf 230 °C erhöhen und für eine rösche Kruste die Ofentür dabei einen Spalt breit geöffnet lassen.

Das Brot vor dem Verzehr unbedeckt auf einem Gitterrost vollständig abkühlen lassen.

MEIN TIPP
Die Teigkonsistenz kann je nach verwendeter Kartoffelsorte schwanken. Deshalb ist es ratsam, dass Sie zunächst etwas weniger Wasser in den Hauptteig kneten und sich in den letzten 3–4 Knetminuten durch Wasserzugabe an die gewünschte Konsistenz herantasten. Die Kartoffelsorte hat zudem einen entscheidenden Einfluss auf das Brotaroma.

MEIN TIPP
Abhängig davon, welche Brotsorte Sie für das Quellstück verwenden, lässt sich der Geschmack des Kartoffelbrotes variieren. Ein kräftiges Vollkornbrot wird ihm eine andere Note verleihen als ein mildes Weißbrot. Für ein noch besseres Aroma können Sie die gemahlenen Brotreste in einer Pfanne ohne Fett kurz anrösten. Haben Sie kein getrocknetes Brot vorrätig, können Sie alternativ auch Knäckebrot, Zwieback oder Semmelbrösel nutzen.

MEIN TIPP
Das Quellstück können Sie auch parallel zu den Vorteigen anrühren und dann länger lagern. Allerdings sollten Sie dann das Salz aus dem Hauptteig untermischen, um bakterielle Prozesse (zum Beispiel Buttersäurebildung) zu verhindern.

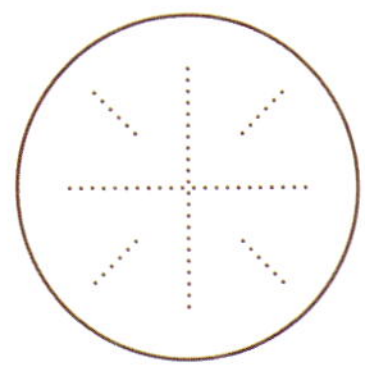

MEIN TIPP
Falls Sie Bio-Kartoffeln verwenden, können Sie die Schale mit in das Brot einarbeiten. Das Brot schmeckt dann noch intensiver nach Kartoffeln.

Schwarzbierbrot

Das rustikale Brot verdankt dem Schwarzbier seine mild-herbe Würze, die es zu einer guten Grundlage für kräftige Käse- und Wurstsorten macht.

WEIZENMISCHBROT MIT VOLLKORNANTEIL

Das Schwarzbier dient einerseits als Farbstoff, der der Krume einen dunkleren Ton verleiht, andererseits bringt es das charakteristische Aroma ins Brot. Dieses wird durch den Vollkornanteil und das versäuerte Roggenmehl ideal ergänzt. Der Alkohol wird beim Backen abgebaut.

Der Umgang mit dem mittelfesten Teig erfordert etwas Erfahrung und Geduld. Dafür werden Sie mit einem wohlgeformten, locker-saftigen und rustikalen Laib entlohnt.

VORSTUFE: Sauerteig- und Vorteigzutaten jeweils mischen, 20 Stunden bei Raumtemperatur (20–22 °C) reifen lassen

KNETEN: 5 Minuten langsam, 5 Minuten schnell (mittelfest, feucht, schwach klebend)

STOCKGARE: 2 Stunden, 24 °C, nach 1 Stunde falten

AUFARBEITEN: rundwirken, 20 Minuten ruhen lassen, langwirken

STÜCKGARE: 45 Minuten, 24 °C, im Gärkorb (Schluss nach oben)

SCHNITT: 1 tiefer Schnitt entlang der Längsachse

BACKEN: 45 Minuten, 250 °C fallend auf 220 °C, mit Schwaden (Schluss nach unten)

ZEITEN

Vorbereitung effektiv:	ca. 15 Minuten
Vorbereitung absolut:	ca. 20 Stunden
Zubereitung am Backtag effektiv:	ca. 45 Minuten
Zubereitung am Backtag absolut:	ca. 5 Stunden

INFOS

Teiggesamtgewicht:	ca. 870 g
Teigeinlage:	ca. 870 g
Teigausbeute:	167

ROGGENSAUERTEIG

120 g Roggenmehl 1 150	24 %	100 %
110 g Wasser	22 %	92 %
12 g Anstellgut vom Roggensauer	2,4 %	10 %

VORTEIG (POOLISH)

110 g Weizenvollkornmehl	22 %	100 %
110 g Wasser	22 %	100 %
0,1 g Frischhefe	0,02 %	0,1 %

HAUPTTEIG

Roggensauerteig	
Vorteig	
270 g Weizenmehl 550	54 %
115 g Schwarzbier	23 %
6 g Frischhefe	1,2 %
10 g Salz	2 %
(10 g flüssiges Gerstenmalz)	(2 %)

Die Sauerteig- und die Vorteigzutaten jeweils mit einem Löffel vermengen und 20 Stunden bei Raumtemperatur (20–22 °C) reifen lassen. Beide Teige sollten nach dieser Zeit deutlich an Volumen gewonnen haben, von vielen Blasen durchzogen sein und eine wabenartige Struktur aufweisen.

Für den Hauptteig den Sauerteig und den Vorteig mit den übrigen Zutaten mit der Knetmaschine 5 Minuten auf niedrigster Stufe mischen und weitere 5 Minuten auf zweiter Stufe zu einem feuchten, mittelfesten, etwas klebenden Teig verarbeiten, der sich vom Schüsselrand lösen sollte.

Den Teig 2 Stunden in einer Schüssel bei ca. 24 °C luftdicht abgedeckt gehen lassen. Nach 1 Stunde den Teig auf der bemehlten Arbeitsfläche falten und wieder zurück in die Schüssel setzen.

Anschließend den Teig kurz durchkneten (ausstoßen) und rundwirken, sodass eine straffe Teighaut entsteht. 20 Minuten abgedeckt entspannen lassen.

Aus der Teigkugel einen länglichen Laib formen. Mit Schluss nach oben im bemehlten Gärkorb bei ca. 24 °C 45 Minuten zur Gare stellen.

(SIEHE GRAFIK LINKS)

Den Laib aus dem Gärkorb mit Schluss nach unten auf Backpapier oder einen mit Grieß bestreuten Brotschieber stürzen und mit der Hand überschüssiges Mehl auf der Oberfläche abstreichen. Mit einem scharfen Messer einen ca. 2 cm tiefen, geraden Schnitt entlang der Längsachse des Teiglings setzen.

Im kräftig vorgeheizten Backofen 45 Minuten bei 250 °C mit Schwaden dunkelbraun backen. Nach 10 Minuten die Ofentür weit öffnen, um den Schwaden abzulassen. Die Temperatur auf 220 °C senken. Für eine rösche Kruste während der letzten 5 Backminuten die Ofentür einen Spalt breit geöffnet lassen.

Das Schwarzbierbrot unbedeckt auf einem Gitterrost abkühlen lassen.

Baguette

Dieses Rezept kommt dem Original aus Frankreich sehr nahe: Das Baguette erfreut durch eine ungleichmäßige, grobe Porung, ein süßlich-fruchtig-mildes Aroma und ist schön knusprig dank dünner Kruste und großem Ausbund.

WEIZENKLEINGEBÄCK

Baguettes sind ohne Frage das bekannteste französische Gebäck – es gibt kaum ein Brot, das die Kultur eines Landes derart geprägt hat. Auch in Deutschland und anderswo ist diese Spezialität längst verbreitet und beliebt. Allerdings: Wer das Stangenbrot in Frankreich genossen hat, wird feststellen, dass die meisten der hierzulande als „Baguette" verkauften Brote nichts mit dem Original gemein haben.

Das liegt in erster Linie an der Hauptzutat: Ohne das spezielle Mehl aus Weizen, der nur in wärmeren Klimazonen wächst, wird dem heimischen Bäcker die exakte Nachbildung des französischen Baguettes kaum gelingen. Dabei gibt es „das" Baguette natürlich nicht, da sich Rezeptur und Herstellung in Frankreich je nach Region und Bäcker unterscheiden.

Typisch für französische Baguettes ist unter anderem ein Vorteig, der zum einen als „Levain", als Weizensauerteig, und zum anderen als „Pouliche", als weicher Vorteig, angesetzt werden kann. Dieses Rezept verwendet den Pouliche (auch „Poolish"). Er bringt das typisch fruchtige Aroma in die Baguettes und sorgt für eine angenehme Krumenkonsistenz und eine ausreichende Rösche der Kruste.

Da Haushaltsöfen begrenzte Maße haben, können Sie die typischen Baguette-Längen von etwa 50 bis 70 cm darin nicht backen. Ich habe daher Länge und Masse reduziert, die Proportionen bleiben aber identisch.

VORSTUFE:	Vorteigzutaten mischen, 22 Stunden bei Raumtemperatur (20–22 °C) reifen lassen
AUTOLYSE:	Mehl, Vorteig und Wasser mischen, 30 Minuten ruhen lassen
KNETEN:	5 Minuten langsam, 8 Minuten schnell (mittelfest, straff, glatt)
STOCKGARE:	2 Stunden, 24 °C, nach 1 Stunde falten
AUFARBEITEN:	3 Teiglinge abstechen, zu Zylindern aufrollen, 20 Minuten ruhen lassen, Baguettes formen
STÜCKGARE:	35 Minuten, 24 °C, in Bäckerleinen (Schluss nach oben)
SCHNITT:	3 flache Schnitte im spitzen Winkel zur Längsachse
BACKEN:	25 Minuten, 250 °C fallend auf 230 °C, mit Schwaden (Schluss nach unten)

ZEITEN

Vorbereitung effektiv:	ca. 10 Minuten
Vorbereitung absolut:	ca. 22 Stunden
Zubereitung am Backtag effektiv:	ca. 40 Minuten
Zubereitung am Backtag absolut:	ca. 4 ½ Stunden

INFOS

Teiggesamtgewicht:	ca. 650 g
Teigeinlage:	ca. 215 g
Teigausbeute:	164

VORTEIG (POOLISH)

130 g Weizenmehl 550	33 %	100 %
130 g Wasser	33 %	100 %
0,1 g Frischhefe	0,02 %	0,08 %

AUTOLYSE-TEIG

Vorteig		
260 g Weizenmehl 550	67 %	100 %
120 g Wasser	31 %	0,1 %

HAUPTTEIG

Autolyse-Teig	
4 g Frischhefe	1 %
8 g Salz	2 %

Die Vorteigzutaten mit einem Löffel vermengen und 22 Stunden bei Raumtemperatur (20–22 °C) reifen lassen. Der Vorteig ist im reifen Zustand von Blasen durchsetzt und riecht angenehm aromatisch.

Für den Autolyse-Teig das Weizenmehl mit dem Vorteig und dem Wasser 2 Minuten auf niedrigster Stufe mit der Knetmaschine mischen und 30 Minuten abgedeckt ruhen lassen. Diese Autolyse-Phase reduziert die Gesamtknetzeit bei gleichzeitig verbessertem Geschmack und besserer Ausbildung des Klebergerüstes.

Für den Hauptteig Hefe und Salz zum Autolyse-Teig geben. 5 Minuten auf niedrigster und 8 Minuten auf zweiter Stufe zu einem glatten, straffen und mittelfesten Teig kneten, der sich vollständig vom Schüsselboden löst.

Den Teig 2 Stunden bei ca. 24 °C zur Gare stellen. Nach 1 Stunde falten.

Wichtig für alle nachfolgenden Arbeitsschritte ist, dass der Teig vorsichtig behandelt wird. Ziel ist, so wenig Gärgas wie möglich aus dem Teig zu drücken.

(SCHRITTE 1/2)

SCHRITT 1
Zum Zylinderformen die hintere, vom Körper weg zeigende Teigkante mit den Fingern beider Hände fassen und straff zum Körper hin umschlagen. Die Teigkante auf dem unterlagernden Teig festdrücken.

SCHRITT 2
Die neu entstandene hintere Teigkante wieder zum Körper hin umschlagen und festdrücken. Diesen Vorgang so lange wiederholen, bis der gesamte Teig eingerollt ist.

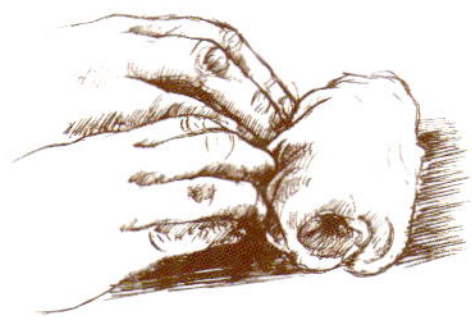

SCHRITT 3
Zum Baguetteformen den Daumen der linken Hand in die Mitte des rechten Teigendes setzen und mit dem Zeigefinger den Teig darüber stülpen.

SCHRITT 4
Mit dem Handballen der rechten Hand den übergestülpten Teigrand etwas nach innen versetzt auf dem darunter liegenden Teig festdrücken. Die Schritte 3 und 4 so lange wiederholen, bis der gesamte Teig einmal umgestülpt ist. Den Teig um 180° drehen und die Schritte 3 und 4 erneut von rechts nach links ausführen.

SCHRITT 5
Die Schritte 3 und 4 ein drittes Mal von rechts nach links abarbeiten. Den übergestülpten Teig nun jedoch bündig mit dem unteren Teigrand festdrücken.

Den Teig aus der Schüssel auf die schwach bemehlte Arbeitsfläche geben und 3 Teiglinge abstechen. Die Teiglinge vorsichtig in eine rechteckige Form ziehen und der Länge nach nebeneinander legen. Nun je einen Teigling mit den Fingern beider Hände an der hinteren Kante heben und zum Körper hin als Rolle umschlagen und die Naht festdrücken. Diesen Vorgang so lange wiederholen, bis ein aufgerollter Zylinder entstanden ist. Die Zylinder mit Schluss nach oben in Bäckerleinen 20 Minuten ruhen lassen. Die Ruhephase dient der Entspannung des Teiges, um danach die Baguettes formen zu können.

(SCHRITTE 3/4/5)

Die Teiglinge vom Bäckerleinen mit Schluss nach oben auf die leicht bemehlte Arbeitsfläche setzen und mit ihrer Längsachse parallel zum Körper ausrichten. Die Teiglinge etwas flach drücken. Nun den Daumen der linken Hand der Länge nach mittig auf das rechte Ende eines Teiglings legen. Mit dem Zeigefinger derselben Hand den vom Körper weg zeigenden Teiglappen über den Daumen klappen und mit dem Handballen der rechten Hand kurz vor der Unterkante des zum Körper zeigenden Teiglappens leicht nach innen versetzt festdrücken. Darauf achten, dass beim Festdrücken nur der Saum und nicht der gesamte Teigling unter Druck gerät. Den Daumen nun Stück für Stück nach links bewegen und stets den oberen Teiglappen über den Daumen nach unten klappen und festdrücken. Ist dies geschehen, den Teigling um 180° auf der Arbeitsplatte drehen (Saum zeigt nun vom Körper weg) und die gleiche Prozedur wiederholen. Die Teiglingshaut sollte stets straffer und der Teigling selbst länger werden. Zum Schluss den Teigling in gleicher Lage nochmals wie zuvor von rechts nach links bearbeiten. Dieses Mal den oberen Teiglappen bündig mit der Längskante des unteren Teiglappens festdrücken, um einen gleichmäßigen Schluss zu erhalten.

MEIN TIPP
Diese Art der Formgebung ist aufwändig, bringt jedoch das bessere Ergebnis für die Stabilität des Teiglings. Eine etwas einfachere und für den Anfänger besonders geeignete Methode lässt sich als Fortsetzung des Vorformens beschreiben. Die zur Ruhe gestellten Zylinder werden dabei erneut zwei- bis dreimal mit den Fingern beider Hände von oben nach unten eingerollt. Wichtig ist, dass Sie dadurch die Teiglingshaut spannen und beim Andrücken auch seitlich Druck auf den Teigling geben.

(SCHRITT 6)

Beide Hände flach über den so geformten Teigling legen. Der Handballen und die Fingerspitzen sollten die Arbeitsplatte berühren. Durch vom Körper wegführende und zum Körper hinführende Rollbewegungen mit seitwärtigem Druck zu einem ca. 30–35 cm langen Baguette mit spitz zulaufenden Enden formen.

Nachdem alle Teiglinge entsprechend geformt wurden, diese mit Schluss nach oben auf leicht bemehltes Bäckerleinen setzen. Abgedeckt 35 Minuten bei ca. 24 °C gehen lassen.

(SCHRITT 7)

Die Teiglinge mit einer Kippdiele (flaches, längliches Brett) vom Bäckerleinen mit Schluss nach unten auf Backpapier oder einen mit Grieß bestreuten Backschieber setzen. Mit der Hand überschüssiges Mehl von der Oberfläche abstreichen. Mit gekrümmter Klinge (z. B. Rasierklinge) drei flache Schnitte im spitzen Winkel zur Längsachse der Teiglinge setzen. Die Schnitte sollten jeweils etwa ein Drittel ihrer Länge nebeneinander verlaufen.

(SIEHE GRAFIK RECHTS)

Im kräftig vorgeheizten Backofen 25 Minuten bei 250 °C mit Schwaden knusprig braun backen. Nach 10 Minuten die Ofentür weit öffnen, um den Schwaden abzulassen. Die Temperatur auf 230 °C senken. Für eine rösche Kruste während der letzten 5 Backminuten die Ofentür einen Spalt breit geöffnet lassen.

Die Baguettes unbedeckt auf einem Gitterrost abkühlen lassen.

SCHRITT 6
Den länglichen und straffen Teig mit beiden Händen lang ausrollen.

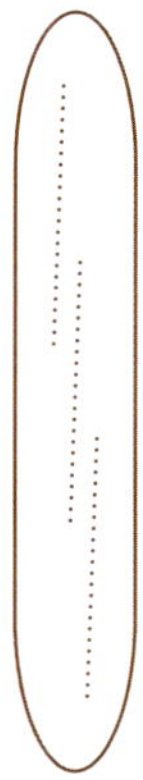

SCHRITT 7
Die Teiglinge mit gebogener Klinge im spitzen Winkel zur Längsachse flach einschneiden.

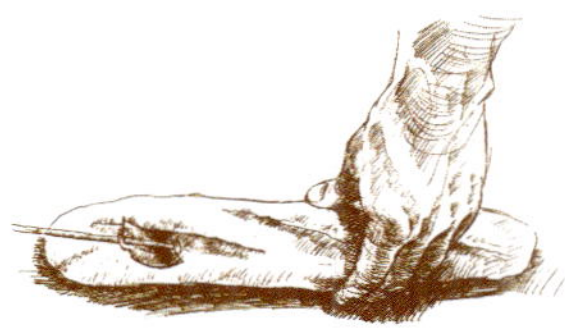

Schokobrot

Das Schokobrot ist eine Symbiose aus der Herbe von Zartbitterschokolade, der dezenten Süße von Honig und der milden Säure von Weizensauerteig.

WEIZENBROT MIT HONIG UND SCHOKOLADE

Die Kombination von Brot und Schokolade ist spätestens seit der Erfindung von Nuss-Nougat-Aufstrichen beliebt. Ein Grund mehr, die Schokolade direkt in den Brotteig zu bringen. Die Krume ist wattig-weich, locker und dank der Schokostückchen auch visuell verführerisch. Das Brot hat einen kräftigen Ofentrieb, der durch gezielte Einschnitte in gerichtete Bahnen gelenkt wird. Aufgrund der guten Teigkonsistenz ist die Herstellung des Brotes relativ einfach. Sein wunderbarer Eigengeschmack kommt dank der langen Gehzeit und des entsprechend geringen Hefeeinsatzes zur Geltung. Das Rezept ist für zwei kleine Brote ausgelegt, Sie können aber auch ein großes Brot daraus backen. Dafür müssen Sie die Backzeit auf etwa 50 Minuten verlängern.

VORSTUFE: Sauerteigzutaten mischen, 12 Stunden bei Raumtemperatur (20–22 °C) reifen lassen

KNETEN: 5 Minuten langsam, 8 Minuten schnell (ohne Schokolade), 1 Minute langsam (mit Schokolade) (mittelfest, elastisch, nicht klebend)

STOCKGARE: 2 Stunden, 24 °C

AUFARBEITEN: 2 längliche oder runde Laibe formen

STÜCKGARE: 3 Stunden, 24 °C, in Bäckerleinen oder auf Backpapier (Schluss nach unten)

SCHNITT: 1 tiefer Schnitt mit flacher Klinge entlang der Längsachse

BACKEN: 35 Minuten, 200 °C, mit Schwaden (Schluss nach unten)

ZEITEN

Vorbereitung effektiv:	ca. 10 Minuten
Vorbereitung absolut:	ca. 12 Stunden
Zubereitung am Backtag effektiv:	ca. 30 Minuten
Zubereitung am Backtag absolut:	ca. 7 Stunden

INFOS

Teiggesamtgewicht:	ca. 995 g
Teigeinlage:	ca. 495 g
Teigausbeute:	161

WEIZENSAUERTEIG

45 g Weizenmehl 1 050	9,5 %	100 %
15 g Wasser	3 %	33 %
30 g Anstellgut vom Weizensauer	6 %	67 %

HAUPTTEIG

Weizensauerteig	
425 g Weizenmehl 1 050	90,5 %
265 g Wasser	56 %
1,5 g Frischhefe	0,3 %
75 g Honig	16 %
30 g Kakao	6 %
10 g Salz	2,1 %
100 g Zartbitterschokolade (grob gehackt)	21 %

Die Sauerteigzutaten mit einem stabilen Löffel vermengen und von Hand fertig kneten. 12 Stunden bei Raumtemperatur (20–22 °C) reifen lassen. Der Sauerteig ist relativ fest, im reifen Zustand aber von Blasen durchsetzt und locker.

Für den Hauptteig den Sauerteig mit den übrigen Zutaten mit der Knetmaschine 5 Minuten auf niedrigster Stufe mischen. Anschließend weitere 8 Minuten auf zweiter Stufe kneten, bis sich der Teig vom Schüsselboden löst und eine mittelfeste, nicht klebende, elastische Konsistenz aufweist. Die grob gehackte Schokolade 1 Minute auf niedrigster Stufe einarbeiten.

Den Teig 2 Stunden luftdicht abgedeckt in einer Schüssel bei ca. 24 °C zur Gare stellen. Das Teigvolumen sollte sich in dieser Zeit deutlich vergrößert haben.

Den Teig halbieren und zwei längliche oder runde Laibe wirken. Je nach Wunsch der Porungsverteilung den Teig dabei mehr oder weniger kräftig entgasen, um nach dem Backen eine gleichmäßig feine oder eine ungleichmäßige Porung der Krume zu erhalten.

Die Teiglinge mit Schluss nach unten in unbemehltem Bäckerleinen oder sofort auf Backpapier 3 Stunden bei ca. 24 °C gehen lassen. Um ausreichend Ofentrieb zu erzeugen, sollte der Teig knappe Gare (Dreiviertelgare) haben.

Die Laibe vom Bäckerleinen auf Backpapier oder den mit Grieß bestreuten Brotschieber stürzen (Schluss nach unten).

Mit flacher und scharfer Klinge ca. 2 cm tief entlang der Längsachse der Teiglinge einschneiden.

(SIEHE GRAFIKEN LINKS)

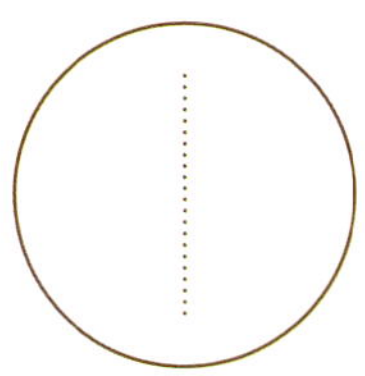

Im kräftig vorgeheizten Backofen 35 Minuten bei 200 °C mit Schwaden dunkelbraun backen. Nach 10 Minuten die Ofentür weit öffnen, um den Schwaden abzulassen. Für eine knusprige Kruste während der letzten 5 Backminuten die Ofentür einen Spalt breit geöffnet lassen.

Die Schokobrote unbedeckt auf einem Gitterrost abkühlen lassen und erst dann anschneiden.

Mohnzopf

Ein beliebtes Frühstücksgebäck mit einer knusprigen, dünnen Kruste und einer fluffig-weichen, langfaserigen Krume. Es steht am Backtag innerhalb einer halben Stunde auf dem Tisch.

WEIZENKLEINGEBÄCK MIT MOHN

Der Mohnzopf gehört in vielen Regionen Deutschlands zum Standard-Repertoire der Bäcker. So unterschiedlich die Gegenden, so unterschiedlich die Mohnzöpfe: Sie sind groß oder klein, flach oder hoch geflochten, watteweich oder fest.

In diesem Rezept arbeite ich mit einem Vorteig, der dem Zopf zusätzliches Aroma gibt. Ergänzend können Sie noch etwas Weizensauerteig als Geschmacksgeber einarbeiten. Um die Krume noch saftiger, lockerer und weicher zu machen, kommt ein sogenanntes Mehlkochstück zum Einsatz. Diese „Mehlschwitze" bindet eine große Menge Wasser. So kann deutlich mehr Wasser eingesetzt werden, ohne die Teigkonsistenz zu schwächen.

Durch die lange und kalte Stückgare bildet sich auf der Teiglingsoberfläche Kondenswasser – spätestens beim Wechsel aus dem Kühlschrank in den Backofen. Dadurch entstehen beim Backen kleine Blasen auf der Kruste der Mohnzöpfe. Gebäcke mit dieser Blasenbildung werden von Kunden in Bäckereien oftmals gemieden, obwohl gerade dieses Merkmal auf ein gutes Aroma dank langer Garzeit hinweisen kann. Vermeiden lässt sich die Blasenbildung am einfachsten durch bemehlte Teiglinge oder durch lange Akklimatisierungsphasen, in denen sich die Teiglinge nach der kalten Gare wieder der Umgebungstemperatur anpassen. Doch auch mit Blasen auf der Kruste schmecken die Mohnzöpfe!

VORSTUFEN: Vorteigzutaten mischen, 18 Stunden bei Raumtemperatur (20–22 °C) reifen lassen; Mehl und Wasser des Mehlkochstückes bis zum Eindicken unter Rühren erhitzen, mind. 3 Stunden kühl lagern

KNETEN: 5 Minuten langsam (ohne Öl), 5 Minuten schnell (ohne Öl), 5 Minuten schnell (mit Öl) (straff, nicht klebend, elastisch)

STOCKGARE: 1 Stunde, 24 °C

AUFARBEITEN: 4 Teiglinge abstechen, rundschleifen, 30 Minuten Ruhe, Stränge formen, 10 Minuten Ruhe, 2 Zöpfe flechten, mit Ei abstreichen, in Mohn wälzen

STÜCKGARE: 12 Stunden, 6–8 °C

BACKEN: 30 Minuten bei 230 °C fallend auf 200 °C, mit Schwaden

ZEITEN

Vorbereitung effektiv:	ca. 1 Stunde
Vorbereitung absolut:	ca. 32 Stunden
Zubereitung am Backtag effektiv:	keine
Zubereitung am Backtag absolut:	ca. 30 Minuten

INFOS

Teiggesamtgewicht:	ca. 540 g
Teigeinlage:	ca. 270 g
Teigausbeute:	164

VORTEIG (POOLISH)

75 g Weizenmehl 550	23 %	100 %
75 g Wasser	23 %	100 %
0,1 g Frischhefe	0,03 %	1,3 %

MEHLKOCHSTÜCK

120 g Wasser	37,5 %
25 g Weizenmehl 550	8 %

HAUPTTEIG

Vorteig	
Mehlkochstück	
220 g Weizenmehl 550	69 %
6 g Frischhefe	1,9 %
7 g Salz	2,2 %
10 g Pflanzenöl	3,1 %
(5 g Anstellgut vom Weizensauer)	1,6 %

1 Ei zum Abstreichen, verquirlt

Mohn zum Wälzen

Die Vorteigzutaten mit einem Löffel verrühren und ca. 18 Stunden bei 20–22 °C reifen lassen. Das Volumen sollte sich mindestens verdoppelt haben.

Für das Mehlkochstück Mehl und Wasser mit einem Schneebesen verrühren. Unter ständigem Rühren in einem Topf langsam erhitzen bis die Masse dickflüssiger wird. 2 Minuten bei gleichbleibender Hitze rühren. Die Masse sollte sich stellenweise vom Topfboden lösen, eine zähflüssige bis breiartige Konsistenz und eine milchig-graue bis glasige Farbe haben. Das Mehlkochstück abgedeckt mindestens 3 Stunden kühl aufbewahren.

Für den Hauptteig den Vorteig, das Mehlkochstück und alle übrigen Zutaten bis auf das Pflanzenöl 5 Minuten auf niedrigster Stufe in der Knetmaschine mischen. Weitere 5 Minuten auf zweiter Stufe kneten bis ein fester, straffer Teig entstanden ist. Nun das Öl tropfenweise bei gleicher Geschwindigkeit einarbeiten und anschließend nochmals 5 Minuten auf zweiter Stufe zu einem elastischen, nicht klebenden Teig verarbeiten.

Den Teig 1 Stunde bei ca. 24 °C luftdicht abgedeckt in einer Schüssel gehen lassen.

Anschließend den Teig kurz von Hand durchkneten (ausstoßen) und 4 Teiglinge zu je ca. 135 g abstechen. Die Teiglinge rundschleifen und 30 Minuten luftdicht abgedeckt entspannen lassen. Nun jede Teigkugel

MEIN TIPP
Eine genaue Bildanleitung zum Flechten finden Sie unter www.brotbackbuch.de. Alternativ können Sie auch drei Stränge formen und einen herkömmlichen Zopf flechten.

mit beiden Händen zu etwa 30 cm langen, an den Enden etwas dünner werdenden Strängen rollen. Erneut 10 Minuten abgedeckt entspannen lassen. Wenn beim Ausrollen bereits zu viel Spannung im Teig ist und 30 cm Länge ohne Einreißen des Teiges nicht erreichbar sind, den Teig nach 10 Minuten weiter ausrollen und nochmals einige Minuten entspannen lassen.

Anschließend je 2 Stränge über Kreuz so aufeinander legen, dass die Stränge wie der Buchstabe „X" vor Ihnen liegen, wobei der Strang, dessen unteres Ende links und dessen oberes Ende rechts liegt, unten liegen muss. Den unteren Strang an beiden Enden fassen. Das Ende oben rechts über den oberen Strang nach unten links führen. Danach das Ende unten links über das gerade nach unten links geklappte Ende und den oberen Strang nach oben rechts führen. Der untere Strang bildet nun in seiner Mitte einen geschlungenen Hohlraum, durch den der obere Strang gerade hindurch verläuft. Der obere Strang wird nun mit seinem linken Ende über das linke Ende des unteren Stranges nach rechts unten geführt. Das rechte Ende wird anschließend über das eben nach rechts unten gelegte Strangende und das darunter liegende linke Ende des unteren Stranges geführt. Nun beginnt die gleiche Abfolge von vorn. Erst die Enden des unteren Stranges, dann die Enden des oberen Stranges über den jeweils anderen Strang führen bis der Zopf fertig geflochten ist. Am schmalen Zopfende werden die Stränge zusammengedrückt und unter den Zopf geschoben.

Beide Zöpfe mit Ei abstreichen und in Mohn wälzen. Auf Backpapier setzen und luftdicht abgedeckt bei 6–8 °C (z. B. unterstes Fach im Kühlschrank) 12 Stunden gehen lassen.

Im kräftig vorgeheizten Backofen 30 Minuten bei 230 °C mit Schwaden backen. Nach 10 Minuten die Ofentür weit öffnen, um den Schwaden abzulassen. Die Temperatur auf 200 °C senken. Für eine rösche Kruste während der letzten 5 Backminuten die Ofentür einen Spalt breit geöffnet lassen.

Die Mohnzöpfe unbedeckt auf einem Gitterrost abkühlen lassen.

Weizenbrötchen

Das typisch deutsche Frühstücksbrötchen bestiсht durch eine lockere Krume, umgeben von einer zart-splittrigen Kruste.

WEIZENBRÖTCHEN MIT MILCHANTEIL

Die in hiesigen Bäckereien wohl meistverkauften Brötchen dürften gleichzeitig die Brötchen mit den unterschiedlichsten Bezeichnungen sein. Je nach Region werden paarweise gebackene Brötchen zum Beispiel als Schrippen, Semmeln oder Doppelte angeboten.

Jeder Bäcker formt seine Brötchen etwas anders und schneidet sie etwas anders ein. Gemeinsam sind ihnen jedoch stets ihre Zweiteiligkeit, ihre dünne, splittrige Kruste und ihr fluffig-lockeres Inneres.

Das lockere Innenleben wird in diesem Rezept durch die Milch im Teig erreicht: Sie verhilft ihm dank ihres Fettanteils zu mehr Stabilität und der Krume zu mehr Elastizität.

Aroma und Geschmack der Brötchen werden über einen speziellen Vorteig gesteuert. Dieser Pâte fermentée (französisch für „gereifter Teig“) wird für 2 bis 3 Tage kühl zur Gare gestellt. Dadurch entwickeln sich einzigartige, fruchtig-nussige Aromen, die sich in den Brötchen entfalten können.

VORSTUFE: Vorteigzutaten mischen, 1 Stunde bei Raumtemperatur (20–22 °C) und weitere 48 bis 72 Stunden bei 6 °C reifen lassen

KNETEN: 5 Minuten langsam, 8 Minuten schnell (straff, nicht klebend, feucht)

STOCKGARE: 1 Stunde, 24 °C, nach 30 Minuten falten

AUFARBEITEN I: 8 Teiglinge abstechen, rundschleifen

STÜCKGARE: 45 Minuten, 24 °C, in Bäckerleinen (Schluss nach oben)

AUFARBEITEN II: paarweise aneinanderlegen (Schluss nach unten), mit heißem Wasser abstreichen

SCHNITT: 1 tiefer Schnitt über jedes Teiglingspaar

BACKEN: 20 Minuten, 230 °C fallend auf 210 °C, mit Schwaden, danach mit heißem Wasser abstreichen

ZEITEN

Vorbereitung effektiv:	ca. 10 Minuten
Vorbereitung absolut:	ca. 49 Stunden
Zubereitung am Backtag effektiv:	ca. 40 Minuten
Zubereitung am Backtag absolut:	ca. 3 Stunden

INFOS

Teiggesamtgewicht:	ca. 720 g
Teigeinlage:	ca. 90 g
Teigausbeute:	160

VORTEIG (PÂTE FERMENTÉE)

130 g Weizenmehl 550	30 %	100 %
90 g Wasser	21 %	69 %
3 g Frischhefe	0,7 %	2 %
3 g Salz	0,7 %	2 %

HAUPTTEIG

Vorteig	
305 g Weizenmehl 550	70 %
70 g Wasser	16 %
100 g Milch (3,5 % Fett)	23 %
6 g Frischhefe	1,4 %
6 g Salz	1,4 %
6 g Zucker	1,4 %

Die Vorteigzutaten mit einem Löffel verrühren und ca. 1 Stunde bei 20–22 °C anspringen lassen. Anschließend den Vorteig bei 6 °C (z. B. unteres Fach im Kühlschrank) 48 bis 72 Stunden zur Gare stellen. Das Volumen sollte sich nach dieser Zeit mindestens verdoppelt haben. Der Vorteig wirft deutlich Blasen.

Alle Zutaten 5 Minuten auf niedrigster Stufe in der Knetmaschine mischen. Weitere 8 Minuten auf zweiter Stufe kneten bis ein fester, straffer, aber feuchter Teig entstanden ist, der sich vom Schüsselboden löst.

Den Teig 1 Stunde bei ca. 24 °C luftdicht abgedeckt in einer Schüssel gehen lassen. Nach 30 Minuten auf der schwach bemehlten Arbeitsfläche falten.

Anschließend den Teig kurz von Hand durchkneten (ausstoßen) und 8 Teiglinge zu je ca. 90 g abstechen. Die Teiglinge rundschleifen und paarweise mit Schluss nach oben in Bäckerleinen 45 Minuten luftdicht abgedeckt bei ca. 24 °C zur Gare stellen.

Die Teiglinge paarweise so auf Backpapier oder einen mit Grieß bestreuten Brotschieber setzen (Schluss zeigt nun nach unten), dass sie sich gut berühren. Die Teiglingspaare mit heißem Wasser abstreichen.

Mit einem scharfen Messer der Länge nach über jedes Teiglingspaar einen ca. 1–1,5 cm tiefen geraden Schnitt setzen.

(SIEHE GRAFIK RECHTS)

Im kräftig vorgeheizten Backofen 20 Minuten bei 230 °C mit Schwaden backen. Nach 10 Minuten die Ofentür weit öffnen, um den Schwaden abzulassen. Die Temperatur auf 210 °C senken. Für eine rösche Kruste während der letzten 5 Backminuten die Ofentür einen Spalt breit geöffnet lassen.

Für einen schönen Glanz die Brötchen nochmals mit heißem Wasser abstreichen und anschließend unbedeckt auf einem Gitterrost abkühlen lassen.

Rustikale Weizenbrötchen

Die rustikal aufgerissenen Brötchen
mit dünner, knuspriger Kruste eignen sich für
jeden Aufstrich und Belag.

WEIZENMISCHBRÖTCHEN MIT OLIVENÖL UND MILCHANTEIL

Dieses Rezept unterscheidet sich von den üblichen Weizenbrötchen – zum einen durch den höheren Flüssigkeitsgehalt, zum anderen durch die Zugabe von Olivenöl und Roggenmehl.

Das Öl stabilisiert den Teig, trägt zum Geschmack bei, sorgt zusammen mit der Milch für eine fluffig-lockere Krume und erhöht das Volumen. Das Roggenmehl bringt eine leicht herbe Note in die Brötchen und verbessert die Teigkonsistenz. Das ausgeprägte Aroma wird hier durch den Vorteig und die lange und kühle Stückgare erreicht.

VORSTUFE: Vorteigzutaten mischen, 20 Stunden bei Raumtemperatur (20–22 °C) reifen lassen

KNETEN: 5 Minuten langsam, 5 Minuten schnell (ohne Salz, Öl und 20 g Milch); 5 Minuten schnell (20 g Milch tropfenweise zugeben); 3 Minuten schnell (mit Salz, Olivenöl tropfenweise zugeben) (schwach klebend, feucht, mittelfest)

STOCKGARE: 1 Stunde, 24 °C

AUFARBEITEN: 8 Teiglinge abstechen, rundschleifen, flachdrücken, aufrollen

STÜCKGARE: 3 Stunden, 10 °C (Schluss nach unten)

BACKEN: 20 Minuten, 230 °C fallend auf 210 °C, mit Schwaden (Schluss nach oben)

ZEITEN

Vorbereitung effektiv:	ca. 10 Minuten
Vorbereitung absolut:	ca. 20 Stunden
Zubereitung am Backtag effektiv:	ca. 45 Minuten
Zubereitung am Backtag absolut:	ca. 5 Stunden

INFOS

Teiggesamtgewicht:	ca. 860 g
Teigeinlage:	ca. 105 g
Teigausbeute:	169

VORTEIG (POOLISH)

200 g Weizenmehl 550	40 %	100 %
200 g Wasser	40 %	100 %
0,2 g Frischhefe	0,04 %	0,1 %

HAUPTTEIG

Vorteig	
250 g Weizenmehl 550	50 %
50 g Roggenmehl 1 150	10 %
120 g Milch (3,5 % Fett)	24 %
4 g Frischhefe	0,8 %
10 g Salz	2 %
6 g Olivenöl	1,2 %
20 g Milch (3,5 % Fett) als Zugabe	4 %

SCHRITT 1
Zum Zylinderformen die hintere, vom Körper weg zeigende Teigkante mit den Fingern beider Hände fassen und möglichst eng nach innen umschlagen, sodass an der Vorderseite noch Teig übersteht. Die Teigkante auf dem darunter liegenden Teig festdrücken.

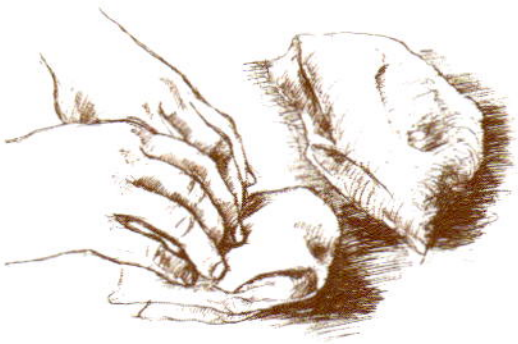

SCHRITT 2
Die neu entstandene hintere Teigkante wieder zum Körper hin umschlagen und festdrücken. Diesen Vorgang so lange wiederholen, bis der gesamte Teig zusammengerollt ist.

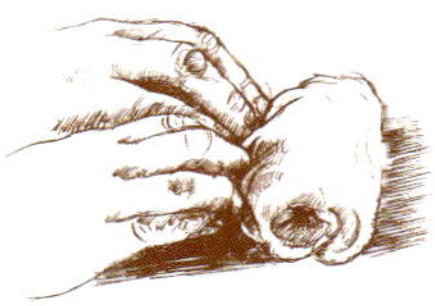

Die Vorteigzutaten mit einem Löffel verrühren und ca. 20 Stunden bei 20–22 °C reifen lassen. Der Teig hat mehr als das Doppelte an Volumen gewonnen und ist von Blasen durchzogen.

Für den Hauptteig alle Zutaten bis auf Salz, Öl und 20 g Milch 5 Minuten auf niedrigster Stufe in der Knetmaschine mischen. Weitere 5 Minuten auf zweiter Stufe kneten, bis ein fester Teig entstanden ist, der sich vom Schüsselboden löst. Nun 5 Minuten auf zweiter Stufe weiter kneten und dabei die 20 g Milch über die gesamte Knetzeit verteilt tropfenweise zugeben. Der Teig ist weich und löst sich nicht von der Schüssel. Anschließend das Olivenöl in den Teig über 2 Minuten bei gleichbleibender Knetgeschwindigkeit in gleicher Weise einarbeiten. Das Salz zugeben und weitere 1–2 Minuten auf zweiter Stufe zu einem schwach klebenden, mittelfesten Teig kneten, der sich vom Schüsselrand löst.

Den Teig 1 Stunde bei ca. 24 °C luftdicht abgedeckt in einer Schüssel gehen lassen.

Anschließend den Teig kurz von Hand durchkneten (ausstoßen) und 8 Teiglinge abstechen.

(SCHRITTE 1/2)

Die Teiglinge auf der gut bemehlten Arbeitsfläche rundschleifen, mit einer Hand flachdrücken und von hinten her zu einer Art Zylinder zusammenrollen.

Die Teiglinge mit Schluss nach unten in bemehltem Bäckerleinen oder auf bemehltem Backpapier 3 Stunden bei ca. 10 °C (z. B. oberes Kühlschrankfach) abgedeckt zur Gare stellen.

Vor dem Backen die Teiglinge umdrehen (Schluss nach oben) und auf Backpapier oder einen mit Grieß bestreuten Brotschieber setzen.

Im kräftig vorgeheizten Backofen 20 Minuten bei 230 °C mit Schwaden backen. Nach 10 Minuten die Ofentür weit öffnen, um den Schwaden abzulassen. Die Temperatur auf 210 °C senken. Für eine rösche Kruste während der letzten 5 Backminuten die Ofentür einen Spalt breit geöffnet lassen.

Die Brötchen unbedeckt auf einem Gitterrost abkühlen lassen.

Haferflockenbrötchen

Die Brötchen mit lockerer Krume und knuspriger Kruste schmecken ausgezeichnet zu Salaten, Suppen oder deftigen Wurst- und Käsesorten.

WEIZENBRÖTCHEN MIT HAFERFLOCKEN

Anspruchsvoll in der Herstellung, dafür umso schmackhafter sind die Haferflockenbrötchen. Der Teig ist relativ weich und bedarf einer geübten und rasch arbeitenden Hand, um aus den grob abgestochenen Teiglingen runde Brötchen zu formen. Zudem müssen die Teiglinge fast Vollgare erreichen, ehe sie in den Ofen geschoben werden. Die Suche nach diesem perfekten Garpunkt ist eine Frage der Erfahrung und Übung.
Die Haferflocken geben der Brötchenkrume den nötigen Biss. Gleichzeitig sorgen sie für den charakteristischen nussig-urigen Geschmack, da sie geröstet in den Teig eingearbeitet werden.
Die Teiggare vollzieht sich ausschließlich durch den Roggensauerteig, auf zusätzliche Hefe wird verzichtet. Deshalb ist eine aktive Sauerteigkultur Grundvoraussetzung zur Herstellung der Haferflockenbrötchen.

VORSTUFE: Sauerteigzutaten mischen, 20 Stunden bei Raumtemperatur (20–22 °C) reifen lassen; Haferflocken fettfrei in einer Pfanne rösten

KNETEN: 5 Minuten langsam, 5 Minuten schnell (ohne Salz, Honig und Haferflocken), 5 Minuten schnell (mit Salz und Honig), 1 Minute langsam (mit Haferflocken) (feucht, klebend, elastisch)

STOCKGARE: 3 Stunden, 24 °C, nach 1 ½ Stunden falten

AUFARBEITEN: 8 Teiglinge abstechen, rundschleifen, in Roggenvollkornmehl wälzen

STÜCKGARE: 1 Stunde, 24 °C, in Bäckerleinen (Schluss nach oben)

BACKEN: 20 Minuten, 230 °C, mit Schwaden (Schluss nach unten)

ZEITEN

Vorbereitung effektiv:	ca. 20 Minuten
Vorbereitung absolut:	ca. 20 Stunden
Zubereitung am Backtag effektiv:	ca. 40 Minuten
Zubereitung am Backtag absolut:	ca. 5 Stunden

INFOS

Teiggesamtgewicht:	ca. 800 g
Teigeinlage:	ca. 100 g
Teigausbeute (theoret.):	166

ROGGENSAUERTEIG

120 g Roggenmehl 1 150	30 %	100 %
120 g Wasser	30 %	100 %
12 g Anstellgut vom Roggensauer	3 %	10 %

HAUPTTEIG

Roggensauerteig	
70 g Haferflocken (kernig, geröstet)	18 %
275 g Weizenmehl 1 050	70 %
185 g Wasser	47 %
12 g Honig	3 %
9 g Salz	1,9 %

Die Sauerteigzutaten gut vermischen und 20 Stunden bei Raumtemperatur (20–22 °C) reifen lassen. Die Haferflocken in einer Pfanne ohne Fett anrösten.

Roggensauerteig, Weizenmehl und Wasser 5 Minuten auf niedrigster Stufe und weitere 5 Minuten auf zweiter Stufe zu einem sehr weichen, feuchten Teig kneten. Honig und Salz zugeben. Nochmals 5 Minuten auf zweiter Stufe kneten. Der Teig wird zunehmend straffer, ohne sich jedoch vollständig vom Schüsselboden zu lösen. Zum Schluss die Haferflocken 1 Minute auf niedrigster Stufe einarbeiten.

Den Teig 3 Stunden luftdicht abgedeckt in einer Schüssel bei ca. 24 °C zur Gare stellen. Nach 1 ½ Stunden mit der Teigkarte in der Schüssel mehrmals vom Rand zur Mitte hin falten.

Nach der Gare mit der Teigkarte auf der leicht bemehlten Arbeitsfläche 8 Teiglinge abstechen und mit bemehlten Händen zügig rundschleifen. Die Teiglinge vollständig in Roggenvollkornmehl wälzen. Mit Schluss nach oben in Bäckerleinen 1 Stunde bei ca. 24 °C zur Gare stellen. Die Teiglinge sollten nahezu Vollgare erreicht haben.

Die Teiglinge mit Schluss nach unten auf Backpapier setzen. Im kräftig vorgeheizten Backofen 20 Minuten bei 230 °C mit Schwaden backen. Nach 10 Minuten die Ofentür weit öffnen, um den Schwaden abzulassen. Für eine rösche Kruste während der letzten 5 Backminuten die Ofentür einen Spalt breit geöffnet lassen.

Die Brötchen unbedeckt auf einem Gitterrost abkühlen lassen.

MEIN TIPP

Das Erkennen der Vollgare ist eine der schwierigsten Künste des Brotbackens. Als Alternative können Sie die Teiglinge mit einem Messer etwas einschneiden, um einem unkontrollierten Aufreißen entgegenzuwirken, falls die Vollgare noch nicht erreicht war. Sollten die Teiglinge diesen Punkt jedoch bereits überschritten haben, fallen sie beim Einschneiden in sich zusammen. Im Zweifel sollten Sie also die Stückgare auf 30–40 Minuten verkürzen und die Brötchenteiglinge einschneiden.

Dinkelsonnen

Ob für den besonderen Anlass, zum Grillen oder als dekorative Beilage zu Salaten – die Dinkelsonnen sind dank ihrer speziellen Form ein Hingucker.

DINKELBRÖTCHEN MIT VOLLKORNANTEIL UND HAFERFLOCKEN

Sesam und Leinsamen tragen ein Übriges zur interessanten Optik bei und sorgen gleichzeitig für eine nussige Note. Die Kruste ergänzt dadurch bestens den mild-aromatischen Geschmack der Sonnen, die ausschließlich mit Dinkelmehl gebacken werden. Haferflocken geben der lockeren Krume Biss.

Dinkelprodukte sind besonders reich an Mineralstoffen und Vitaminen, haben aber den Nachteil, dass sie zu einer etwas trockenen, krümeligen Krume neigen. Dem wird in diesem Rezept aber ausreichend entgegengewirkt: zum einen ist für den Vorteig eine lange Verquellzeit vorgesehen, zum anderen wird der Teig besonders schonend geknetet, um die bei Dinkelmehlen größere Gefahr einer Überknetung zu vermeiden.

Neben den Zutaten zeichnen sich die Brötchen vor allem durch ihre besondere Form aus. Diese wird mit einer speziellen Schnitt- beziehungsweise Drücktechnik von Hand hergestellt.

Für das Rezept benötigen Sie zwei Ebenen im Ofen (4 Dinkelsonnen pro Ebene). Alternativ können Sie die Mengenangaben halbieren.

VORSTUFE: Vorteigzutaten mischen, 22 Stunden bei Raumtemperatur (20–22 °C) reifen lassen

KNETEN: 10 Minuten langsam, 3 Minuten schnell (zunächst weich, klebend, später mittelfest, elastisch)

STOCKGARE: 30 Minuten, 24 °C

AUFARBEITEN I: 8 Teiglinge abstechen, rundschleifen

ZWISCHENGARE: 30 Minuten, 24 °C, in Bäckerleinen (Schluss nach oben)

AUFARBEITEN II: Teiglinge flach drücken (Schluss nach unten), mit Teigkarte 3 Schnitte ins Zentrum drücken, Zentrum nach außen drücken, in Wasser und Sesam / Leinsamen wälzen

STÜCKGARE: 1 ½ Stunden, 24 °C, auf Backpapier

BACKEN: 20 Minuten, 230 °C, mit Schwaden

ZEITEN

Vorbereitung effektiv:	ca. 10 Minuten
Vorbereitung absolut:	ca. 22 Stunden
Zubereitung am Backtag effektiv:	ca. 40 Minuten
Zubereitung am Backtag absolut:	ca. 3 Stunden

INFOS

Teiggesamtgewicht:	ca. 805 g
Teigeinlage:	ca. 100 g
Teigausbeute:	158

VORTEIG (POOLISH)

135 g Dinkelvollkornmehl	32 %	100 %
135 g Wasser	32 %	100 %
0,1 g Frischhefe	0,02 %	0,07 %

HAUPTTEIG

Vorteig	
285 g Dinkelmehl 1 050	68 %
70 g Haferflocken (kernig)	17 %
150 g Wasser	36 %
8 g Frischhefe	1,9 %
10 g Salz	2 %
4 g Butter	1 %
(10 g flüssiges Gerstenmalz)	(2,4 %)

Leinsamen und Sesam zum Wälzen

Die Vorteigzutaten mit einem Löffel vermengen und 22 Stunden bei Raumtemperatur (20–22 °C) reifen lassen. Der Teig sollte gut gelockert und von feinen Blasen durchzogen sein.

Für den Hauptteig den Vorteig mit den übrigen Zutaten 10 Minuten auf niedrigster Stufe und weitere 3 Minuten auf zweiter Stufe zu einem recht weichen, klebenden Teig kneten. Im Laufe der Gare wird der Teig fester, da die Haferflocken einen nicht unerheblichen Teil des Wassers binden.

Den Teig 30 Minuten luftdicht abgedeckt in einer Schüssel bei ca. 24 °C zur Gare stellen.

Den Teig aus der Schüssel auf die bemehlte Arbeitsplatte geben und 8 Teiglinge abstechen. Die Teiglinge zügig rundschleifen und mit Schluss nach oben in Bäckerleinen setzen.

30 Minuten bei 24 °C gehen lassen.

Nun jeden Teigling (Schluss nach unten) mit der Handfläche etwas flach drücken. Mit Hilfe einer schmalen Teigkarte oder eines Spatels die Teiglinge in der Mitte um je 120° versetzt bis zur Arbeitsfläche eindrücken/einschneiden. Es entstehen sechs Spitzen, die zur Mitte hin zeigen. Die Breite jedes Schnittes sollte etwa zwei Drittel des Teiglingsdurchmessers betragen. Anschließend den Teigling mit beiden Händen von unten her aufnehmen und mit den Daumen von oben die Mitte des Teiglings nach unten wegdrücken. Der Vorgang ist vergleichbar mit dem Herausdrücken einer Tablette aus ihrer Verpackung. Letztlich muss die ehemalige Teiglingsmitte nach außen gekehrt sein. Die zuvor nach innen zeigenden sechs Spitzen sind nun die „Sonnenstrahlen". Im Zentrum befindet sich ein Loch. (SCHRITTE 1/2/3/4)

Die Teiglinge mit der glatten Seite (der ehemalige Schluss sitzt auf der gegenüberliegenden Seite) in Wasser tauchen und in der Sesam-Leinsamen-Mischung wälzen. Auf Backpapier setzen und mit den Händen formschön und symmetrisch zurechtrücken.

Die fertig geformten Sonnen 1½ Stunden mit einer Folie abgedeckt bei ca. 24 °C gehen lassen. Die Teiglinge sollten Vollgare erreicht haben, da sie sonst im Ofen unkontrolliert aufreißen.

Im kräftig vorgeheizten Backofen 20 Minuten bei 230 °C mit Schwaden backen. Nach 10 Minuten die Ofentür weit öffnen, um den Schwaden abzulassen. Für eine rösche Kruste während der letzten 5 Backminuten die Ofentür einen Spalt breit geöffnet lassen.

Die Dinkelsonnen unbedeckt auf einem Gitterrost abkühlen lassen.

MEIN TIPP
Die Haferflocken können Sie vor dem Kneten in einer Pfanne ohne Fett schwach braun anrösten, um eine etwas nussigere Note zu erreichen. Die Flocken sollten bis zur Teigbereitung ausgekühlt sein.

SCHRITT 1
Den Teigling mit einer schmalen Teigkarte oder einem Spatel tief eindrücken.

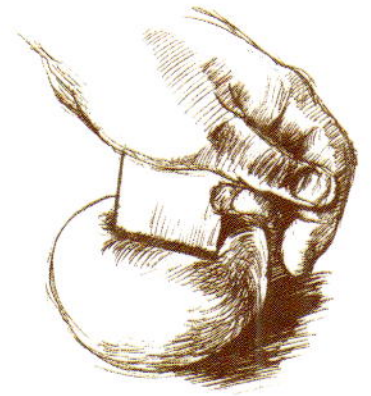

SCHRITT 2
Schritt 1 noch zweimal um je 120° versetzt wiederholen. Es entstehen sechs kleine, in die Teiglingsmitte zeigende Spitzen.

SCHRITT 3
Die Spitzen entweder von unten nach oben oder andersherum aus der Teiglingsmitte drücken.

SCHRITT 4
Die Spitzen ganz nach außen drehen und den Teigling in Form schieben.

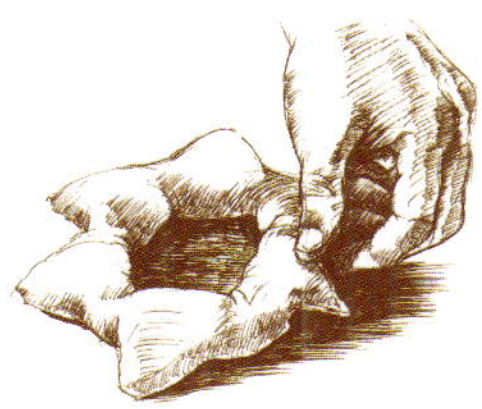

Milchbrötchen Rosinenbrötchen

Milchbrötchen wecken Kindheitserinnerungen: Kaum eine andere Brötchensorte ist so für den Kindermund geeignet. Die dünne, weiche Kruste und das lockere, wattige Innere lassen sich gut durchbeißen. Die leichte Süße der Krume ist einfach verführerisch.

WEIZENBRÖTCHEN MIT MILCH- UND FETTANTEIL

In diesem Rezept arbeite ich mit zwei Methoden, die einerseits die Krume lockern und andererseits für Geschmack und Aroma sorgen. Das Mehlkochstück, eine Art Mehlschwitze, bindet Flüssigkeit und lässt so einen höheren nominalen Wassergehalt im Teig zu, der die Krumenkonsistenz verbessert. In diesem Rezept wird das Kochstück nicht mit Wasser, sondern mit Milch angesetzt. Die lange Stückgare im Kühlschrank hemmt die Hefeaktivität und fördert die Aromenvielfalt. Gleichzeitig bietet diese Variante der Gare die Möglichkeit, zum Frühstück innerhalb einer Stunde frische und schmackhafte Brötchen auf den Tisch zu bekommen.

VORSTUFE: Mehl und Milch bis zum Eindicken unter Rühren erhitzen, Mehlkochstück mind. 3 Stunden kühl lagern

KNETEN: 5 Minuten langsam, 5 Minuten schnell (ohne Butter und Salz); 5 Minuten schnell (mit Salz), 8 Minuten schnell (mit Butter) (fest, glatt, straff, elastisch)

STOCKGARE: 1 Stunde, 24 °C

AUFARBEITEN: 8 Teiglinge abstechen, rundschleifen, auf Backpapier setzen (Schluss nach unten), mit Ei abstreichen

STÜCKGARE: 12 Stunden, 8–10 °C, mit Ei abstreichen, 30 Minuten, 24 °C, nochmals mit Ei abstreichen

BACKEN: 18 Minuten, 200 °C, ohne Schwaden (Schluss nach unten)

ZEITEN

Vorbereitung effektiv:	ca. 45 Minuten
Vorbereitung absolut:	ca. 14 Stunden
Zubereitung am Backtag effektiv:	ca. 5 Minuten
Zubereitung am Backtag absolut:	ca. 1 Stunde

INFOS

Teiggesamtgewicht:	ca. 840 g (940 g)
Teigeinlage:	ca. 105 g (115 g)
Teigausbeute:	160

MEHLKOCHSTÜCK

25 g Weizenmehl 550	6 %
125 g Milch (3,5 % Fett)	28 %

HAUPTTEIG

60 g Zucker	13 %
145 g Milch (3,5 % Fett)	32 %
Mehlkochstück	
425 g Weizenmehl 550	94 %
15 g Frischhefe	3,3 %
(100 g Rosinen)	22 %
8 g Salz	1,8 %
40 g Butter	9 %

1 Ei zum Abstreichen, verquirlt

Für das Mehlkochstück Mehl und Milch mit einem Schneebesen verrühren. Unter ständigem Rühren in einem Topf langsam erhitzen bis die Masse dickflüssiger wird. 2 Minuten bei gleichbleibender Hitze rühren. Die Masse sollte sich stellenweise vom Topfboden lösen und eine zähflüssige bis breiartige Konsistenz und milchig-graue bis glasige Farbe haben. Das Mehlkochstück abgedeckt mindestens 3 Stunden kühl aufbewahren.

Für den Hauptteig den Zucker in der Milch auflösen. Gemeinsam mit den übrigen Zutaten (außer Salz und Butter) 5 Minuten auf niedrigster Stufe und weitere 5 Minuten auf zweiter Stufe zu einem sehr festen Teig kneten. Das Salz zugeben und 5 Minuten auf zweiter Stufe kneten. Die Butter in Stücken zufügen. Nochmals 8 Minuten auf zweiter Stufe kneten. Der Teig sollte fest, elastisch, glatt und straff sein. Bei Bedarf am Ende die Rosinen 1 Minute auf niedrigster Stufe einarbeiten.

Den Teig 1 Stunde luftdicht abgedeckt in einer Schüssel bei ca. 24 °C zur Gare stellen. Das Volumen sollte sich in dieser Zeit verdoppeln.

Den Teig aus der Schüssel auf die unbemehlte Arbeitsplatte geben und 8 Teiglinge abstechen. Die Teiglinge rundschleifen und mit Schluss nach unten auf Backpapier setzen. Das Ei verquirlen und damit die Teiglinge abstreichen.

Das Backpapier mit den Teiglingen luftdicht abdecken (z. B. Folie oder großer Behälter) und für 12 Stunden bei ca. 8–10 °C (z. B. mittleres Fach im Kühlschrank) zur Gare stellen.

Am Backtag die Teiglinge aus dem Kühlschrank holen, nochmals mit Ei abstreichen, 30 Minuten ohne Abdeckung bei ca. 24 °C akklimatisieren lassen und erneut mit Ei abstreichen.

Im kräftig vorgeheizten Backofen 18 Minuten bei 200 °C ohne Schwaden backen. Nach 10 Minuten die Ofentür weit öffnen, um den aus dem Teig abgegebenen Schwaden abzulassen. Für eine rösche Kruste während der letzten 5 Backminuten die Ofentür einen Spalt breit geöffnet lassen.

Die Milchbrötchen unbedeckt auf einem Gitterrost abkühlen lassen.

MEIN TIPP

Alternativ können Sie die Teiglinge auch einschneiden und anschließend mit Ei bestreichen. Dazu mit einer senkrecht zur Teigoberfläche gehaltenen Schere zwei über Kreuz liegende Schnitte setzen.

Mit der Schere eingeschnittener Teigling.

Bild nächste Seite: Rosinenbrötchen

Laugenbrezeln

Laugenbrezeln zu backen ist eine Kunst – auch wenn das Teigbereiten sehr einfach ist. Ob nun die Form perfekt oder sehr individuell ist: Brezeln schmecken zu jeder Tages- und Nachtzeit, pur oder einfach nur mit Butter.

WEIZENKLEINGEBÄCK

Laugengebäck ist in vielen Regionen Deutschlands beliebt. Trotzdem oder gerade deshalb gibt es vor allem bei den Brezeln große regionale Unterschiede: Sie sehen in Bayern anders aus als in Baden-Württemberg.

Die einprägsamsten Unterscheidungsmerkmale sind: die Form des Brezelbauches, die Größenverhältnisse der Löcher zueinander und die Art des charakteristischen Brezelschnittes. Nicht nur die Form und die Proportionen, sondern auch die Zutaten und die Herführung des Teiges variieren. Das wiederum hat entscheidende Auswirkungen auf den Geschmack.

Wichtig für die qualitative Beurteilung einer Brezel sind deren Form und vor allem die Beschaffenheit der gelaugten Kruste: Sie sollte glatt, gleichmäßig gebräunt (kastanienbraun) und leicht gefenstert aussehen.

KNETEN: 5 Minuten langsam, 5 Minuten schnell (ohne Salz und Schmalz/Butter), 10 Minuten schnell (mit Salz und Schmalz/Butter) (fest, straff, elastisch)

STOCKGARE: 45 Minuten, 21 °C

AUFARBEITEN: 4 Teiglinge rundschleifen, zu Strängen formen (60 cm), Brezeln schlingen

STÜCKGARE: 8 Stunden, 8 °C, mit Bäckerleinen abgedeckt auf Backpapier

LAUGEN: 4–5 Sekunden in 4%iger Natronlauge

BACKEN: 18 Minuten, 210 °C, mit Schwaden

ZEITEN

Vorbereitung effektiv:	ca. 45 Minuten
Vorbereitung absolut:	ca. 9 Stunden
Zubereitung am Backtag effektiv:	ca. 30 Minuten
Zubereitung am Backtag absolut:	ca. 1 Stunde

INFOS

Teiggesamtgewicht:	ca. 400 g
Teigeinlage:	ca. 100 g
Teigausbeute:	152

HAUPTTEIG

250 g Weizenmehl 550	100 %
130 g Wasser	52 %
3 g Frischhefe	1,2 %
5 g Salz	2 %
10 g Schweineschmalz (alternativ: Butter)	4 %

ca. 500 ml 4%ige Natronlauge (siehe letzter Tipp)

SCHRITT 1
Die rundgeschliffenen Teiglinge zu kurzen, spitz zulaufenden Strängen ausrollen.

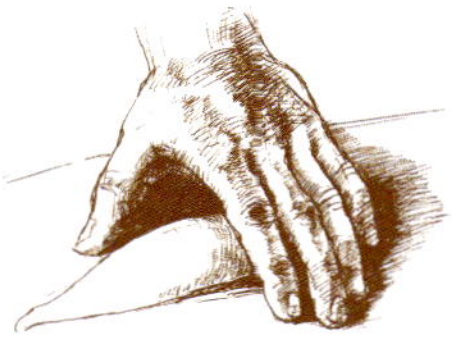

SCHRITT 2
Nach einer kurzen Teigruhe die Stränge mit dünnen Ärmchen und etwas dickeren Enden weiter ausrollen.

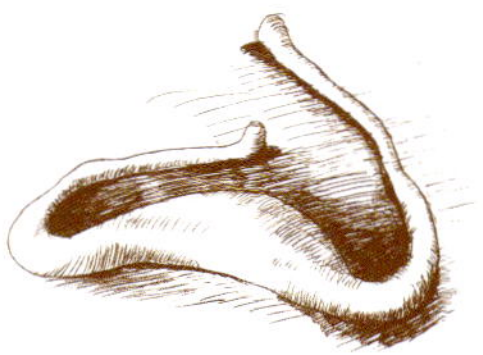

SCHRITT 3
Die Ärmchen entweder durch gezielten Schwung in der Luft oder auf der Arbeitsfläche zweimal miteinander verdrehen.

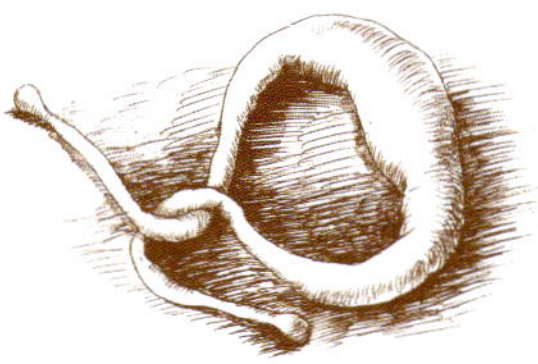

Alle Zutaten für den Hauptteig bis auf das Salz und das Schweineschmalz 5 Minuten auf niedrigster Stufe und weitere 5 Minuten auf zweiter Stufe zu einem sehr festen und glatten Teig kneten.

Weitere 10 Minuten auf zweiter Stufe kneten. Dabei das Salz und das Schmalz in kleinen Stücken während der ersten Minute nach und nach zugeben. Der Teig sollte eine angenehm elastische, feste Konsistenz haben und nicht kleben. Die Teigoberfläche ist glatt und matt glänzend.

Den Teig luftdicht abgedeckt 45 Minuten bei 21 °C gehen lassen.

(SCHRITTE 1/2)

Den Teig auf die unbemehlte Arbeitsfläche geben. Mit dem Teigschaber 4 Teiglinge zu je ca. 100 g abstechen und mit der hohlen Hand rundschleifen. Je einen Teigling mit beiden Händen zu einem ca. 20 cm langen Strang rollen, der in der Mitte dick bleibt und zu den Enden hin sehr dünn und spitz ausläuft.

Die Stränge 10 Minuten luftdicht abgedeckt entspannen lassen.

Nun jeden Strang auf eine Länge von ca. 60 cm ausrollen. Dabei die Hände seitlich der dickeren Mitte („Bauch") ansetzen. Durch wenige Rollbewegungen sowie seitlichen und senkrechten Druck einen Strang formen, der sich durch einen dicken Bauch und immer dünner werdende „Ärmchen" auszeichnet. Darauf achten, dass die Enden jedes Stranges wieder etwas dicker werden.

(SCHRITTE 3/4)

Zum Schlingen der Brezeln die Enden eines Stranges jeweils in eine Hand nehmen. Beide Hände heben, sodass der Strang keinen Kontakt zur Arbeitsfläche hat, schlaff nach unten hängt und beide Stranghälften annähernd parallel zueinander verlaufen (Hände befinden sich nahe beieinander). Mit einem kurzen, gezielten Ruck den Strang zum Drehen bringen. Dabei sollten sich beide Stranghälften ungefähr in ihrer jeweiligen Mitte miteinander

MEIN TIPP
Jede Region hat andere Brezelsorten. Die bayerische Laugenbrezel („Brezn") zeichnet sich durch dicke Arme aus, fast so dick wie der Bauch. Außerdem wird sie nicht eingeschnitten, sondern reißt beim Backen rustikal auf. Die schwäbische Brezel wiederum hat besonders schlank zulaufende Ärmchen und einen dicken Bauch mit üppigem Ausbund. Die badische Brezel vereint Merkmale beider Konkurrenten: Der Bauch ist dick und wird eingeschnitten. Die Ärmchen sind dünner als die bayerischen, aber dicker als die schwäbischen und außerdem mit ihren Enden etwas näher am Brezelbauch platziert.
Aus Brezelteig können Sie auch andere Backwaren herstellen, beispielsweise Laugenstangen, -spatzen oder -brötchen. Das Gebäck können Sie außerdem durch einen höheren Fettanteil (bis 10 % der Mehlmenge) oder durch Austausch eines Teiles des Wassers gegen Milch in Geschmack und Konsistenz verändern.

zweimal verdrehen. Den so verdrehten Strang auf die Arbeitsfläche legen. Die mit den Händen festgehaltenen Strangenden am Übergang zwischen Ärmchen und Bauch leicht festdrücken. Die Brezel-Teiglinge auf das vorbereitete Backpapier heben und bei Bedarf noch etwas in Form schieben.

Die Brezeln ca. 8 Stunden mit Bäckerleinen abgedeckt bei ca. 8 °C (z. B. im mittleres Fach im Kühlschrank oder im Keller) gehen lassen. Auf keinen Fall mit einer Folie oder anderem Material luftdicht abdecken. Die Teiglinge müssen an der Oberfläche antrocknen (absteifen).

Nach der kalten Gare die Brezel-Teiglinge mit einem Schaumlöffel für ca. 4–5 Sekunden in eine mit 4%iger Natronlauge gefüllte Schüssel tauchen. Die Teiglinge bekommen dadurch einen schwach gelblichen Glanz.

Vorsicht! Natronlauge wirkt stark ätzend auf Organe wie Haut oder Augen. Auch das Holz der Arbeitsplatte kann angegriffen werden. Die Verwendung von chemikalienresistenten Handschuhen und einer Schutzbrille ist unabdingbar!

Die Teiglinge wieder auf das Backpapier setzen (dabei Handschuhe tragen) und mit grobem Salz bestreuen. Aufgrund der ätzenden Lauge niemals direkt auf ein Blech oder einen Backstein setzen, sondern immer mit Backpapier arbeiten!

Mit einem scharfen Messer den Brezelbauch ca. 45 Grad zur Horizontalen in Richtung der Ärmchen 1–1,5 cm tief einschneiden. Dabei mit der anderen Hand (Handschuhe!) den Teigling festhalten. Darauf achten, dass der Schnitt nicht zugedrückt wird.

Im kräftig vorgeheizten Backofen 18 Minuten bei 210 °C mit Schwaden backen. Nach 8 Minuten die Ofentür weit öffnen und die Luftfeuchtigkeit ablassen. Während der gesamten weiteren Backzeit die Ofentür ca. 1 cm weit geöffnet lassen.

Die Brezeln unbedeckt auf einem Gitterrost bei Zimmertemperatur etwas abkühlen lassen. Am besten noch lauwarm mit Butter genießen.

MEIN TIPP

Natronlauge ist als Lebensmittelzusatzstoff E524 deklariert. Um Natronlauge anzurühren, wird festes Natriumhydroxid (NaOH) benötigt. Apotheken, Spezialgeschäfte und auch verschiedene Online-Händler bieten es in Form von Kügelchen oder Plätzchen an. Natriumhydroxid sollte immer in einem gut verschlossenen Behälter aufbewahrt werden, da es mit dem Kohlenstoffdioxid der Luft zu Natriumhydrogencarbonat reagiert oder sich in sehr feuchter Umgebung zu Natronlauge wandelt. Für ein typisches Laugengebäck sollten Sie keine Ersatzmittel wie Natron verwenden. Geschmack und Aussehen würden sich deutlich unterscheiden. Um eine 4%ige Lauge anzusetzen, werden auf 1 000 g Wasser 40 g festes NaOH gegeben. Die Lösung des NaOH in Wasser verläuft exotherm, d. h. es entsteht Wärme. Achtung! Immer das NaOH in das Wasser geben, niemals das Wasser auf das NaOH schütten. Bei Unachtsamkeit kann es zum unkontrollierten Verspritzen kommen.

SCHRITT 4

Die Ärmchen mit ihren Enden am Rand des Brezelbauches andrücken und die Brezel in Form schieben.

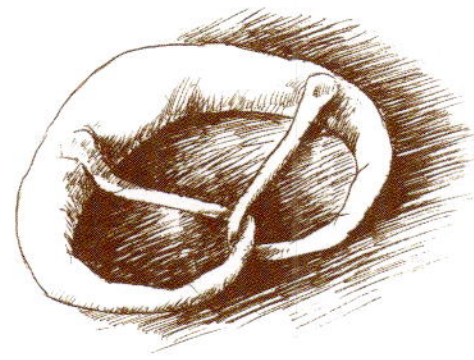

MEIN TIPP

Etwas einfacher lassen sich die Brezeln formen, wenn Sie den Strang auf die Arbeitsfläche legen. Die Enden des Stranges jeweils in eine Hand nehmen und zweimal miteinander verdrehen. Die Enden auf den Übergang von Bauch und Ärmchen legen.

Rezepte für Fortgeschrittene

Roggenmischbrot

Dieses Roggenmischbrot hat das Potenzial zum Alltagsbrot. Das Zusammenspiel von mild-aromatischer Krume und kräftig ausgebackener Kruste macht es zu einer ausgezeichneten Grundlage für alle denkbaren Aufstriche und Beläge.

ROGGENMISCHBROT MIT SAUERTEIG

Roggenmischbrote sind die typischen Brote in Deutschland. Meist werden dabei nur Roggen- und Weizenmehle verbacken, in diesem Rezept habe ich zusätzlich etwas Dinkelmehl zugefügt. Das hat positive Auswirkungen auf das Brot: Dank der im Dinkel enthaltenen Vitamine und Mineralstoffe steigt sein Nährwert, außerdem verbessert sich die Teigbeschaffenheit. Durch die Verwendung von Vor- und Sauerteig entsteht ein herrliches Aroma.

VORSTUFEN: jeweils Sauerteig- und Vorteigzutaten mischen, 20 Stunden Gare bei Raumtemperatur (ca. 20–22 °C)

KNETEN: 5 Minuten langsam, 2 Minuten schnell (schwach klebend, mittelfest, feucht glänzend)

STOCKGARE: 1½ Stunden, 24 °C

AUFARBEITEN: ausstoßen, langwirken

STÜCKGARE: 30 Minuten, 24 °C, im Gärkorb (Schluss nach oben)

SCHNITT: 1 tiefer Längsschnitt

BACKEN: 55 Minuten, 250 °C fallend auf 190 °C, mit Schwaden (Schluss nach unten)

ZEITEN

Vorbereitung effektiv:	ca. 15 Minuten
Vorbereitung absolut:	ca. 20 Stunden
Zubereitung am Backtag effektiv:	ca. 30 Minuten
Zubereitung am Backtag absolut:	ca. 3 ½ Stunden

INFOS

Teiggesamtgewicht:	ca. 975 g
Teigeinlage:	ca. 975 g
Teigausbeute:	160

ROGGENSAUERTEIG

175 g Roggenmehl 1 150	30 %	100 %
175 g Wasser	30 %	100 %
18 g Anstellgut vom Roggensauer	3 %	10 %

VORTEIG (POOLISH)

0,2 g Frischhefe	0,03 %	0,1 %
175 g Weizenmehl 1 050	30 %	100 %
175 g Wasser	30 %	100 %

HAUPTTEIG

Roggensauerteig	
Vorteig	
60 g Dinkelmehl 1 050	10 %
175 g Roggenmehl 1 150	30 %
12 g Salz	2 %
(12 g flüssiges Gerstenmalz)	(2 %)

Für den Sauerteig Mehl, Wasser und Anstellgut mit einem Löffel gut verrühren. Luftdicht abgedeckt bei 20–22 °C ca. 20 Stunden reifen lassen. Der Sauerteig sollte säuerlich riechen und viele Blasen schlagen.

Für den Vorteig Hefe mit Mehl und Wasser verrühren. Ebenfalls 20 Stunden bei 20–22 °C luftdicht abgedeckt reifen lassen. Der Vorteig riecht fruchtig-aromatisch und ist von einem feinen Netzwerk aus Gasblasen durchzogen.

Für den Hauptteig Sauerteig und Vorteig zusammen mit den übrigen Zutaten mit der Knetmaschine 5 Minuten auf niedrigster Stufe und weitere 2 Minuten auf zweiter Stufe zu einem leicht klebenden, mittelfesten, feucht glänzenden Teig verarbeiten. Dabei beachten, dass für den Hauptteig kein Schüttwasser benötigt wird.

In einer Schüssel abgedeckt 1 ½ Stunden bei ca. 24 °C gehen lassen. Das Teigvolumen sollte sich erheblich vergrößert haben.

Den Teig auf die gut bemehlte Arbeitsplatte geben, mit einer Hand kurz durchkneten, rund und anschließend durch Hin- und Herbewegung beider auf dem Teig liegenden Hände länglich wirken. Der Teig hat wenig Eigenspannung und Elastizität. Deshalb sollte mit wenig Druck in der Hand gearbeitet werden.

Den geformten Laib mit Schluss nach oben in einen gut bemehlten Gärkorb setzen und 30 Minuten bei ca. 24 °C zur Gare stellen.

Den noch in knapper Gare befindlichen Laib mit Schluss nach unten auf Backpapier oder einen mit Grieß bestreuten Brotschieber stürzen und mit der Handfläche das überschüssige Mehl abstreichen.

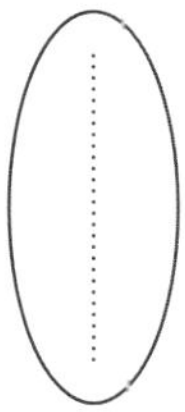

Mit einem scharfen Messer und gerader Klinge einen ca. 2 cm tiefen Schnitt entlang der Längsachse des Teiglings setzen.

(SIEHE GRAFIK LINKS)

Im kräftig vorgeheizten Backofen bei 250 °C mit viel Schwaden 55 Minuten dunkelbraun ausbacken. Nach 10 Minuten die Ofentür weit öffnen, um den Schwaden abzulassen. Anschließend das Brot bei 190 °C weiter backen. Während der letzten 5 Minuten die Ofentür einen Spalt breit öffnen, um eine knusprige Kruste zu erreichen.

Das Mischbrot unbedeckt auf einem Gitterrost vollständig abkühlen lassen.

Langbrot

Das Brot ist für jede Art von Aufstrich und Belag geeignet. Dank seines bestechenden Eigengeschmacks ist etwas Butter aber völlig ausreichend.

WEIZENMISCHBROT MIT SAUERTEIG

Oft sind es ganz einfache Rezepte mit grundlegenden Zutaten, die zu überraschenden Ergebnissen führen – das trifft auf dieses Brot ohne Zweifel zu. Dank der ausgewogenen Kombination von mildem Weizensauerteig und Poolish-Vorteig entsteht ein unverwechselbarer, einzigartiger Geschmack. Die kräftige Kruste mit ihrem herb-würzigem Aroma ergänzt den Charakter des Brotes ideal.

Obwohl das Rezept sehr schlicht wirkt, gehört viel Erfahrung dazu, aus dem Teig einen Laib zu formen, ihn zu stippen und bei nahezu Vollgare in den Backofen einzuschießen. Ziel ist ein Brot, das einen gut proportionierten, typischen Querschnitt zeigt, beim Backen nicht unkontrolliert einreißt und eine gleichmäßige Porenverteilung besitzt.

VORSTUFEN: jeweils Sauerteig- und Vorteigzutaten mischen, 20 Stunden Gare bei Raumtemperatur (ca. 20–22 °C)

KNETEN: 6 Minuten langsam, 2 Minuten schnell (schwach klebend, mittelfest, feucht glänzend)

STOCKGARE: 2 Stunden, 25 °C, nach 1 Stunde falten

AUFARBEITEN: ausstoßen, langwirken

STÜCKGARE: 80 Minuten, 25 °C (alternativ: 2 Stunden, 22 °C), im Gärkorb (Schluss nach oben)

SCHNITT: mit Stipprolle stippen (bei Vollgare) oder dreimal quer einschneiden (bei knapper Gare)

BACKEN: 50 Minuten, 250 °C fallend auf 200 °C, mit Schwaden (Schluss nach unten)

ZEITEN

Vorbereitung effektiv:	ca. 15 Minuten
Vorbereitung absolut:	ca. 20 Stunden
Zubereitung am Backtag effektiv:	ca. 30 Minuten
Zubereitung am Backtag absolut:	ca. 5 Stunden

INFOS

Teiggesamtgewicht:	ca. 935 g
Teigeinlage:	ca. 935 g
Teigausbeute:	166

WEIZENSAUERTEIG

150 g Weizenmehl 1 050	27 %	100 %
110 g Wasser	20 %	73 %
15 g Anstellgut vom Weizensauer	2,7 %	10 %

VORTEIG (POOLISH)

0,1 g Frischhefe	0,02 %	0,1 %
100 g Weizenmehl 1 050	18 %	100 %
100 g Wasser	18 %	100 %

HAUPTTEIG

Weizensauerteig	
Vorteig	
100 g Weizenmehl 1 050	18 %
200 g Roggenmehl 1 150	36 %
150 g Wasser	27 %
11 g Salz	2 %

Mehl, Wasser und Anstellgut des Sauerteiges mit einem Löffel zu einem mittelfesten Teig verrühren. Luftdicht abgedeckt bei 20–22 °C ca. 20 Stunden reifen lassen. Der Sauerteig sollte mild-säuerlich duften und viele Blasen schlagen.

Für den Vorteig Hefe mit Mehl und Wasser verrühren. Ebenfalls 20 Stunden bei 20–22 °C luftdicht abgedeckt reifen lassen. Auch der Vorteig ist im reifen Zustand von Blasen übersät und riecht angenehm aromatisch mit schwach fruchtiger Note.

Für den Hauptteig den Sauerteig und den Vorteig zusammen mit den übrigen Zutaten mit der Küchenmaschine 6 Minuten auf niedrigster Stufe und weitere 2 Minuten auf zweiter Stufe zu einem leicht klebenden, feucht glänzenden, mittelfesten Teig verarbeiten. Er sollte sich im Idealzustand beim Kneten etwas von Rand und Boden der Schüssel lösen.

Den Teig 2 Stunden luftdicht abgedeckt bei ca. 25 °C in einer Schüssel gehen lassen. Nach 1 Stunde den Teig mit dem Teigschaber in der Schüssel falten. Er sollte am Ende des Faltens straffer wirken und eine grobe Kugelform aufweisen.

Nach der Stockgare den Teig auf die bemehlte Arbeitsfläche geben, leicht mit Mehl bestäuben und mit wenigen, zügigen Handgriffen zu einem länglich-ovalen Laib formen.

Mit Schluss nach oben in einem mit Reismehl ausgestäubten länglichen Gärkorb ca. 80 Minuten bei 25 °C zur Gare stellen (alternativ: 2 Stunden bei 22 °C).

Kurz vor Erreichen der Vollgare (Fingertest) den Teigling auf Backpapier oder einen mit Grieß bestreuten Brotschieber stürzen (Schluss nach unten) und mit der Handfläche das überschüssige Mehl abstreichen. Mit Hilfe einer Stipprolle die Teiglingshaut stippen.

Im kräftig vorgeheizten Backofen bei 250 °C mit viel Schwaden 50 Minuten dunkelbraun ausbacken. Nach 15 Minuten die Ofentür weit öffnen, um den Schwaden abzulassen. Anschließend das Brot bei 200 °C weiter backen. Während der letzten 5–8 Minuten die Ofentür einen Spalt breit öffnen, um eine knusprige Kruste zu erreichen.

Auf einem Gitterrost vollständig abkühlen lassen. Im Idealfall bilden sich unter lautem Knistern regelmäßige Risse in der Brotkruste (Fensterung).

MEIN TIPP

Das Erreichen und Erkennen der Vollgare ist nur mit viel Erfahrung oder etwas Glück möglich. Die Gefahr ist groß, den Teigling mit Über- oder Untergare in den Ofen zu schieben. Entweder fällt er im Backofen in sich zusammen oder reißt unkontrolliert auf. Um dem entgegenzuwirken, bietet sich für weniger erfahrene Bäcker das Einschneiden des Teiglings an. Dazu sollten Sie dem Teigling nur ca. drei Viertel der Garzeit beziehungsweise etwas niedrigere Gartemperaturen gewähren. Die Schnitte können z. B. quer zur Längsachse des Laibes geführt werden.

Knospenbrot

Das Knospenbrot schmeckt am besten einfach nur mit Butter. Zwar sind alle anderen Beläge und Aufstriche ohne Ausnahme geeignet, verdecken allerdings ein wenig den besonderen Geschmack dieses Brotes.

ROGGENMISCHBROT MIT SAUERTEIG

Mehr Aroma kann ein Brot, das nur aus Mehl, Wasser, Hefe und Salz besteht, kaum haben. Für das Knospenbrot werden sowohl ein Vorteig als auch ein Weizen- und ein Roggensauerteig angesetzt. Das bringt für Sie etwas mehr Vorbereitungsaufwand mit sich, entschädigt dafür jedoch mit einer Fülle von feinen Aromen, die von schwach fruchtig über mild-säuerlich bis hin zu einer nussigen Note reichen. Der Name des Brotes erklärt sich durch seine außergewöhnliche Form, die einer aufplatzenden Knospe ähnelt.

VORSTUFEN: jeweils die Sauerteig- und Vorteigzutaten mischen, 20 Stunden Gare bei Raumtemperatur (ca. 20–22 °C)

KNETEN: 5 Minuten langsam, 3 Minuten schnell (zäh-klebend, mittelfest, feucht glänzend)

STOCKGARE: 1½ Stunden, 24 °C, nach 45 Minuten falten

AUFARBEITEN: rundwirken, mit Rollholz drei um 120° versetzte Teiglappen vom Laib ausrollen, am Rand mit Öl bestreichen und zur Mitte einschlagen

STÜCKGARE: 50 Minuten, 24 °C, im Gärkorb (Schluss/Teiglappensäume nach unten)

BACKEN: 50 Minuten, 250 °C fallend auf 210 °C, mit Schwaden (Schluss nach oben)

ZEITEN

Vorbereitung effektiv:	ca. 20 Minuten
Vorbereitung absolut:	ca. 20 Stunden
Zubereitung am Backtag effektiv:	ca. 30 Minuten
Zubereitung am Backtag absolut:	ca. 5 Stunden

INFOS

Teiggesamtgewicht:	ca. 1 000 g
Teigeinlage:	ca. 1 000 g
Teigausbeute:	163

ROGGENSAUERTEIG

135 g Roggenmehl 1 150	23 %	100 %
135 g Wasser	23 %	100 %
14 g Anstellgut vom Roggensauer	2,3 %	10 %

WEIZENSAUERTEIG

90 g Weizenmehl 1 050	15 %	100 %
50 g Wasser	8 %	55 %
9 g Anstellgut vom Weizensauer	1,5 %	10 %

VORTEIG (POOLISH)

0,1 g Frischhefe	0,02 %	0,1 %
95 g Weizenmehl 1 050	16 %	100 %
95 g Wasser	16 %	100 %

HAUPTTEIG

Roggensauerteig	
Weizensauerteig	
Vorteig	
95 g Weizenmehl 1 050	16 %
180 g Roggenmehl 1 150	30 %
90 g Wasser	15 %
12 g Salz	2 %
(8 g flüssiges Gerstenmalz)	(1,3 %)

Pflanzenöl zum Bestreichen

SCHRITT 1
Mit einem Rollholz vom Rand des Teiglings einen Lappen von ca. 10 cm Länge ausrollen.

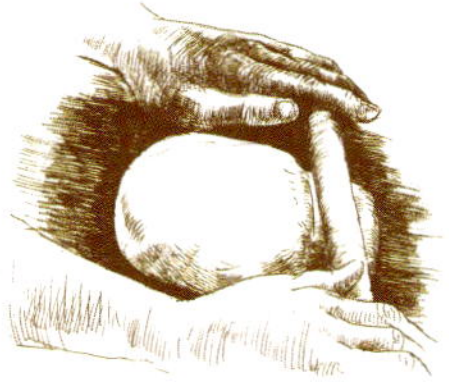

SCHRITT 2
Um je 120° versetzt zwei weitere Teiglappen vom Rand ausrollen.

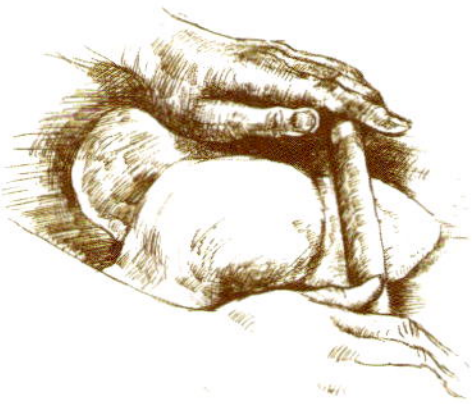

SCHRITT 3
Die Teiglappen am Rand mit Öl bestreichen und anschließend auf den Teigling klappen.

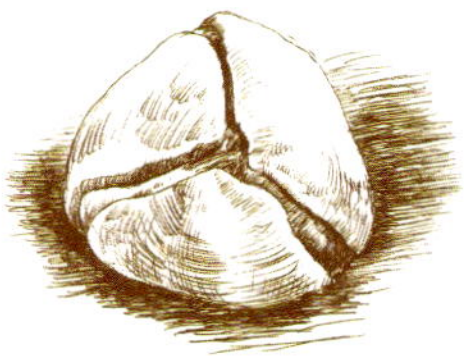

Mehl, Wasser und Anstellgut für die beiden Sauerteige jeweils mit einem Löffel gut verrühren. Der Weizensauerteig ist relativ fest, während der Roggensauerteig eine zähflüssige Konsistenz hat. Die Sauerteige luftdicht abgedeckt bei 20–22 °C ca. 20 Stunden reifen lassen. Der Sauerteig sollte mild-säuerlich duften und gut gelockert sein.

Für den Vorteig Hefe mit Mehl und Wasser verrühren. Ebenfalls 20 Stunden bei 20–22 °C luftdicht abgedeckt reifen lassen. Der Vorteig ist im reifen Zustand von Blasen übersät und riecht angenehm aromatisch.

Für den Hauptteig die beiden Sauerteige und den Vorteig zusammen mit den übrigen Teigzutaten mit der Küchenmaschine 5 Minuten auf niedrigster Stufe und weitere 3 Minuten auf zweiter Stufe zu einem zäh-klebenden, feucht glänzenden, mittelfesten Teig verarbeiten. Er sollte sich beim Kneten am Ende vom Rand der Schüssel lösen.

Den Teig 1 ½ Stunden luftdicht abgedeckt bei ca. 24 °C gehen lassen. Nach 45 Minuten den Teig mit einem Teigschaber in der Schüssel falten. Er sollte am Ende des Faltens straffer wirken und eine grobe Kugelform aufweisen.

Nach der Stockgare den Teig auf die bemehlte Arbeitsfläche geben, leicht mit Mehl bestäuben und zügig rundwirken.

(SCHRITTE 1/2/3)

Den Laib bemehlen. Mit einem Rollholz drei Teiglappen um 120° versetzt vom Rand des Laibes weg ca. 10 cm lang ausrollen. Überschüssiges Mehl abbürsten. Die Ränder der Teiglappen mit etwas Pflanzenöl einpinseln. Die Teiglappen anschließend zur Mitte des Laibes klappen. Im Idealfall verdecken die drei Teiglappen den Laib fast vollständig.

Den Laib mit der zugeklappten Seite nach unten in einem bemehlten runden Gärkorb ca. 50 Minuten bei 24 °C zur Gare stellen.

Den Teigling auf Backpapier oder einen mit Grieß bestreuten Brotschieber stürzen (die zugeklappten Teiglappen zeigen nach oben). Mit der Handfläche das überschüssige Mehl abstreichen.

Im kräftig vorgeheizten Backofen bei 250 °C mit viel Schwaden 50 Minuten dunkelbraun ausbacken. Nach 10 Minuten die Ofentür weit öffnen, um den Schwaden abzulassen. Anschließend das Brot bei 210 °C weiter backen. Während der letzten 5 Minuten die Ofentür einen Spalt breit öffnen, um eine knusprige Kruste zu erreichen. Das Brot sollte entlang der eingeölten Teiglappensäume aufreißen.

Das Knospenbrot auf einem Gitterrost vollständig abkühlen lassen. In den sich nun als bemehlte Kruste zeigenden Teiglappen bilden sich im besten Falle feine Risse, deren Entstehung in der Abkühlphase durch lautes Knacken unüberhörbar ist (Fensterung).

Roggenmischbrot mit Vollkorn

Das Brot zeichnet sich neben seinem ausgewogenen Geschmack – von mild-säuerlich bis leicht herb mit urigem Charakter – vor allem durch seine simple und gerade deswegen außergewöhnliche Herstellung aus.

ROGGENMISCHBROT MIT SAUERTEIG UND VOLLKORNANTEIL

Der Teig des Mischbrotes wird nicht geknetet, sondern gerührt und gefaltet. Auf die Unterstützung einer Knetmaschine sind Sie daher in diesem Rezept nicht angewiesen.

Sein markantes Aussehen erhält das Brot durch die Schnitttechnik, die es in ein Blatt oder einen Fächer verwandelt. Gleichzeitig ermöglicht sie das gleichmäßige Ausdehnen des Laibes im Ofen.

VORSTUFE: Sauerteigzutaten mischen, 20 Stunden Gare bei Raumtemperatur (ca. 20–22 °C)

AUTOLYSE: Weizenvollkornmehl und 60 g Wasser mischen, 30 Minuten ruhen lassen

KNETEN: mit Holzlöffel oder von Hand ca. 5 Minuten mischen (zäh-klebend, ohne Struktur, feucht)

STOCKGARE: 2 Stunden, 24 °C, alle 30 Minuten in der Schüssel falten

AUFARBEITEN: rundwirken

STÜCKGARE: 35 Minuten, 24 °C, im Gärkorb (Schluss nach oben)

SCHNITT: mehrere gebogene, wenige Millimeter tiefe, auffächernde Schnitte von einem Punkt am Rand ausgehend

BACKEN: 50 Minuten, 250 °C fallend auf 200 °C, mit Schwaden (Schluss nach unten)

ZEITEN

Vorbereitung effektiv:	ca. 10 Minuten
Vorbereitung absolut:	ca. 20 Stunden
Zubereitung am Backtag effektiv:	ca. 40 Minuten
Zubereitung am Backtag absolut:	ca. 4 ½ Stunden

INFOS

Teiggesamtgewicht:	ca. 1195 g
Teigeinlage:	ca. 1195 g
Teigausbeute:	171

WEIZENSAUERTEIG

190 g Weizenmehl 1 050	28 %	100 %
160 g Wasser	23,5 %	84 %
20 g Anstellgut vom Weizensauer	2,9 %	10,5 %

AUTOLYSE-TEIG

90 g Weizenvollkornmehl	13 %
60 g Wasser	8,7 %

HAUPTTEIG

Weizensauerteig	
Autolyse-Teig	
150 g Roggenvollkornmehl	22 %
250 g Roggenmehl 1 150	37 %
260 g Wasser	38 %
5 g Frischhefe	0,7 %
13 g Salz	1,9 %

Die Sauerteigzutaten mit einem Löffel gut verrühren und luftdicht abgedeckt bei 20–22 °C ca. 20 Stunden reifen lassen. Der Sauerteig sollte mild-säuerlich duften und gut gelockert sein.

Für den Autolyse-Teig das Weizenvollkornmehl mit 60 g Wasser verrühren. Die mittelfeste Masse 30 Minuten abgedeckt ruhen lassen. In dieser Zeit beginnt sich das Klebergerüst zu bilden.

Für den Haupttteig den Autolyse-Teig zusammen mit dem Sauerteig und den übrigen Zutaten in einer großen Schüssel mit einem stabilen Holzlöffel etwa 5 Minuten lang zu einer homogenen Masse verrühren oder von Hand mischen. Der Teig ist klebend und ohne Struktur. Diese erhält er erst während der sich nun anschließenden Garphase durch Quellvorgänge im Mehl und den Faltprozess.

Den Teig 2 Stunden luftdicht abgedeckt bei ca. 24 °C gehen lassen. Dabei den Teig alle 30 Minuten (insgesamt dreimal) in der Schüssel mit dem Teigschaber falten. Er sollte am Ende des Faltens straffer wirken.

Den Teig auf die gut bemehlte Arbeitsfläche setzen. Zügig kräftig durchkneten (ausstoßen) und rundwirken.

Den so geformten Laib 35 Minuten mit Schluss nach oben bei ca. 24 °C in einem bemehlten Gärkorb zur Gare stellen.

Den Teigling auf Backpapier oder einen mit Grieß bestreuten Brotschieber stürzen (Schluss nach unten). Mit der Handfläche das überschüssige Mehl abstreichen.

Mit einem scharfen Messer von einem Punkt am Rand des Laibes ausgehend fächerartig 5 bis 8 gebogene Schnitte durch die Teighaut ziehen. Die Schnitte sollten 5 mm Tiefe nicht überschreiten.

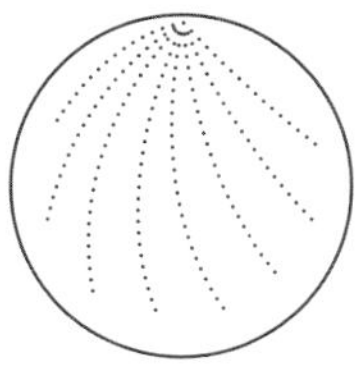

(SIEHE GRAFIK RECHTS)

Im kräftig vorgeheizten Backofen bei 250 °C mit viel Schwaden 50 Minuten dunkelbraun ausbacken. Nach 10 Minuten die Ofentür weit öffnen, um den Schwaden abzulassen. Anschließend das Brot bei 200 °C weiter backen. Für eine rösche Kruste während der letzten 5 Minuten die Ofentür einen Spalt breit öffnen.

Das Mischbrot auf einem Gitterrost vollständig abkühlen lassen.

Weißbrot

Ein sehr mildes, saftiges Brot mit fruchtig-aromatischer Note. Daher eignet es sich nicht nur als Grundlage für süße Aufstriche, sondern schmeckt auch pur oder mit Butter hervorragend.

WEIZENBROT

Während Weizenbrote früher eher in südlicheren Gefilden verbreitet waren, sind sie inzwischen fast überall beliebt. Vor allem Kinder mögen das weiche, lockere Brot, ob in Form von Toastbrot oder als freigeschobenen Laib.

Häufig werden Weißbrote allerdings als geschmacksneutral wahrgenommen. Höchstens die Kruste gibt dank ihrer Röststoffe noch einige Aromen preis. Ein geschmacklich gutes Weißbrot ist aber viel mehr als nur eine neutrale Grundlage für Aufstriche und Beläge – es ist selbst Geschmacksträger.

Erreicht wird dies beispielsweise durch Verwendung von Vorteigen und Sauerteigen. In diesem Rezept wird ein über drei Tage gereifter Vorteig („Pâte fermentée") mit einer kleinen Menge Weizensauerteig kombiniert.

VORSTUFEN: Vorteigzutaten mischen, 3 Tage (72 Stunden) Gare, 6 °C; Sauerteigzutaten mischen, 20 Stunden Gare bei Raumtemperatur (ca. 20–22 °C)

KNETEN: 5 Minuten langsam, 8 Minuten schnell (mittelfest, straff, nicht klebend)

STOCKGARE: 1 Stunde, 24 °C, nach 30 Minuten falten

AUFARBEITUNG: langwirken

SCHNITT: mehrere gerade Schnitte 90° zur Längsachse

STÜCKGARE: 70 Minuten, 24 °C, auf Backpapier, danach mit heißem Wasser abstreichen

BACKEN: 50 Minuten bei 220 °C fallend auf 180 °C mit Schwaden, danach mit heißem Wasser abstreichen

ZEITEN

Vorbereitung effektiv:	ca. 20 Minuten
Vorbereitung absolut:	ca. 3 Tage
Zubereitung am Backtag effektiv:	ca. 30 Minuten
Zubereitung am Backtag absolut:	ca. 4 Stunden

INFOS

Teiggesamtgewicht:	ca. 900 g
Teigeinlage:	ca. 900 g
Teigausbeute:	157

VORTEIG (PÂTE FERMENTÉE)

185 g Weizenmehl 550	33 %	100 %
125 g Wasser	22,5 %	68 %
5 g Frischhefe	0,9 %	2,7 %
4 g Salz	0,7 %	2,2 %

WEIZENSAUERTEIG

45 g Weizenmehl 550	8 %	100 %
45 g Wasser	8 %	100 %
5 g Anstellgut vom Weizensauer	0,9 %	11 %

HAUPTTEIG

Vorteig	
Weizensauerteig	
325 g Weizenmehl 550	59 %
145 g Wasser	26 %
4 g Frischhefe	0,7 %
7 g Salz	1,3 %
5 g Butter	0,9 %

MEIN TIPP

Da vor allem für Backanfänger die Vollgare nicht leicht zu erkennen ist, empfiehlt sich eine alternative Methode. Den Laib nach dem Wirken nicht einschneiden, sondern erst vor dem Backen. Dafür die Stückgare auf 55 Minuten bis 1 Stunde reduzieren. So hat der Laib mit hoher Wahrscheinlichkeit knappe Gare und reißt beim Backen an den Schnitten gezielt auf.

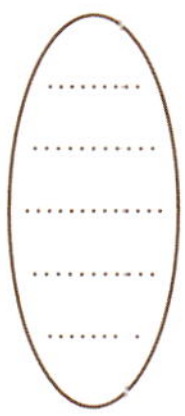

Die Vorteigzutaten mit einem Löffel oder von Hand gut vermengen und 72 Stunden (3 Tage) bei 6 °C reifen lassen (z. B. unteres Fach im Kühlschrank). Der Vorteig sollte deutlich aufgegangen und gelockert sein. Er verströmt einen intensiv fruchtig-aromatischen Duft.

Die Sauerteigzutaten mit einem Löffel gut verrühren und luftdicht abgedeckt bei 20–22 °C ca. 20 Stunden reifen lassen. Der Sauerteig sollte mild-säuerlich duften und von feinen Blasen durchsetzt sein.

Für den Hauptteig den Vorteig und den Sauerteig zusammen mit den übrigen Zutaten 5 Minuten auf niedrigster Stufe und weitere 8 Minuten auf zweiter Stufe zu einem mittelfesten, nicht klebenden und straffen Teig kneten.

Den Teig 1 Stunde luftdicht abgedeckt bei ca. 24 °C gehen lassen. Nach 30 Minuten einmal auf der leicht bemehlten Arbeitsplatte falten.

Den Teig aus der Schüssel auf die mit etwas Mehl bestäubte Arbeitsfläche geben, kurz durchkneten (ausstoßen) und anschließend zu einem länglichen Laib wirken.

(SIEHE GRAFIK LINKS)

Den Laib auf Backpapier setzen und mit einem scharfen Messer mehrmals quer (im 90°-Winkel) zur Längsachse des Teiglings ca. 2 cm tief einschneiden.

Mit einer Folie oder einem großen Behälter luftdicht abdecken und 70 Minuten bei ca. 24 °C gehen lassen. Der Teigling sollte Vollgare haben.

Den Teigling mit heißem Wasser abstreichen.

Im kräftig vorgeheizten Backofen bei 220 °C mit Schwaden 50 Minuten hellbraun backen. Nach 10 Minuten die Ofentür weit öffnen, um den Schwaden abzulassen. Anschließend das Brot bei 180 °C weiter backen. Für eine rösche Kruste während der letzten 5 Minuten die Ofentür einen Spalt breit öffnen.

Das Weißbrot für einen schönen Glanz nochmals mit heißem Wasser abstreichen und auf einem Gitterrost vollständig abkühlen lassen.

Dinkelvollkornbrot

Das Brot hat einen mild-nussigen Charakter. Das Dinkelmehl verleiht ihm einen hohen Nährwert und eine im Vergleich zu Roggenvollkornbroten lockere und milde Krume. Für die gesunde Ernährung ist es bestens geeignet.

DINKELBROT MIT 100 % VOLLKORNANTEIL

Dinkel ist in den vergangenen Jahren zu einer Art Trend-Getreide für Backwaren geworden. Nachdem es fast in Vergessenheit geraten war, erfreut es sich heute nicht nur in der Bio- und Vollkornbäckerei großer Beliebtheit, sondern findet mittlerweile auch in herkömmlichem Gebäck Verwendung.

Botanisch gesehen gehört Dinkel zu den Weizenarten, besitzt aber mehr Eiweiß und Mineralstoffe als der übliche Backweizen. Nicht nur die höheren Nährwerte machen Dinkel zu einem ausgezeichneten Getreide für die Brotherstellung, sondern auch die mit Weizen vergleichbaren Backeigenschaften.

Vorsicht ist allerdings bei der Teigbereitung angebracht: In Teigen mit überwiegendem Dinkelanteil sollten Sie auf eine lange Knetphase mit niedriger und eine kurze Phase mit höherer Geschwindigkeit achten. Da Dinkel eine schwache Kleberqualität hat, ist schonendes Kneten notwendig, sonst würde das Klebergerüst und damit die Krumenstruktur an Stabilität verlieren.

Das Vollkornbrot aus Dinkel ist ein mit Hefezugabe kombiniertes Sauerteigbrot, das einen vorgequollenen Schrot- und Körneranteil enthält. Der dadurch erzeugte Biss der Krume findet durch das lockere und saftige Innere ein ideales Gegengewicht.

VORSTUFEN: Sauerteigzutaten mischen, 20 Stunden Gare bei Raumtemperatur (ca. 20–22 °C); kochendes Wasser mit Schrot und Salz mischen, nach Abkühlung 8 Stunden bei 6–10 °C quellen lassen; Dinkelkörner 30 Minuten abgedeckt kurz vor dem Siedepunkt ziehen lassen, abkühlen lassen

KNETEN: 10 Minuten langsam, 3 Minuten schnell (mittelfest, schwach klebend, feucht)

STOCKGARE: 1 Stunde, 25 °C

AUFARBEITEN: ausstoßen, langwirken, in Kastenform geben, mit Dinkelvollkornmehl bestreuen

STÜCKGARE: 1 Stunde, 25 °C

BACKEN: 50 Minuten, 250 °C fallend auf 200 °C, mit Schwaden

ZEITEN

Vorbereitung effektiv:	ca. 20 Minuten
Vorbereitung absolut:	ca. 20 Stunden
Zubereitung am Backtag effektiv:	ca. 30 Minuten
Zubereitung am Backtag absolut:	ca. 3 ½ Stunden

INFOS

Teiggesamtgewicht:	ca. 1575 g
Teigeinlage:	ca. 1575 g
Teigausbeute (theoret.):	196

DINKELSAUERTEIG

260 g Dinkelvollkornmehl	33 %	100 %
260 g Wasser	33 %	100 %
26 g Anstellgut vom Dinkelsauer (alternativ vom Weizensauer)	3 %	10 %

BRÜHSTÜCK

130 g Dinkelschrot (mittel)	17 %
130 g Wasser	17 %
14 g Salz	1,8 %

KOCHSTÜCK

130 g Dinkelkörner	17 %
260 g Wasser	33 %

HAUPTTEIG

Sauerteig	
Brühstück	
Kochstück	
260 g Dinkelvollkornmehl	33 %
6 g Frischhefe	0,8 %
100 g Wasser	13 %

Dinkelvollkornmehl zum Bestreuen

MEIN TIPP

Da Dinkelsauerteig relativ selten verwendet wird, werden ihn die meisten Hobbybäcker nicht als Anstellgut vorrätig haben. Um dennoch zügig einen Dinkelsauerteig ansetzen zu können, wird statt Dinkel-Anstellgut einfach das Anstellgut vom Weizensauer verwendet. Denkbar wäre sogar die Verwendung eines Roggensauerteiges als Anstellgut. Soll der angesetzte Dinkelsauerteig erhalten bleiben, kann er nun mit Dinkelmehl und Wasser in gleicher Weise aufgefrischt werden, wie es bereits mit dem vorrätigen Sauerteig geschieht. Stück für Stück wird sich so der Weizen- beziehungsweise Roggenanteil des am Anfang zugegebenen Anstellgutes reduzieren und letztlich kaum mehr Einfluss haben. Praktisch gesehen liegt dann ein reiner Dinkelsauerteig vor.

Die Sauerteigzutaten mit einem Löffel gut verrühren und luftdicht abgedeckt bei 20–22 °C ca. 20 Stunden reifen lassen. Der Sauerteig ist im reifen Stadium gut gelockert und schlägt Blasen.

Das Dinkelschrot und das Salz des Brühstückes mit siedendem Wasser übergießen und gut verrühren. Nachdem das Brühstück ausgekühlt ist, bei 6–10 °C ca. 8 Stunden im Kühlschrank lagern.

Für das Kochstück die Dinkelkörner im Wasser aufkochen und mit geschlossenem Deckel etwa 30–40 Minuten bei niedriger Hitze kurz vor dem Siedepunkt ziehen lassen, bis von den Körnern sämtliches Wasser aufgesogen wurde. Abgedeckt abkühlen lassen.

Alle Zutaten 10 Minuten auf niedrigster Stufe der Knetmaschine verarbeiten. Weitere 3 Minuten auf zweiter Stufe kneten. Es entsteht ein feuchter, mittelfester Teig, der sich vom Schüsselboden löst.

Den Teig luftdicht abgedeckt 1 Stunde bei ca. 25 °C zur Gare stellen.

Den inzwischen strafferen Teig auf der gut bemehlten Arbeitsplatte mit wenigen Handgriffen durchkneten (ausstoßen), zu einem länglichen Laib formen und in die mit Backpapier ausgelegte oder gefettete Kastenform (ca. 22 x 10 x 9 cm) setzen. Mit Dinkelvollkornmehl bestreuen.

1 Stunde abgedeckt bei ca. 25 °C zur Gare stellen. Das Teigvolumen sollte sich um reichlich ein Drittel vergrößert haben.

Im kräftig vorgeheizten Backofen bei 250 °C mit Schwaden 50 Minuten backen. Nach 10 Minuten die Ofentür weit öffnen, um den Schwaden abzulassen. Anschließend das Brot bei 200 °C weiter backen. Für eine allseitig knusprige Kruste während der letzten 15 Minuten die Kastenform entfernen und das Brot ohne Form backen. Außerdem in den letzten 5 Minuten die Ofentür einen Spalt breit geöffnet lassen.

Das Dinkelvollkornbrot auf einem Gitterrost vollständig abkühlen lassen.

Buttermilchbrot

Ein gutes Brot für kräftig-würzige Beläge und Aufstriche oder als Beilage zu Salaten. Das rustikale Buttermilchbrot zeichnet sich durch seine kräftige Kruste und die äußerst fluffige, lockere Krume aus.

WEIZENMISCHBROT MIT BUTTERMILCH UND VOLLKORN-ANTEIL

Gleichzeitig hat es dank des Vollkorn- und Schrotanteiles Biss. Durch Ballaststoffe, Mineralstoffe und Vitamine aus dem vollen Korn ist dieses Mischbrot besonders nahrhaft.

Die Buttermilch sorgt gemeinsam mit Sauerteig und Vorteig für ein mildes, sanftes Aroma, das im harmonischen Kontrast zum nussigen Geschmack der gerösteten Sonnenblumenkerne steht. Diese werden gemeinsam mit Weizenschrot in einem Quellstück verarbeitet.

VORSTUFEN: Sauerteigzutaten mischen, 20 Stunden Gare bei Raumtemperatur (ca. 20–22 °C); Vorteigzutaten mischen, 18 Stunden Gare bei Raumtemperatur (ca. 20–22 °C); Sonnenblumenkerne in Pfanne rösten; Quellstückzutaten mischen, 8 Stunden bei 6–10 °C quellen lassen

KNETEN: 5 Minuten langsam, 8 Minuten schnell (weich, klebend)

STOCKGARE: 1½ Stunden, 24 °C, nach je 30 Minuten in Schüssel falten

BEARBEITUNG: rundwirken

STÜCKGARE: 1 Stunde, 24 °C, im Gärkorb (Schluss nach oben)

SCHNITT: mehrmals über Kreuz (Rautenmuster)

BACKEN: 45 Minuten, 250 °C fallend auf 200 °C, mit Schwaden (Schluss nach unten)

ROGGENSAUERTEIG

80 g Roggenvollkornmehl	17 %	100 %
80 g Wasser	17 %	100 %
8 g Anstellgut vom Roggensauer	1,7 %	10 %

VORTEIG (POOLISH)

80 g Weizenvollkornmehl	17 %	100 %
80 g Wasser	17 %	100 %
0,1 g Frischhefe	0,02 %	0,13 %

QUELLSTÜCK

40 g Sonnenblumenkerne (geröstet)	8 %
80 g Weizenschrot (mittel)	17 %
160 g Buttermilch	33 %
10 g Salz	2,1 %

HAUPTTEIG

Roggensauerteig	
Vorteig	
Quellstück	
200 g Weizenmehl 550	41 %
40 g Roggenvollkornmehl	8 %
80 g Buttermilch	17 %
5 g Frischhefe	1 %
5 g Honig	1 %
5 g Butter oder Schweineschmalz	1 %

ZEITEN

Vorbereitung effektiv:	ca. 30 Minuten
Vorbereitung absolut:	ca. 20 Stunden
Zubereitung am Backtag effektiv:	ca. 30 Minuten
Zubereitung am Backtag absolut:	ca. 4 Stunden

INFOS

Teiggesamtgewicht:	ca. 950 g
Teigeinlage:	ca. 950 g
Teigausbeute (theoret.):	183

Die Sauerteigzutaten mit einem Löffel gut verrühren und luftdicht abgedeckt bei 20–22 °C ca. 20 Stunden reifen lassen. Der Sauerteig ist im reifen Stadium gut gelockert und schlägt Blasen.

Den Vorteig mit einem Löffel anrühren und luftdicht abgedeckt bei 20–22 °C ca. 18 Stunden reifen lassen. Der Vorteig riecht aromatisch und ist von vielen Blasen durchsetzt.

Die Sonnenblumenkerne in einer Pfanne ohne Fett anrösten. Abkühlen lassen.

Die Quellstückzutaten miteinander gut vermischen. Etwa 8 Stunden bei 6–10 °C im Kühlschrank quellen lassen.

Für den Hauptteig den Vorteig, den Sauerteig, das Quellstück und alle übrigen Zutaten 5 Minuten auf niedrigster Stufe und weitere 8 Minuten auf zweiter Stufe zu einem klebrigen, weichen Teig verarbeiten.

Den Teig luftdicht abgedeckt 1 ½ Stunden bei ca. 24 °C in einer Schüssel zur Gare stellen. Nach 30 Minuten und 1 Stunde den Teig mit der Teigkarte in der Schüssel falten. Er sollte dadurch deutlich straffer werden.

Auf der bemehlten Arbeitsplatte einen runden Laib wirken.

Den Laib im bemehlten Gärkorb mit Schluss nach oben 1 Stunde abgedeckt bei ca. 24 °C zur Gare stellen.

Den Teigling aus dem Gärkorb auf Backpapier oder einen mit Grieß bestreuten Brotschieber stürzen (Schluss zeigt nun nach unten). Mit einem scharfen Messer und gerader Klinge die Teighaut mehrmals über Kreuz einschneiden, sodass ein Rautenmuster entsteht. Die Schnitttiefe sollte 5 mm nicht überschreiten, da der Teigling knappe Gare besitzt.

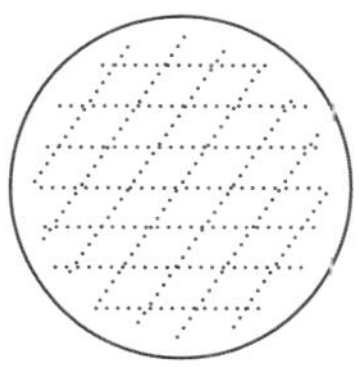

(SIEHE GRAFIK RECHTS)

Im kräftig vorgeheizten Backofen bei 250 °C mit Schwaden 45 Minuten backen. Nach 10 Minuten die Ofentür weit öffnen, um den Schwaden abzulassen. Anschließend das Brot bei 200 °C weiter backen. Für eine rösche Kruste während der letzten 5 Minuten die Ofentür einen Spalt breit öffnen.

Das Buttermilchbrot auf einem Gitterrost vollständig abkühlen lassen.

Zwirbelbrot

2 VARIATIONEN

Aus dem Zwirbelbrot lassen sich dank seines kleinen Querschnittes bestens belegte Mini-Brote für Feiern herstellen. Es schmeckt aber auch als Beigabe zum Grillen oder zu Suppen und Salaten.

WEIZENBROT / WEIZENMISCHBROT MIT VOLLKORN-ANTEIL

Durch die kalte Gare über Nacht im Kühlschrank erhält das Zwirbelbrot ein einzigartiges Aroma. Außerdem spart diese Methode am Backtag viel Zeit. Der Teig wird lediglich aus dem Kühlschrank geholt, verdreht und gebacken. Innerhalb einer Stunde liegt ein knuspriges, unregelmäßig geportes, lockeres und aromatisches Brot auf dem Frühstückstisch.

Das Zwirbelbrot kann vielfältig variiert werden: Ob geröstete Zwiebeln, Paprika- oder Schinkenspeckwürfel in den Teig gegeben werden oder kurz vor dem Ende des Backprozesses Käse über der Kruste verteilt wird – der Fantasie sind keine Grenzen gesetzt.

Daneben kann auch das Grundrezept abgewandelt werden, ein Beispiel dafür finden Sie in der Rezeptbeschreibung jeweils in Klammern aufgeführt. Der Vollkornanteil und die saure Sahne verleihen dieser Variante eine gewisse Herbe und machen die Krume etwas elastischer und saftiger.

VORSTUFE: Vorteigzutaten mischen, 20 Stunden (16 Stunden) bei Raumtemperatur (20–22 °C) reifen lassen

KNETEN: 5 Minuten langsam, 15 Minuten (12 Minuten) schnell (feucht, klebend, weich / schwach klebend, feucht, elastisch)

STOCKGARE: 24 Stunden, 6–8 °C

AUFARBEITEN: Teig halbieren, in Roggenvollkornmehl verdrehen

STÜCKGARE: keine

BACKEN: 40 Minuten, 250 °C fallend auf 180 °C, mit Schwaden

ZEITEN

Vorbereitung effektiv:	ca. 30 Minuten
Vorbereitungszeit absolut:	ca. 44 Stunden (40 Stunden)
Zubereitung am Backtag effektiv:	ca. 15 Minuten
Zubereitung am Backtag absolut:	ca. 60 Minuten

INFOS

Teiggesamtgewicht:	ca. 995 g (ca. 1025 g)
Teigeinlage:	ca. 495 g (510 g)
Teigausbeute:	176 (theoret. 182)

VORTEIG (POOLISH)

185 g Weizenmehl 1 050	33 %	100 %
(55 g Weizenvollkornmehl)	(10 %)	(100 %)
185 g Wasser	33 %	100 %
(45 g Wasser)	(8 %)	(82 %)
0,2 g Frischhefe	0,04	0,1 %
(0,1 g Frischhefe)	(0,02 %)	(0,2 %)

HAUPTTEIG

Vorteig	
370 g Weizenmehl 1 050	67 %
(445 g Weizenmehl 1 050 + 55 g Roggenvollkornmehl)	(80 % + 10 %)
240 g Wasser	43 %
(260 g Wasser + 150 g saure Sahne)	(47 % + 27 %)
4 g Frischhefe (5 g Frischhefe)	0,7 % (0,9 %)
11 g Salz	2 %
Roggenvollkornmehl zum Verdrehen	

Die Vorteigzutaten mit einem Löffel vermengen und 20 Stunden (16 Stunden) bei Raumtemperatur (20–22 °C) reifen lassen. Der Vorteig hat eine flüssige (mittelfeste) Konsistenz und sollte im reifen Zustand von einem dichten Netzwerk aus Blasen durchzogen sein.

Sämtliche Zutaten mit der Knetmaschine 5 Minuten auf niedrigster Stufe mischen und weitere 15 Minuten (12 Minuten) auf zweiter Stufe zu einem feuchten, weich-klebenden, aber dennoch mit Struktur ausgestatteten Teig, der sich vom Schüsselrand lösen sollte, verarbeiten. Der Teig der Rezeptvariante mit saurer Sahne ist etwas fester und löst sich am Ende des Knetvorganges vollständig vom Schüsselrand und -boden.

Den Teig in eine große Schüssel geben und luftdicht abgedeckt bei 6–8 °C im Kühlschrank 24 Stunden lang zur Gare stellen. Das Teigvolumen sollte sich am Ende der Zeit mindestens verdoppelt haben.

Den Teig mit einer Teigkarte vorsichtig auf die stark bemehlte Arbeitsfläche geben. Darauf achten, dass so wenig wie möglich Gas aus den Teigporen gedrückt wird. Den Teig mit der Teigkarte halbieren.

(SCHRITTE 1/2/3)

Je einen Teigling mit beiden Händen behutsam an den Enden umfassen und in eine mit Roggenvollkornmehl gefüllte Schüssel (oder einen großen tiefen Teller) legen. Nun beide Hände gegenläufig verdrehen, als würde ein Lappen ausgewrungen werden. Achtgeben, dass nicht zu viel Mehl in den Teigling eingedreht wird. Passiert es dennoch, den Teigling leicht schütteln oder abklopfen. Die beiden rundum bemehlten und verdrehten Teiglinge auf Backpapier setzen.

Im kräftig vorgeheizten Backofen 40 Minuten bei 250 °C mit Schwaden backen. Nach 10 Minuten die Ofentür weit öffnen, um den Schwaden abzulassen. Die Temperatur auf 180 °C senken. Für eine rösche Kruste während der letzten 5 Backminuten die Ofentür einen Spalt breit geöffnet lassen.

Die Zwirbelbrote unbedeckt auf einem Gitterrost abkühlen lassen.

SCHRITT 1
Den weichen Teig in eine mit Roggenvollkornmehl gefüllte Schüssel geben.

SCHRITT 2
Den Teig an beiden Enden fassen und gegenläufig verdrehen.

SCHRITT 3
Den fertig verdrehten Teigling auf Backpapier setzen.

Vollkorntoastbrot

Der für reine Weizenvollkornbrote typische herbe Geschmack wird durch das Toasten nussig-aromatischer – daher ist dieses Brot für Menschen einen Versuch wert, die bisher ihre Vorliebe für das volle Korn noch nicht entdeckt haben.

WEIZENVOLLKORNBROT MIT JOGHURT

Toastbrote sind in aller Regel feinporig, locker-fluffig und haben die passende Form für den Toaster. All dies ist auch mit Vollkornmehl möglich. Das Brot ist daher für ernährungsbewusste Menschen ideal, die gleichzeitig nicht auf Liebgewonnenes verzichten möchten.

Für eine besonders fluffige Krume kommen Joghurt und ein Mehlkochstück zum Einsatz. Dieses bindet durch Verkleisterung der Mehlstärke bereits vor dem Backen zusätzliches Wasser und erhöht so den nominalen Wasseranteil im Teig, ohne die Konsistenz zu beeinträchtigen.

Geschmacklich profitiert das Toastbrot von einem Weizensauerteig und einem Poolish-Vorteig, die für mehr Aroma sorgen.

VORSTUFEN: Vorteigzutaten mischen, 22 Stunden bei Raumtemperatur (20–22 °C) reifen lassen; Sauerteigzutaten mischen, 20 Stunden bei Raumtemperatur (20–22 °C) reifen lassen; Mehl und Wasser bis zum Eindicken unter Rühren erhitzen, Mehlkochstück mind. 3 Stunden kühl lagern

AUTOLYSE: Mehl, Sauerteig, Vorteig, Mehlkochstück und Joghurt 2 Minuten langsam mischen, 30 Minuten ruhen lassen

KNETEN: 5 Minuten langsam, 8 Minuten schnell (feucht, elastisch, straff)

STOCKGARE: 1 ½ Stunden, 24 °C

AUFARBEITEN: ausstoßen, Teig halbieren, 2 Stränge formen, miteinander verdrehen

STÜCKGARE: 2 ½ Stunden, 24 °C, in Kastenform, vor dem Backen mit heißem Wasser abstreichen

BACKEN: 45 Minuten, 200 °C, mit Schwaden, danach mit heißem Wasser abstreichen

ZEITEN

Vorbereitung effektiv:	ca. 30 Minuten
Vorbereitung absolut:	ca. 22 Stunden
Zubereitung am Backtag effektiv:	ca. 40 Minuten
Zubereitung am Backtag absolut:	ca. 6 Stunden

INFOS

Teiggesamtgewicht:	ca. 1210 g
Teigeinlage:	ca. 1210 g
Teigausbeute (theoret.):	183

WEIZENSAUERTEIG

120 g Weizenvollkornmehl	19 %	100 %
120 g Wasser	19 %	100 %
12 g Anstellgut vom Weizensauer	1,9 %	10 %

VORTEIG (POOLISH)

120 g Weizenvollkornmehl	19 %	100 %
120 g Wasser	19 %	100 %
0,1 g Frischhefe	0,02 %	0,08 %

MEHLKOCHSTÜCK

20 g Weizenvollkornmehl	3 %
95 g Wasser	15 %

AUTOLYSE-TEIG

Weizensauerteig	
Vorteig	
Mehlkochstück	
370 g Weizenvollkornmehl	59 %
175 g Joghurt (pur)	28 %

HAUPTTEIG

Autolyse-Teig	3 %
12 g Pflanzenöl	1,9 %
35 g Honig	5,5 %
11 g Salz	1,7 %

Die Sauerteig- und die Vorteigzutaten jeweils mit einem Löffel vermengen und 20 beziehungsweise 22 Stunden bei Raumtemperatur (20–22 °C) reifen lassen. Beide Teige sollten nach der Reife aromatisch riechen und von einem Netzwerk aus Blasen durchzogen sein. Das Volumen hat sich deutlich vergrößert.

Für das Mehlkochstück Mehl und Wasser mit einem Schneebesen verrühren. Unter ständigem Rühren in einem Topf langsam erhitzen bis die Masse dickflüssiger wird. 2 Minuten bei gleichbleibender Hitze Rühren. Die Masse sollte sich stellenweise vom Topfboden lösen und eine zähflüssige bis breiartige Konsistenz und milchig-rötlich-beige bis glasige Farbe haben. Das Mehlkochstück abgedeckt mindestens 3 Stunden kühl aufbewahren.

Für den Autolyse-Teig Weizenvollkornmehl, Sauerteig, Vorteig, Mehlkochstück und Joghurt 2 Minuten auf niedrigster Stufe mit der Knetmaschine vermischen. Anschließend abgedeckt in einer Schüssel 30 Minuten ruhen lassen. In dieser Zeit kann sich das Klebergerüst entwickeln, ohne dass der Teig durch das Kneten beansprucht würde.

Für den Hauptteig die übrigen Zutaten zur Autolyse-Masse geben. 5 Minuten auf niedrigster Stufe mischen und weitere 8 Minuten auf zweiter Stufe zu einem feuchten, elastisch-straffen Teig kneten, der sich vom Schüsselrand und teils vom Boden lösen sollte.

Den Teig in eine große Schüssel geben und luftdicht abgedeckt bei 24 °C 1 ½ Stunden zur Gare stellen.

Den Teig mit einer Teigkarte auf die bemehlte Arbeitsfläche geben und kurz durchkneten (ausstoßen). Den Teig halbieren und mit den Händen zu zwei Strängen ausrollen, die etwa die anderthalbfache Länge der Kastenform haben. Beide Stränge miteinander verdrehen und in die mit Backpapier ausgelegte oder gefettete Kastenform (ca. 22 x 10 x 9 cm) setzen. Die Kastenform abdecken.

MEIN TIPP
Das Brot können Sie auch freigeschoben backen. Dafür den Teig rundwirken und im bemehlten Gärkorb mit Schluss nach oben 2 Stunden zur Gare stellen. Den Teigling auf Backpapier oder einen mit Grieß bestreuten Brotschieber stürzen (Schluss nach unten). Vor dem Backen die Teighaut mit einem scharfen Messer mehrmals ca. 1 cm tief einschneiden.

Den Teig ca. 2 ½ Stunden bei 24 °C gehen lassen. Das Teigvolumen sollte sich am Ende der Zeit verdoppelt haben.

Den Teig mit heißem Wasser abstreichen und im kräftig vorgeheizten Backofen 45 Minuten bei 200 °C mit Schwaden backen. Nach 10 Minuten die Ofentür weit öffnen, um den Schwaden abzulassen. Für eine von allen Seiten rösche Kruste während der letzten 15 Backminuten das Brot ohne Kastenform weiterbacken. Während der letzten 5 Minuten die Ofentür einen Spalt breit geöffnet lassen.

Das Vollkorntoastbrot mit heißem Wasser abstreichen und unbedeckt auf einem Gitterrost abkühlen lassen.

Mediterranes Brot

Ein hocharomatisches Brot mit saftiger, elastischer Krume
und kräftiger Kruste für sommerliche Grillabende
oder als Beilage zu leichten Gerichten.

WEIZENMISCHBROT MIT VOLLKORNANTEIL UND OLIVENÖL

Obwohl Deutschland als Land der Brotvielfalt gilt, haben auch mediterran geprägte Länder wie Frankreich oder Italien eine abwechslungsreiche Brotlandschaft. Dort werden zwar überwiegend helle Brote aus Weizen gebacken, aber der Formenreichtum und die verschiedenen Herstellungsmethoden suchen ihres Gleichen.

Das Mediterrane Brot ist ein solches Weizenbrot mit großer Porung und kräftiger Kruste. Die Röststoffe der Kruste durchziehen nach dem Backen die gesamte Krume und verhelfen ihr zu einem unvergleichlichen Aroma. Vorteig und Sauerteig bringen eine fruchtig-milde Note in das Brot. Der kleine Vollkornanteil verschafft der Krume Biss und unterstützt den rustikalen Charakter.

Der Teig ist sehr weich und bedarf daher beim Nachbacken Erfahrung – oder Mut. Im Ofen wird der Laib zunächst in die Breite laufen und sich erst später zur gewünschten Form entwickeln.

VORSTUFE: Sauerteig- beziehungsweise Vorteigzutaten mischen, 20 Stunden bei Raumtemperatur (20–22 °C) reifen lassen

KNETEN: 10 Minuten langsam (ohne Öl und Salz), 15 Minuten schnell (mit Öl und Salz), 5 Minuten sehr schnell (feucht, weich, schwach klebend, elastisch)

STOCKGARE: 3 Stunden, 24 °C, nach 1 ½ und 2 ½ Stunden falten

AUFARBEITEN: vorsichtig rund schieben

STÜCKGARE: 50 Minuten, 24 °C, im Gärkorb (Schluss nach oben)

SCHNITT: 3 Querschnitte, ca. 1 cm tief

BACKEN: 50 Minuten, 250 °C fallend auf 230 °C, mit Schwaden (Schluss nach unten)

ZEITEN

Vorbereitung effektiv:	ca. 20 Minuten
Vorbereitung absolut:	ca. 20 Stunden
Zubereitung am Backtag effektiv:	ca. 50 Minuten
Zubereitung am Backtag absolut:	ca. 5 ½ Stunden

INFOS

Teiggesamtgewicht:	ca. 815 g
Teigeinlage:	ca. 815 g
Teigausbeute:	182

WEIZENSAUERTEIG

30 g Weizenvollkornmehl	7 %	100 %
30 g Wasser	7 %	100 %
3 g Anstellgut vom Weizensauer	0,7 %	10 %

VORTEIG (POOLISH)

100 g Weizenmehl 1 050	23 %	100 %
100 g Wasser	23 %	100 %
0,1 g Frischhefe	0,02 %	0,1 %

HAUPTTEIG

Weizensauerteig	
Vorteig	
80 g Weizenmehl 1 050	18 %
165 g Weizenmehl 550	37 %
65 g Roggenmehl 1 150	15 %
220 g Wasser	50 %
5 g Frischhefe	1,1 %
8 g Salz	1,8 %
10 g Olivenöl	2,3 %

Jeweils die Sauerteig- und die Vorteigzutaten mit einem Löffel vermengen und 20 Stunden bei Raumtemperatur (20–22 °C) reifen lassen.

Für den Hauptteig den Sauerteig und den Vorteig mit den übrigen Zutaten – außer Salz und Olivenöl – 10 Minuten auf niedrigster Stufe verkneten. Weitere 15 Minuten auf zweiter Stufe kneten und dabei zunächst das Olivenöl tropfenweise einarbeiten, anschließend das Salz zufügen. Den Teig nochmals 5 Minuten auf dritter Stufe kneten bis er sich vom Boden zu lösen beginnt. Der Teig ist sehr weich, besitzt aber eine elastisch-straffe Konsistenz und hat eine glatte Oberfläche.

Den Teig in eine Schüssel geben und luftdicht abgedeckt bei 24 °C 3 Stunden zur Gare stellen. Nach 1 ½ Stunden und 2 ½ Stunden den Teig mit der Teigkarte in der Schüssel mehrmals vom Rand zur Mitte hin falten.

Nun den Teig mit der Teigkarte vorsichtig auf die mäßig bemehlte Arbeitsfläche geben. Mit bemehlten Händen den Teigling in eine runde Form schieben. Dabei unbedingt darauf achten, dass so wenig wie möglich Gärgas ausgedrückt wird. Durch das Schieben wird die Teiglingshaut gestrafft. Der Laib behält so seine Form und fließt nicht auseinander. Dies gelingt jedoch nur, wenn der Teig auf der Arbeitsfläche etwas Haftung hat. Deshalb sollte nicht zu stark bemehlt werden. Fehlt Mehl, d. h. der Teig klebt an und löst sich beim Schieben nicht, dann sollte er mit dem Teigschaber gelöst und mit etwas Mehl unterstreut werden.

Den Laib mit bemehlten Händen (Handrücken zeigen nach unten) oder mit zwei breiten Teigkarten von beiden Seiten her unterfahren und zügig in den gut bemehlten Gärkorb stürzen. Die unterfahrene Seite (der Schluss) zeigt nun nach oben.

Den Teig ca. 50 Minuten bei 24 °C gehen lassen. Das Teigvolumen sollte sich am Ende der Zeit mindestens um ein Drittel vergrößert haben.

Den Laib auf Backpapier oder einen mit Grieß bestreuten Brotschieber stürzen (Schluss nach unten). Sogleich mit einem scharfen Messer und gerader Klinge drei ca. 1 cm tiefe parallele Schnitte auf dem Teigling setzen. Wichtig ist, dass die Schnitte schnell und präzise ausgeführt werden, damit der Laib nicht unnötig in die Breite läuft.

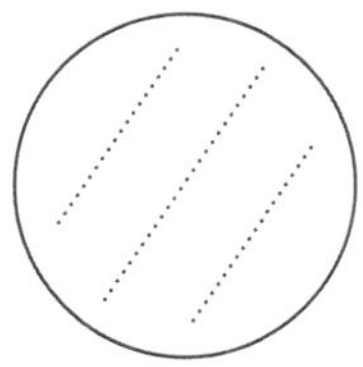

(SIEHE GRAFIK RECHTS)

Den Laib zügig in den kräftig vorgeheizten Backofen schieben und 50 Minuten bei 250 °C mit Schwaden backen. Der Laib wird zunächst etwas flach laufen und später nach oben gehen. Nach 10 Minuten die Ofentür weit öffnen, um den Schwaden abzulassen. Die Temperatur auf 230 °C senken. Für eine rösche Kruste während der letzten 5 Minuten die Ofentür einen Spalt breit geöffnet lassen.

Das Brot unbedeckt auf einem Gitterrost abkühlen lassen.

Französisches Baguette

Das Baguette verführt durch seinen großen Ausbund, die kräftige Kruste und den hocharomatischen, mildsäuerlich-fruchtigen Geschmack der Krume. Mit etwas Butter bestrichen oder zu einem guten Weichkäse ist es ein unvergleichlicher Genuss.

WEIZENBROT

Der Baguette-Teig besteht lediglich aus Mehl, Wasser, Salz und Hefe. Durch den Vorteig und die etwa zwei Tage andauernde Reifung des Teiges entstehen vielfältige Geschmackstoffe. Das Brot zeichnet sich durch seine grobe Porung und eine elastische, saftige Krume aus. Die Kruste hat einen hohen Anteil am Baguette, und ihre Röststoffe durchziehen nach dem Backen die gesamte Krume. Typisch ist der große Ausbund an den Schrägschnitten im Teigling.

Der Teig lässt sich nach ausreichender Entwicklung des Klebergerüstes trotz des hohen Wasseranteils von 67 % gut bearbeiten. Das gleichmäßige Einschneiden der Teiglinge erfordert Übung.

VORSTUFE: Vorteigzutaten mischen, 22 Stunden Gare bei Raumtemperatur (ca. 18–22 °C)

AUTOLYSE: Vorteig, Mehl und Wasser 5 Minuten langsam kneten, 30 Minuten ruhen lassen

KNETEN: 5 Minuten schnell (mit Hefe, ohne Salz), 5 Minuten schnell (mit Salz) (leicht klebend, homogen, mittelfest)

STOCKGARE: 1 Stunde, 24 °C (nach 30 Minuten und 1 Stunde falten), weitere 40–42 Stunden, 4–6 °C (nach 24 Stunden falten), 1 Stunde, 24 °C

BEARBEITUNG: 4 Teiglinge abstechen, zu Zylindern vorformen, 15 Minuten ruhen lassen, zu Baguettes formen

STÜCKGARE: 30 Minuten, 24 °C

SCHNITT: 3 flache Schnitte im spitzen Winkel zur Längsachse des Teiglings

BACKEN: 20–25 Minuten bei 250 °C fallend auf 230 °C mit Dampf

ZEITEN

Vorbereitung effektiv:	ca. 30 Minuten
Vorbereitungszeit absolut:	ca. 62 Stunden
Zubereitung am Backtag effektiv:	ca. 30 Minuten
Zubereitung am Backtag absolut:	ca. 2 Stunden

INFOS

Teiggesamtgewicht:	ca. 720 g
Teigeinlage:	ca. 180 g
Teigausbeute:	167

VORTEIG (POOLISH)

135 g Weizenmehl 550	32 %	100 %
135 g Wasser	32 %	100 %
0,1 g Frischhefe	0,02 %	0,07 %

AUTOLYSE-TEIG

Vorteig	
290 g Weizenmehl 550	68 %
150 g Wasser	35 %

HAUPTTEIG

Autolyse-Teig	
3 g Frischhefe	0,7 %
9 g Salz	2,1 %

SCHRITT 1
Zum Zylinderformen die hintere, vom Körper weg zeigende Teigkante mit den Fingern beider Hände fassen und straff zum Körper hin umschlagen. Die Teigkante auf dem unten liegenden Teig festdrücken.

SCHRITT 2
Die neu entstandene hintere Teigkante wieder zum Körper hin umschlagen und festdrücken. Diesen Vorgang so lange wiederholen, bis der gesamte Teig eingerollt ist.

SCHRITT 3
Zum Baguetteformen den Daumen der linken Hand in die Mitte des rechten Teigendes setzen und mit dem Zeigefinger den Teig darüber stülpen.

SCHRITT 4
Mit dem Handballen der rechten Hand den übergestülpten Teigrand etwas nach innen versetzt auf dem unten

Die Vorteigzutaten mit einem Löffel gut vermengen und bei 18–22 °C ca. 22 Stunden reifen lassen. Das Volumen sollte sich in dieser Zeit mindestens verdoppeln. Der Teig schlägt im reifen Zustand Blasen und wölbt sich etwas nach oben.

Für den Autolyse-Teig den Vorteig mit dem gesamten Mehl und dem Wasser 5 Minuten auf niedrigster Stufe zu einem mittelfesten Teig verkneten.

30 Minuten abgedeckt ruhen lassen. In dieser Zeit beginnt sich das Klebergerüst zu entwickeln (Autolyse).

Für den Hauptteig die Hefe zugeben und 5 Minuten auf zweiter Stufe kneten. Anschließend das Salz weitere 5 Minuten auf zweiter Stufe einarbeiten. Der Teig sollte eine mittelfeste, gleichmäßige und schwach klebrige Konsistenz haben.

Den Teig 1 Stunde bei ca. 24 °C angaren lassen und ihn dabei nach 30 Minuten und 1 Stunde mit dem Teigschaber mehrmals vom Rand der Teigschüssel zur Mitte hin falten.

Den Teig luftdicht abgedeckt weitere 40–42 Stunden bei 4–6 °C zur Gare stellen (zum Beispiel im untersten Fach des Kühlschranks). Nach 24 Stunden erneut mit dem Teigschaber den Teig mehrfach vom Rand zur Mitte der Schüssel falten und ihn dadurch entgasen. Der Teig sollte nun eine feste, straffe Konsistenz haben.

Am Backtag den Teig bei ca. 24 °C 1 Stunde lang Temperatur annehmen lassen (Akklimatisierung).

Den Teig mit der Teigkarte vorsichtig aus der Schüssel auf die leicht bemehlte Arbeitsfläche geben, dabei möglichst wenig Gärgas ausdrücken.

Mit der Teigkarte 4 Teiglinge abstechen und mit ihrer jeweils kürzeren Seite zum Körper hin legen.

(SCHRITTE 1/2)

Nun jeweils unter einen Teigling am hinteren Ende (kurze Seite) mit den Fingern fassen, dieses zum Körper hin zusammenrollen und am unten liegenden Teig festdrücken. Darauf achten, dass nur der Rand, nicht aber der gesamte überrollte Teig festgedrückt wird. Es sollte so wenig wie möglich Gärgas aus dem Teig entweichen. Den Vorgang solange wiederholen, bis der gesamte Teigling zu einem Zylinder aufgerollt auf der Arbeitsplatte liegt. In der Regel sind 2–3 Rollvorgänge ausreichend.

Die Teigzylinder mit Schluss nach oben auf bemehltes Bäckerleinen setzen und abgedeckt 15 Minuten ruhen lassen.

(SCHRITTE 3/4/5)

Die Teiglinge vom Bäckerleinen mit Schluss nach oben auf die leicht bemehlte Arbeitsfläche setzen und mit ihrer Längsachse parallel zum Körper ausrichten. Die Teiglinge etwas flach drücken. Nun den Daumen der linken

Hand der Länge nach mittig auf das rechte Ende eines Teiglings legen. Mit dem Zeigefinger derselben Hand den vom Körper weg zeigenden Teiglappen über den Daumen klappen und mit dem Handballen der rechten Hand kurz vor der Unterkante des zum Körper zeigenden Teiglappens festdrücken. Darauf achten, dass beim Festdrücken nur der Saum und nicht der gesamte Teigling unter Druck gerät. Den Daumen nun Stück für Stück nach links bewegen und stets den oberen Teiglappen über den Daumen nach unten klappen und festdrücken. Ist dies geschehen, den Teigling um 180° auf der Arbeitsplatte drehen (Saum zeigt nun vom Körper weg) und die gleiche Prozedur wiederholen. Die Teiglingshaut sollte stets straffer und der Teigling selbst länger werden. Zum Schluss den Teigling in gleicher Lage nochmals wie zuvor von rechts nach links bearbeiten. Dieses Mal den oberen Teiglappen bündig mit der Längskante des unteren Teiglappens festdrücken, um einen gleichmäßigen Schluss zu erhalten.

(SCHRITT 6)

Beide Hände flach über den so geformten Teigling legen. Der Handballen und die Fingerspitzen sollten die Arbeitsplatte berühren. Durch vom Körper hin- und wegführende Rollbewegungen mit Druck zur Seite zu einem ca. 30–35 cm langen Baguette mit spitz zulaufenden Enden formen.

Die Baguettes mit Schluss nach oben in Bäckerleinen 30–35 Minuten bei ca. 24 °C zur Gare stellen. Dazu die Teiglinge dicht aneinander legen und dazwischen das Bäckerleinen als Trennwand auffalten. Die Leinenränder zum Abdecken so eng über alle Teiglinge schlagen, dass auch die äußeren Teiglinge vom Leinen gestützt werden.

(SCHRITT 7)

Die Teiglinge mit einer Kippdiele (flaches, längliches Brett) vom Bäckerleinen mit Schluss nach unten auf Backpapier oder einen mit Grieß bestreuten Backschieber setzen. Mit der Hand überschüssiges Mehl auf der Oberfläche abstreichen. Mit gekrümmter Klinge (z. B. Rasierklinge) je drei flache Schnitte im spitzen Winkel zur Längsachse der Teiglinge setzen. Die Schnitte sollten jeweils auf etwa einem Drittel ihrer Länge nebeneinander verlaufen.

(SIEHE GRAFIK UNTEN)

Im kräftig vorgeheizten Backofen bei 250 °C 20–25 Minuten mit Schwaden backen. Nach 10 Minuten die Ofentür weit öffnen, um den Schwaden abzulassen. Die Temperatur auf 230 °C senken. Während der letzten 5 Minuten Backzeit die Ofentür ein weiteres Mal, jedoch nur einen Spalt breit öffnen, um eine rösche Kruste zu erhalten.

Die Baguettes unbedeckt auf einem Gitterrost vollständig abkühlen lassen.

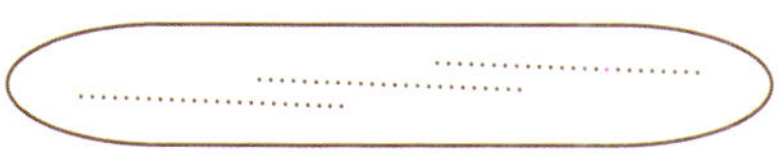

liegenden Teig festdrücken. Die Schritte 3 und 4 so lange wiederholen, bis der gesamte Teig einmal umgestülpt ist. Den Teig um 180° drehen und die Schritte 3 und 4 erneut von rechts nach links ausführen.

SCHRITT 5
Die Schritte 3 und 4 ein drittes Mal von rechts nach links abarbeiten. Den übergestülpten Teig nun jedoch bündig mit dem unteren Teigrand festdrücken.

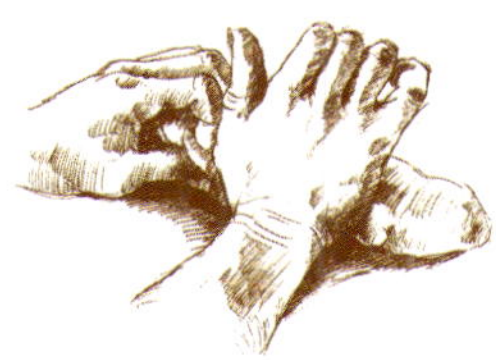

SCHRITT 6
Den länglichen und straffen Teig mit beiden Händen lang ausrollen.

SCHRITT 7
Die Teiglinge mit gebogener Klinge im spitzen Winkel zur Längsachse flach einschneiden.

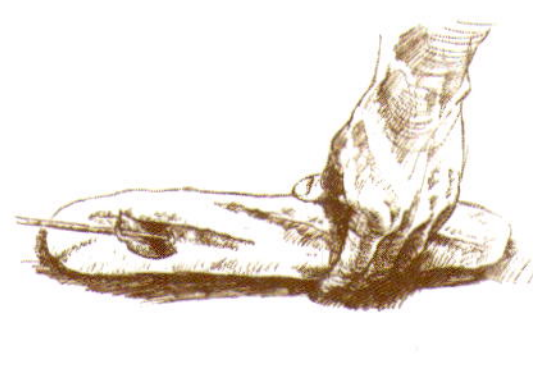

Stangenbrot

Das Stangenbrot zeichnet sich durch sein an französische Mini-Baguettes erinnerndes rustikales Äußeres und seine aromatische, kleinporige Krume aus.

WEIZENMISCHBROT MIT GETROCKNETEM BROT

In diesem Rezept wird „altes Brot" verarbeitet, das allzu oft in der Biotonne oder auf dem Kompost landet. Dabei kann Brot, das zum Essen zu altbacken oder zu hart geworden ist, beim Backen eine sehr sinnvolle Verwendung finden: Es wird gemahlen und als Mehlersatz in den Vorteig eingearbeitet. Dort quillt es einerseits auf und speichert dadurch Wasser, andererseits überträgt es seine Röst- und Teigaromen auf das neue Brot. Ein nützlicher Nebeneffekt ist die längere Frischhaltung. Seinen aromatischen, mild-säuerlichen Geschmack erhält das Brot durch die Kombination von Vorteig und Sauerteig. Der im Vergleich zum Gesamtvolumen hohe Krustenanteil mit Röststoffen ist ein weiterer Grund für das einzigartige Aroma.

VORSTUFE: Getrocknetes Brot aufmahlen; Vorteigzutaten mischen, 72 Stunden (3 Tage) Gare bei 6–8 °C im Kühlschrank; Sauerteigzutaten mischen, 20 Stunden Gare bei Raumtemperatur (ca. 20–22 °C)

KNETEN: 5 Minuten langsam, 5 Minuten schnell (nicht klebend, straff, elastisch)

STOCKGARE: 1½ Stunden, 24 °C, alle 30 Minuten falten (insgesamt dreimal)

AUFARBEITEN: 5 Teiglinge abstechen, zu spitz zulaufenden Stangen formen

STÜCKGARE: 30 Minuten, 24 °C, in Bäckerleinen (Schluss nach oben)

SCHNITT: 3 Schnitte mit flacher Klinge im spitzen Winkel zur Längsachse

BACKEN: 20 Minuten, 250 °C fallend auf 230 °C, mit Schwaden (Schluss nach unten)

ZEITEN

Vorbereitung effektiv:	ca. 20 Minuten
Vorbereitung absolut:	ca. 3 Tage
Zubereitung am Backtag effektiv:	ca. 30 Minuten
Zubereitung am Backtag absolut:	ca. 3 Stunden

INFOS

Teiggesamtgewicht:	ca. 650 g
Teigeinlage:	ca. 130 g
Teigausbeute:	163

VORTEIG

40 g getrocknetes Brot	10 %	50 %
40 g Weizenmehl 550	10 %	50 %
80 g Wasser	20 %	100 %
0,6 g Frischhefe	0,2 %	0,08 %

ROGGENSAUERTEIG

40 g Roggenmehl 1 150	10 %
40 g Wasser	10 %
4 g Anstellgut vom Roggensauer	1 %

HAUPTTEIG

Vorteig	
Roggensauerteig	
210 g Weizenmehl 550	55 %
60 g Roggenmehl 1 150	15 %
125 g Wasser	32 %
5 g Frischhefe	1,3 %
7 g Salz	1,8 %

Roggenmehl 1 150 zum Bestäuben

Das getrocknete Brot mit einem Mörser oder einem Küchenmixer zermahlen. Mit den übrigen Vorteigzutaten homogen vermengen und luftdicht abgedeckt bei 6–8 °C 72 Stunden (3 Tage) lang im Kühlschrank (untere Fächer) lagern. Der Vorteig sollte bei voller Reife deutlich Blasen schlagen und fruchtig-aromatisch riechen.

Die Sauerteigzutaten mischen und 18–20 Stunden bei Zimmertemperatur (20–22 °C) reifen lassen. Auch der Sauerteig zeigt im aktivsten Zustand Blasen und hat sein Volumen um mindestens das Doppelte vergrößert.

Sämtliche Zutaten 5 Minuten auf niedrigster Stufe vermengen und weitere 5 Minuten auf zweiter Stufe zu einem nicht klebenden, sich vollständig vom Schüsselboden lösenden, straffen Teig kneten.

Den Teig 30 Minuten abgedeckt bei ca. 24 °C gehen lassen und anschließend einmal auf der leicht bemehlten Arbeitsfläche falten. Erneut 30 Minuten zur Gare stellen und falten. Den Teig ein drittes Mal 30 Minuten gehen lassen, am Schluss jedoch nicht mehr falten, um das entstandene Gas im Teig zu halten.

(SCHRITTE 1/2)

Mit der Teigkarte 5 Teiglinge abstechen und auswiegen. Die Teiglinge vorsichtig von oben her zum Körper hin mit den Fingerspitzen beider Hände zusammenrollen. Dabei darauf achten, so wenig wie möglich Gas aus dem Teig zu drücken. Die Teiglinge anschließend 10 Minuten abgedeckt in mit Roggenmehl bestäubtem Bäckerleinen entspannen lassen.

Die Teiglinge mit beiden Händen zu ca. 30 cm langen und beidseitig sehr spitz zulaufenden, dünnen Stangen rollen. Die Stangen mit Schluss nach oben in kräftig mit Roggenmehl bestäubtes Bäckerleinen setzen und 30 Minuten bei ca. 24 °C gehen lassen.

Die Teiglinge mit einer Kippdiele mit Schluss nach unten auf Backpapier setzen. Mit einem scharfen Messer oder einer Rasierklinge drei im spitzen Winkel zur Längsachse des Teiglings verlaufende flache, parallele Schnitte setzen, die zu je einem Drittel nebeneinander verlaufen.

(SIEHE GRAFIK UNTEN)

Im kräftig vorgeheizten Backofen bei 250 °C mit Schwaden 20 Minuten lang backen. Nach 10 Minuten die Ofentür weit öffnen, um den Schwaden abzulassen. Die Stangen sollten nun bereits rustikal aufgerissen sein. Die Temperatur auf 230 °C senken. Während der letzten 5 Minuten Backzeit die Ofentür einen Spalt breit öffnen, um eine rösche Kruste zu erhalten.

Das Stangenbrot auf einem Gitterrost ohne Abdeckung vollständig abkühlen lassen.

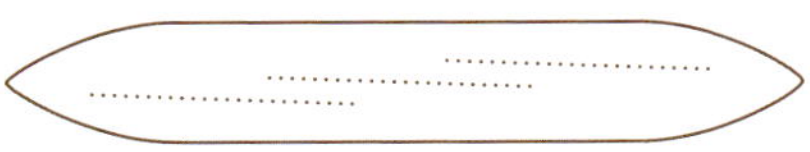

SCHRITT 1
Zum Zylinderformen die hintere, vom Körper weg zeigende Teigkante mit den Fingern beider Hände fassen und straff zum Körper hin umschlagen. Die Teigkante auf dem unterlagernden Teig festdrücken.

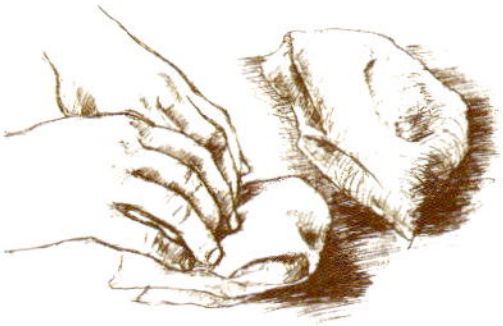

SCHRITT 2
Die neu entstandene hintere Teigkante wieder zum Körper hin umschlagen und festdrücken. Diesen Vorgang solange wiederholen, bis der gesamte Teig eingerollt ist.

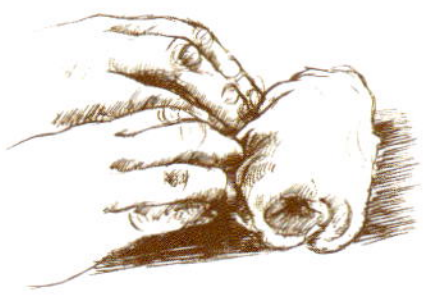

MEIN TIPP
Als Alternative können Sie die Teiglinge auch mit einem einzigen flachen oder einem einzigen geraden, aber dafür tieferen Schnitt entlang der Längsachse bearbeiten. Das führt im Ofen zu einem ebenso rustikalen Aufreißen und ist in Kombination mit dem Dreierschnitt eine optisch reizvolle Abwechslung im Brotkorb.

Roggenbrötchen

Der schwach säuerliche, nussig-herbe Charakter dieser Brötchen passt ausgezeichnet zu deftigen Wurst- und Käsesorten, aber auch zu süßen Aufstrichen.

ROGGENMISCHBRÖTCHEN MIT SCHROTANTEIL

Besonders dekorativ sind diese Brötchen durch ihre dreieckige Form, daher bieten sie sich für Feste aller Art, für Grillabende oder als Geschenk für Bekannte und Freunde an.

Sauerteig und Schrot sind ihre wesentlichen geschmacksgebenden Komponenten. Der geringe Weizenanteil im Teig wird vor dem Kneten einer Autolyse unterzogen, bei der sich bereits ein Teil des Klebergerüstes ausbilden kann. Da Teige mit Roggenmehldominanz weniger intensiv geknetet werden, würde das Klebergerüst nicht ausreichend Struktur in den Teig bringen. Die Autolyse ist eine Möglichkeit, diesen Vorgang separat zu vollziehen.

VORSTUFEN: Sauerteigzutaten mischen, 20 Stunden Gare bei Raumtemperatur (ca. 20–22 °C); Quellstückzutaten mischen, mind. 8 Stunden quellen lassen bei 6–10 °C

AUTOLYSE: Weizenmehl und 65 g Wasser mischen, 30 Minuten ruhen lassen

KNETEN: 10 Minuten langsam, 2 Minuten schnell (mittelfest bis weich, feucht, klebend)

STOCKGARE: 1 ½ Stunden, 24 °C, nach 1 Stunde kurz kneten/rühren

AUFARBEITEN I: Rechteck ziehen (ca. 25 x 15 cm), 8 Dreiecke abstechen

STÜCKGARE: 1 Stunde, 24 °C, in bemehltem Bäckerleinen

AUFARBEITEN II: paarweise mit einer Dreieckskante aneinanderlegen, mit Teigkarte mittig eindrücken

BACKEN: 25 Minuten, 230 °C, mit Schwaden

ROGGENSAUERTEIG

150 g Roggenmehl 1 150	33 %	100 %
120 g Wasser	27 %	80 %
15 g Anstellgut vom Roggensauer	3,3 %	10 %

QUELLSTÜCK

75 g Roggenschrot (mittel)	17 %	100 %
75 g Wasser	17 %	100 %
9 g Salz	2 %	0,13 %

AUTOLYSE-TEIG

100 g Weizenmehl 550	22 %
65 g Wasser	18 %

HAUPTTEIG

Roggensauerteig	
Quellstück	
Autolyse-Teig	
125 g Roggenmehl 1 150	28 %
50 g Wasser	8 %
4 g Frischhefe	0,9 %
4 g Butter	0,9 %
(10 g flüssiges Gerstenmalz)	(2,2 %)

ZEITEN

Vorbereitung effektiv:	ca. 20 Minuten
Vorbereitung absolut:	ca. 20 Stunden
Zubereitung am Backtag effektiv:	ca. 40 Minuten
Zubereitung am Backtag absolut:	ca. 4 Stunden

INFOS

Teiggesamtgewicht:	ca. 800 g
Teigeinlage:	ca. 100 g
Teigausbeute:	169

Die Sauerteigzutaten mit einem Löffel mischen und ca. 20 Stunden bei Zimmertemperatur (20–22 °C) reifen lassen. Der Sauerteig ist im reifen Zustand gut gelockert und hat sein Volumen deutlich vergrößert.

Die Quellstückzutaten mischen und mindestens 8 Stunden bei 6–10 °C quellen lassen.

Für den Autolyse-Teig das Weizenmehl mit 65 g Wasser verrühren und 30 Minuten abgedeckt ruhen lassen. In dieser Zeit beginnt sich das Klebergerüst zu bilden.

Für den Hauptteig den Sauerteig, das Quellstück und den Autolyse-Teig mit den übrigen Zutaten in eine Schüssel geben und zunächst 10 Minuten auf niedrigster Stufe kneten. Dann weitere 2 Minuten auf zweiter Stufe zu einem klebenden, feuchten und mittelfesten bis weichen Teig verarbeiten, der sich nicht von der Schüssel löst.

Den Teig 1 ½ Stunden abgedeckt in einer Schüssel bei ca. 24 °C gehen lassen. Nach 1 Stunde in der Schüssel mit einem stabilen Holzlöffel mehrmals umrühren oder in der Knetmaschine 1 Minute langsam kneten lassen.

Den Teig auf der gut bemehlten Arbeitsfläche zu einem ca. 2 cm dicken Rechteck von ca. 25 cm Länge und 15 cm Breite ziehen beziehungsweise drücken. Mit der Teigkarte das Rechteck der Länge nach halbieren und jede Hälfte in 4 möglichst gleichförmige und gleich große Dreiecke teilen. Die entstandenen Teiglinge mit der Oberseite nach unten in mit Roggenmehl bestreutem Bäckerleinen abgedeckt 1 Stunde bei ca. 24 °C gehen lassen.

Die Teiglinge mit beiden Händen vorsichtig umdrehen (bemehlte Seite zeigt nun nach oben) und paarweise auf Backpapier setzen. Die jeweiligen Kanten der beiden Dreiecke sollten sich berühren. Mit der Teigkarte senkrecht zu den sich berührenden Kanten mittig und tief eindrücken.

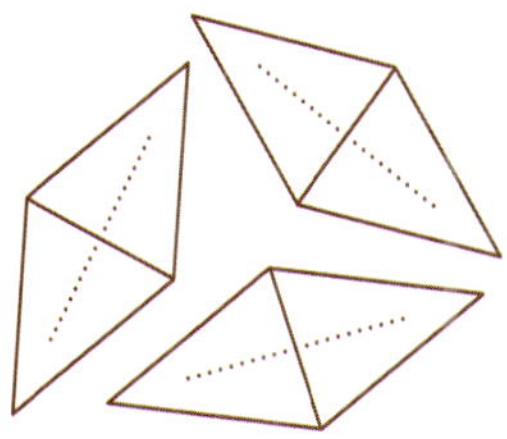

(SIEHE GRAFIK RECHTS)

Im kräftig vorgeheizten Backofen bei 230 °C mit Schwaden 25 Minuten backen. Nach 10 Minuten die Ofentür weit öffnen, um den Schwaden abzulassen. Während der letzten 5 Minuten Backzeit die Ofentür einen Spalt breit öffnen, um eine rösche Kruste zu erhalten.

Die Roggenbrötchen auf einem Gitterrost ohne Abdeckung vollständig abkühlen lassen (Foto der Krume siehe Seite 6).

Schwarzbrot

Das Schwarzbrot zeichnet sich nicht nur durch seine Kastenform und die namensgebende dunkle Krume aus: Es ist auch eine der nährstoffreichsten Brotsorten, da es zum größten Teil mit Roggenschrot gebacken wird.

ROGGENSCHROTBROT

Schwarzbrot enthält viele Ballaststoffe, die für eine gesunde Ernährung unerlässlich sind. Davon abgesehen hält es sich sehr lange frisch: Die Krume bleibt bis zu 1–2 Wochen saftig und aromatisch und gewinnt durch das Lagern. In den ersten Tagen nach dem Backen reift das Brot weiter und gibt sein volles Aroma erst nach und nach preis.

Wichtig für die Krumenbeschaffenheit und den Geschmack ist die lange Backzeit von 80 Minuten bei niedriger Temperatur.

In diesem Rezept kommt getrocknetes Brot zum Einsatz, das geröstet wurde. Es verhilft dem Schwarzbrot zu einem kräftigeren Aroma und trägt gleichzeitig zur Frischhaltung bei. Außerdem können Sie so altbackenes Brot sinnvoll verwerten, anstatt es in den Müll zu werfen.

VORSTUFEN:	Sauerteigzutaten 20 Minuten langsam rühren, 20 Stunden Gare bei Raumtemperatur (ca. 20–22 °C); Roggenschrot und Salz mit kochendem Wasser überbrühen, nach Auskühlung 8 Stunden bei 6–10 °C lagern; getrocknetes Brot mahlen und rösten
KNETEN I:	20 Minuten langsam (ohne Hefe)
ZWISCHENGARE:	30 Minuten, 26 °C
KNETEN II:	20 Minuten langsam (mit Hefe) (klebend, feucht, bindig)
AUFARBEITEN:	grob länglich wirken, in Haferflocken wälzen
STÜCKGARE:	60–70 Minuten, 26 °C, in Kastenform
BACKEN:	80 Minuten, 250 °C fallend auf 180 °C, mit Schwaden

ZEITEN

Vorbereitung effektiv:	ca. 30 Minuten
Vorbereitung absolut:	ca. 20 Stunden
Zubereitung am Backtag effektiv:	ca. 50 Minuten
Zubereitung am Backtag absolut:	ca. 4 Stunden

INFOS

Teiggesamtgewicht:	ca. 2020 g
Teigeinlage:	ca. 2020 g
Teigausbeute:	174

ROGGENSAUERTEIG

380 g Roggenschrot (mittel)	34 %	100 %
380 g Wasser	34 %	100 %
38 g Anstellgut	3,4 %	10 %

BRÜHSTÜCK

320 g Roggenschrot (mittel)	29 %
10 g Salz	0,9 %
320 g Wasser	29 %

HAUPTTEIG

40 g getrocknetes Brot	3,6 %
Roggensauerteig	
Brühstück	
270 g Roggenschrot (mittel, besser fein)	24 %
100 g Weizenschrot (mittel, besser fein)	9 %
120 g Wasser (warm, ca. 35 °C)	8 %
12 g Frischhefe	1,1 %
10 g Salz	0,9 %
20 g Rübensirup	1,8 %
kernige Haferflocken zum Wälzen	

Die Sauerteigzutaten mit dem Paddle (Flachschläger) der Knetmaschine oder einem stabilen Löffel ca. 20 Minuten auf niedrigster Stufe mischen, sodass eine gute Bindung entsteht. 20 Stunden bei Zimmertemperatur (20–22 °C) reifen lassen. Im reifen Zustand hat sich das Volumen vergrößert, wenngleich dies bei Schrotsauerteig nicht gut zu sehen ist.

Für das Brühstück Schrot und Salz mit kochendem Wasser verrühren, abkühlen lassen und 8 Stunden abgedeckt bei 6–10 °C im Kühlschrank ruhen lassen.

Für den Hauptteig das getrocknete Brot aufmahlen (Mühle, Mörser, Küchenmixer) und in einer Pfanne ohne Fett anrösten. Abkühlen lassen.

Sauerteig, Brühstück, gemahlenes Brot und alle übrigen Zutaten außer der Hefe 20 Minuten auf niedrigster Stufe mit dem Paddle der Knetmaschine oder mit einem stabilen Löffel kneten beziehungsweise rühren.

Den Teig 30 Minuten bei ca. 26 °C abgedeckt gehen lassen.

Die Hefe zugeben und erneut 20 Minuten auf niedrigster Stufe mit dem Paddle der Knetmaschine oder mit einem stabilen Löffel kneten beziehungsweise rühren. Ziel ist, das Schrot ausreichend zu verquellen.

Den Teig auf die mit Wasser benetzte Arbeitsfläche geben und mit nassen Händen zu einem länglichen Laib formen. Den Laib in Haferflocken wälzen und in eine mit Backpapier ausgekleidete Kastenform (ca. 22 x 10 x 9 cm) setzen. Den Teig in der Form andrücken.

60–70 Minuten bei ca. 26 °C luftdicht abgedeckt zur Gare stellen. Das Volumen muss sich nach dieser Zeit deutlich vergrößert haben. Der Teig sollte Vollgare erreichen.

Im kräftig vorgeheizten Backofen bei mindestens 250 °C mit Schwaden 20 Minuten hellbraun backen. Nach 10 Minuten die Ofentür weit öffnen, um den Schwaden abzulassen. Die Temperatur auf 180 °C senken und weitere 60 Minuten backen. Während der letzten 15 Minuten Backzeit das Brot ohne Kastenform backen.

Das Schwarzbrot auf einem Gitterrost ohne Abdeckung abkühlen lassen. In Stofftüchern eingepackt mindestens einen Tag, besser zwei Tage, bei Zimmertemperatur reifen lassen.

Alles
RUND UMS
Brotbacken

Was braucht gutes Brot?

Ein gutes Brot besteht ausschließlich aus natürlichen Zutaten, verströmt einen ausgeprägten Duft, verführt durch sein ansprechendes Aussehen und hat eine brottypische Beschaffenheit von Kruste und Krume.

Das Geheimnis eines guten Brotes ist neben den vier Zutaten Mehl, Wasser, Salz und Hefe (oder Sauerteig) vor allem die Zeit. Zeit ist der Schlüssel zum guten Geschmack. Je mehr Zeit Sie dem Teig geben, umso weniger Hefe müssen Sie verwenden, umso vielfältiger wird das Brotaroma.

Um ein gutes Brot zu backen, sollten Sie deshalb mit einer oder mehreren der folgenden Möglichkeiten arbeiten:

- → Vorteige
- → Sauerteige
- → geringe Hefemengen
- → lange Gehzeiten

Von Kruste und Krume

Die Kruste hält das Brot frisch, bewahrt das Aroma und schützt es vor Keimen. Ihre Röststoffe durchdringen nach dem Backen die Krume, also das Brotinnere. Sie ergänzen das reichhaltige Spektrum an Aromen. Ein gutes Brot sollte nach dem Backen immer etwas knistern. Dabei kühlt die heiße, knusprige (rösche) Kruste ab und zieht sich zusammen. Dadurch bilden sich feine Risse in der Kruste, die sich wie ein Netz über das ganze Brot ziehen (Fensterung). Sie sind ein wichtiges Qualitätsmerkmal.

Die Krume sollte elastisch sein, nach dem Eindrücken mit einem Finger also wieder in die Ausgangsposition zurückkehren. Ob sie mit gleichmäßiger oder ungleichmäßiger, feiner oder grober Porung ausgestattet sein sollte, ist abhängig von der Brotsorte und von Ihren eigenen Vorlieben.

Riechen Sie an Ihrem Brot, wenn Sie es angeschnitten haben. Duftet es angenehm, fruchtig bis würzig, mild oder leicht säuerlich und animiert es zum Hineinbeißen, dann haben Sie oder Ihr Bäcker alles richtig gemacht. Riecht es muffig, beißend, modrig, fahl oder intensiv nach Hefe, sollten Sie gekauftes Brot reklamieren oder bei selbstgebackenem Brot die Rezeptur prüfen.

Mit Rat und Tat

Brotbacken ist nicht einfach, aber auch nicht kompliziert. Wenn Sie gutes Brot backen möchten, sollten Sie die folgenden Ratschläge verinnerlichen:

Ein guter Plan ist alles

Die Teige haben lange und feste Gehzeiten. Sie müssen sich deshalb vorher überlegen, wann Sie das Brot spätestens benötigen, damit Sie es rechtzeitig und gelungen aus dem Ofen ziehen können.

Arbeiten Sie genau

Halten Sie Mengenangaben in Rezepten unbedingt ein. Da sich die Zutatenmengen immer auf die Mehlmenge beziehen, sollten Sie vor allem das Mehl exakt abwiegen. Auch die anderen Zutaten, etwa Hefe und Salz, haben eine ganz andere Wirkung im Teig, wenn Sie die Mengen in Nuancen verändern. Das genaue Abwiegen und Aufarbeiten des Teiges ist deshalb eine Grundvoraussetzung für ein gutes Brot.

Links: Schnitt durch ein Brot mit Kruste, Krume und Krumenporung (Weizenmischbrot, Seite 54)

Zurücklehnen und warten

Brotbacken heißt warten können. Die meiste Zeit benötigt der Teig, um Gärgase zu bilden und aufzugehen. Während der Ruhephasen durchläuft der Teig die wichtigsten Prozesse, um später ein gutes Brot zu werden. Schon mit dem Ansetzen der Vorteige vergehen fast 24 Stunden. Zwar ist der effektive Arbeitsaufwand für Sie relativ gering, aber vom Abwiegen des ersten Mehles bis zum fertigen Brot können gut und gerne ein, zwei oder gar vier bis fünf Tage vergehen.

Der Teig bestimmt

Trotz aller Exaktheit, Vorplanung und Geduld ist vor allem im Hobbybäckerleben Flexibilität gefragt. Jeder Backtag ist anders, sei es das Wetter oder die Laune des Bäckers. Die Kunst besteht darin, die veränderten Bedingungen zu erkennen. Im Winter sind längere Gehzeiten (oder größere Hefemengen) nötig als im Sommer. Im Sommer wiederum ist der Teigling unter Umständen bereits eine halbe Stunde eher reif für den Ofen als im Rezept angegeben ist. Entweder passen Sie den Teig auf die am Backtag herrschenden Bedingungen an oder Sie verändern Ihre Arbeitsschritte.

Kreativ sein

Es existieren unzählige Brotsorten. Allein in Deutschland sind vom Zentralverband des Deutschen Bäckerhandwerks bislang etwa 3 000 Spezialitäten erfasst. Der Kreativität sind keine Grenzen gesetzt. Von den Zutaten über die Teigbearbeitung, hin zur Formgebung, Schnitttechnik und Backphase – nirgends sonst lässt sich aus derart wenigen Zutaten ein solch umfangreiches Spektrum an Lebensmitteln herstellen.

Mehr als ein Hobby

Haben Sie einmal mit dem Brotbacken angefangen, wird es Sie so schnell nicht loslassen. Dahinter verbirgt sich mehr als nur Teigmischen, Teigformen und Backen. Es ist ein Handwerk, das die Grundlage unseres Lebens bildet. Die Brotherstellung vereint die vier Elemente Wasser (Grundzutat), Erde (Getreide, Salz), Luft (essentiell für das Aufgehen des Teiges) und Feuer (Backen). Trotz aller Technisierung ist das Brotbacken eines der urtümlichsten und traditionsreichsten Handwerke. Mit diesem Bewusstsein im Hinterkopf ist es jedes Mal aufs Neue ein Erlebnis, ein Brot aus dem Ofen zu ziehen.

Schritt für Schritt

Brotbacken ist eine immer wiederkehrende Abfolge von Arbeitsschritten, die stets eines zum Ziel hat: ein gutes Brot. Je nachdem, welche Eigenschaften das Brot am Ende haben soll, werden bestimmte Arbeitsschritte ergänzt oder weggelassen. Ab Seite 220 finden Sie Details zu den einzelnen Schritten.

VORBEREITEN
Zur Phase der Vorbereitung zählen sämtliche Arbeiten, die vor dem Backtag durchgeführt werden müssen, zum Beispiel Vorteige ansetzen, Sauerteige auffrischen, die Küche vorbereiten.

MISCHEN
Das Mischen der Zutaten ist der erste Arbeitsschritt am Backtag. Er ist besonders wichtig, da erst durch das vollständige Mischen von Mehl, Hefe und Wasser jene Teigprozesse beginnen können, die später zu einem lockeren und aromatischen Brot führen. Häufig wird das Mischen als erster, langsamer Teil der Knetphase behandelt.

KNETEN
Das Kneten ist essentiell für die Entwicklung einer guten Krumenstruktur. Wasser verquillt mit dem Mehl. Eiweißstoffe im Weizenmehl verbinden sich zu einem stabilen Gerüst, das später die Gärgase der Hefen halten wird.

STOCKGARE (TEIGRUHE)
Die Stockgare bezeichnet die erste Gehphase (Garphase) des Teiges. Idealerweise erfolgt diese bei Temperaturen zwischen 20 °C und 28 °C, damit sich die Hefen optimal vermehren können. Die Stockgare kann durch Teigbearbeitungsvorgänge (zum Beispiel Dehnen und Falten, Ausstoßen) unterbrochen werden. Ziel dieser Zwischenbearbeitung ist es, den Teig zu straffen, die Temperaturverteilung im Teig anzugleichen und Kohlenstoffdioxid mit Luftsauerstoff auszutauschen, um die Hefeaktivität zu erhöhen.

ABWIEGEN
Werden mehrere Brote oder gar Brötchen gebacken, ist das Abwiegen von Teiglingen notwendig. Mit einer Teigkarte beziehungsweise einem Teigschaber werden aus dem massigen Teig Stücke abgetrennt und gewogen, gegebenenfalls verkleinert oder mit zusätzlichem Teig auf das Soll-Gewicht (die sogenannte Teigeinlage) vergrößert.

VORFORMEN
Vor allem bei weizenlastigem Kleingebäck und Brot, das eine aufwändige Form hat, werden die abgewogenen Teiglinge zunächst rund oder länglich vorgeformt.

ZWISCHENGARE / BALLENGARE
Die vorgeformten Teiglinge werden 5–20 Minuten ruhen gelassen, damit sich der durch das Vorformen beanspruchte und gestraffte Teig entspannt. Erst dann kann die endgültige Formgebung beginnen, ohne dass der Teig durch zu viel Oberflächenspannung reißt.

WIRKEN (FORMEN)
Die Teiglinge werden je nach Rezeptvorgabe mit möglichst wenigen und raschen Handgriffen in eine gleichmäßige Form gebracht. Am Ende sollte die Oberfläche des Teiglings glatt und straff aussehen, da die Oberflächenspannung für das Gelingen des Brotes wichtig ist. Durch das Wirken entsteht auf einer Seite des Teiglings ein sogenannter Schluss, eine Nahtstelle, an welcher der Teig zusammengeführt wurde.

STÜCKGARE (ENDGARE)

Die Stückgare ist die letzte Gehphase vor dem Backen. Idealerweise sollte sie bei Temperaturen zwischen 25 °C und 35 °C erfolgen. In dieser Temperaturspanne beginnt die Hefegärung. In der Hobbybäckerpraxis sind solche Temperaturen kaum erreichbar. Doch auch bei niedrigeren Temperaturen lässt sich ein ansprechendes und aromatisches Brot herstellen. Eine zu kurze Stückgare führt zur Untergare (der Teigling ist zu „jung"), eine zu lange Stückgare führt zur Übergare (der Teigling ist zu „alt" beziehungsweise zu „reif"). Die Stückgare kann entweder mit Schluss nach oben oder nach unten erfolgen. Die Teiglinge werden dazu auf Backpapier, in Bäckerleinen, auf Backbretter, in Gärkörbe oder in Kastenformen gesetzt.

STIPPEN / EINSCHNEIDEN / ABSTREICHEN

Bevor der fertig gegangene Teigling in den Ofen geschoben wird, kann er mit einem scharfen Messer oder einer Rasierklinge auf verschiedenste Weise eingeschnitten werden, sofern er noch eine leichte Untergare hat. Durch das Einschneiden reißt die Teigoberfläche im Ofen kontrolliert auf. Der dabei entstehende Ausbund erhöht den Krustenanteil. Das wiederum verbessert den Geschmack des Brotes. Teiglinge, die bereits die volle Gare erreicht haben, können mit einer sogenannten Stipprolle gestippt werden. Dabei werden kleine Löcher in den Teig gedrückt, die ein gleichmäßiges Aufgehen des Teiges im Ofen ermöglichen, ohne dass die Kruste an einer unerwünschten Stelle reißt. Außerdem verhindert es die Entstehung von Gasblasen unter der Kruste, an denen sie absplittern könnte.

Manchmal werden die Teiglinge vor dem Backen mit einer Glanzstreiche oder nur mit Wasser abgebürstet, um eine glänzende Kruste zu erreichen und Risse zu vermeiden.

BACKEN

Das Backen erfolgt stets in einem sehr gut vorgeheizten Ofen mit Backstein bei anfangs hoher, später fallender Temperatur. Wichtig ist, dass zu Beginn eine hohe Luftfeuchtigkeit im Backraum herrscht, damit die Teigoberfläche elastisch bleibt. Deshalb wird der Ofen in den ersten Minuten bedampft (beschwadet). Beim Backen lassen die Hefen den Teig ein letztes Mal aufgehen, die Mehlstärke verkleistert und bildet die Krumenstruktur. Aroma- und Röststoffe entstehen. Die Backdauer richtet sich nach der Teiglingsgröße und nach der gewünschten Bräunung.

Abhängig von der Brotsorte, wird das Brot nach dem Backen mit Wasser abgestrichen, um eine glänzende Kruste zu schaffen.

AUSKÜHLEN

Das volle Brotaroma entsteht erst während des Auskühlens. Roggenbrote reifen in den ersten ein bis zwei Tagen nach. Sie erreichen erst dann ihren intensivsten Geschmack. In der Abkühlphase entstehen in der Kruste feine Risse (Fensterung).

NACHBEREITEN

Die gebackenen Brote und Brötchen werden der weiteren Verwendung entsprechend gelagert.

Gefensterte Kruste (Speckfettbrot, Seite 65)

Küchenhelfer: Zubehör zum Brotbacken

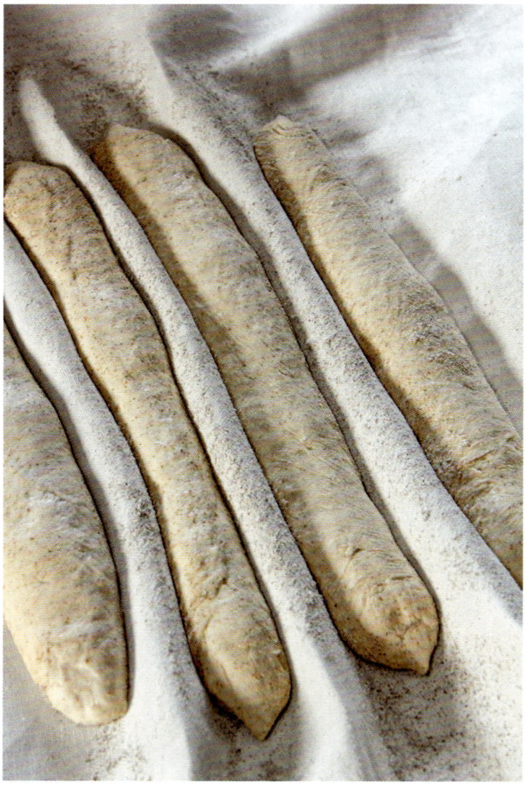

Um Brot zu backen sind nur sehr wenige Hilfsmittel nötig. Bestimmtes Zubehör ist hilfreich, aber nicht unbedingt notwendig. Und wieder anderes Zubehör sollten Sie sogar meiden, da es Sie daran hindern würde, Ihre handwerklichen Fähigkeiten zu üben.

Für den Anfang reicht eine sehr einfache Grundausstattung, die Sie bereits in Ihrer Küche vorrätig haben oder mit vorhandenen Küchenutensilien ersetzen können. Erst mit der Zeit, mit wachsender Erfahrung, mit gestiegenem Ehrgeiz und Enthusiasmus wird auch der Wunsch nach einigen spezielleren Werkzeugen stärker.

Zubehör, das auch sonst in der Küche verwendet wird, lässt sich beim örtlichen Einzelwarenhändler besorgen. Auch eine gute Knetmaschine werden Sie dort finden. Speziellere Dinge, wie beispielsweise Teigkarten, Bäckerleinen oder Gärkörbe, können Sie am einfachsten im Internet bestellen. Es gibt inzwischen mehrere Onlineshops mit einem unterschiedlich großen Angebot für Hobbybäcker (siehe Liste der Bezugsquellen auf Seite 263).

MEIN TIPP

Brotbacken ist eine urige, rustikale Handwerkskunst, die vor allem von den Händen als Werkzeug lebt. Kein noch so gutes Zubehör kann Ihre Hände und Ihr handwerkliches Können ersetzen.

MEIN TIPP

Ein normales Handrührgerät, mit dem etwa Kuchenteige geknetet werden, ist für Brotteig nicht geeignet. Nach wenigen Einsätzen wäre Ihr Gerät überlastet und letztlich defekt. Kneten Sie besser von Hand oder investieren Sie in eine gute Knetmaschine für den Hausgebrauch.

Bild rechts: Gärkörbe aus Peddigrohr (vorn) und Holzschliff (hinten)
Bild oben: Bäckerleinen

TABELLE 2
Empfehlenswertes Zubehör und wie es mit einfachen Mitteln ersetzt werden kann. Hervorgehoben ist die notwendige Grundausstattung.

ZUBEHÖR	BESCHREIBUNG	ALTERNATIVE	PREIS	ZU BEACHTEN
Backofen mit Ober- und Unterhitze	gleichmäßige Hitze von unten und oben für guten Ofentrieb und eine rösche Kruste	–	500–2000 €	mindestens 250 °C Maximaltemperatur
Küchenwaage, Löffelwaage	Abwiegen von Zutaten mit 1 g (Küchenwaage) oder 0,1 g (Löffelwaage/Feinwaage) Genauigkeit	–	10–30 €	vor allem bei kleinen Mengen exakt abwiegen Küchenwaage mit Tara-Taste und abwaschbarer, großer Auflagefläche
Arbeitsplatte	ideal aus Buche, Edelstahl oder Naturstein zum Kneten und Wirken von Teig	–	–	keine säureempfindlichen Natursteine verwenden bei Kunststoff auf Lebensmittelechtheit achten
Knetmaschine	kraft- und zeitsparendes Kneten von Teig unabdingbar für weiche Teige	von Hand kneten	300–800 €	unterschiedliche (Marken-)Geräte > 1 000 W testen bewährt: feste Schüssel, beweglicher Knethaken Zutatenzugabe während des Knetens muss möglich sein
Teigspatel	Teigschaber aus Kunststoff, Gummi oder Silikon mit Stiel	Hände	1–10 €	Spatel sollte biegsam sein
Teigkarte	handgroße, rechteckige oder halbrunde Kunststoff- oder Edelstahlplatte	Hände	2–10 €	Metallkarte zum Reinigen der Arbeitsplatte und zum Durchtrennen von Teig Kunststoffkarte zum Herauslösen oder zum Falten von Teig
Schüsseln	Schüsseln (ideal aus Edelstahl) für Vorstufen, zur Teiggare oder als Gärkorb-Ersatz	(Schraub-)Gläser für Vorstufen (z. B. Vorteige, Sauerteige)	1–20 €	fester Stand bei Kunststoff auf Lebensmittelechtheit achten
Abdeckhauben	luftdichtes Abdecken von Schüsseln und Gläsern wiederverwendbar	Klarsichtfolie	wenige Cents	auf Lebensmittelechtheit achten

ZUBEHÖR	BESCHREIBUNG	ALTERNATIVE	PREIS	ZU BEACHTEN
Thermometer	Temperaturmessung in Teigen und Gärräumen (z. B. Kühlschrankfächer, Küche, Keller)	Temperaturgefühl	2–25 €	empfehlenswert sind mindestens drei Arten: Ofenthermometer, Thermometer mit Messsonde, Kühlschrankthermometer
Rollholz	zylinderförmiges Holz (z. B. Buche) oder Kunststoff von 30–40 cm Länge und 30–40 mm Dicke zum Ausrollen oder Eindrücken von Teig	Rundholz aus dem Baumarkt	5–30 €	auf Lebensmittelechtheit achten
Gärkörbe	runder oder länglicher Korb aus Peddigrohr, Bast, Holzschliff oder Kunststoff, der den Teig in Form hält	Schüsseln	5–30 €	bewährt: Reismehl oder Kartoffelstärke zum Bemehlen der Körbe möglich: Baumwoll- oder Leinenbezüge zum Vermeiden von Anhaftungen am Korb
Kastenform	Form aus Edelstahl oder Schwarzblech für weiche Teige oder spezielle Brotformen	–	20–40 €	keine beschichteten Formen verwenden (löst sich irgendwann, nicht säurebeständig)
Bäckerleinen	Leinentuch zum Stabilisieren und Klimatisieren von geformten Teiglingen während der Gare	Geschirrtücher (gut bemehlen, da sich die Baumwollfasern mit dem Teig verbinden können)	20–30 €	Teige sollten auch ohne Mehl nicht kleben bleiben auf ausreichende Größe achten (bewährt: 70 x 140 cm)
scharfes Messer	zum Einschneiden von Teiglingen	–	5–100 €	regelmäßig schärfen lassen
Lame de boulanger (Bäckerklinge)	Spezialwerkzeug (gebogene Rasierklinge auf Metallstab) zum flachen Einschneiden von Teiglingen	Rasierklinge auf Holzspieß	5–10 €	Vorsicht beim Wechsel der Rasierklinge
Stipprolle	mit dünnen Spitzen besetzte Rolle, die über den fertig gegangenen Teig geführt wird verhindert Risse in der Kruste und Blasen darunter	Gabel/Holzspieß	5–10 €	je nach Gärzustand des Teiges die Stipp-Tiefe anpassen
Brotstreicher (Bräunwisch)	Abbürsten von überschüssigem Mehl, Bestreichen mit Wasser/Ei, Säubern der Arbeitsfläche	Pinsel	5–15 €	–

ZUBEHÖR	BESCHREIBUNG	ALTERNATIVE	PREIS	ZU BEACHTEN
Kippdiele	zum Transport von Baguette-Teiglingen vom Bäckerleinen auf einen Brotschieber oder Backpapier	flaches Küchenbrett oder Sperrholz	10–15 €	Mindestgröße ca. 15 x 40–60 cm
Brotschieber (Brotschaufel, Brotschießer)	Brett mit Stiel zum Transport des Teiglings in den Ofen (Einschießen) und wieder heraus	flaches Backblech oder Brett	10–60 €	gut mit Grieß, Schrot oder Reismehl bestreuen (alternativ: Backpapier verwenden)
Backstein	Stein aus Schamotte, Keramik, Naturstein oder Hochtemperaturmaterialien (z. B. Cordierit) imitiert einen Steinbackofen verbessert Kruste, Krume und Ausbund gleicht Temperaturverluste aus	umgedrehtes Backblech (kein Aluminium)	30–60 €	mindestens 45–60 Minuten vor dem Backen aufheizen vor der ersten Verwendung bei maximaler Temperatur 60 Minuten aufheizen (entfernt mögliche Verunreinigungen) auf Lebensmitteleignung achten
Dampffunktion am Backofen	Dampferzeugung auf Knopfdruck stärkerer Ofentrieb, größeres Volumen, dünnere und knusprigere Kruste	Backen im gusseisernen Topf. Blumenspritzflasche/Blech mit Wasser (siehe Seite 249)	Öfen ab ca. 1 000 €	möglichst viel Dampf (Schwaden) in wenigen Sekunden wichtig: dichte Ofentür Dampf nach ca. 10 Minuten vollständig ablassen
Gitterrost	zum Abkühlen des Brotes	–	1–5 €	–

Reinigung und Pflege

Reinigen Sie das verwendete Zubehör am Ende des Backtages gründlich. So verlängert sich nicht nur die Nutzungsdauer, Sie schaffen damit auch eine gesunde Backumgebung. Alle Teile, die mit Teig in Berührung gekommen sind, werden nur unter klarem Wasser gereinigt. Reste von Spülmittel könnten später beispielsweise beim Ansetzen von Sauerteig Probleme bereiten.

Gärkörbe (außer Kunststoffkörbe) werden nicht mit Wasser gesäubert. Sie werden lediglich umgedreht und mit kräftigen Schlägen vom Mehl befreit. Mit einem Pinsel können anhaftende Mehlreste entfernt werden. Von Zeit zu Zeit sollten Sie die gereinigten Gärkörbchen, aber auch Pinsel, für 10–20 Minuten in den auf etwa 150 °C abgekühlten Backofen stellen, um Keime und mögliche Schädlinge abzutöten.

Reinigen Sie Ihren Ofen, nachdem er ausgekühlt ist. Entfernen Sie herabgefallenes Mehl, Krustensplitter und Kalkflecken, die durch das Besprühen oder Einschütten von Wasser entstanden sind. In den Backstein eingebrannte Reste müssen Sie nicht beseitigen.

Bäckerleinen möglichst nicht waschen, sondern im Freien kräftig ausschütteln und eingetrocknete Reste abbröseln.

Abdeckhauben, die mit Teig in Berührung gekommen sind, eintrocknen lassen. Den Teig abkrümeln und die Hauben anschließend mit klarem Wasser waschen.

Die Arbeitsfläche während des Backtages nach jedem Arbeitsgang mit der Teigkarte von angetrockneten Resten und Mehl befreien. Am Ende sollten Sie die Arbeitsfläche feucht abwischen.

Backstein aus Schamotte auf einem Gitterrost im Backofen

Teile eines Ganzen: die Zutaten

Bodenschatz Mehl

Ohne Mehl kein Brot. Umso wichtiger ist es, dass Sie zum Backen ein Mehl von guter Qualität verwenden. Suchen Sie sich lokale Mühlen und Naturkostläden. Das Internet bietet zusätzliche Möglichkeiten, Mehle direkt beim Hersteller oder von spezialisierten Händlern zu beziehen.

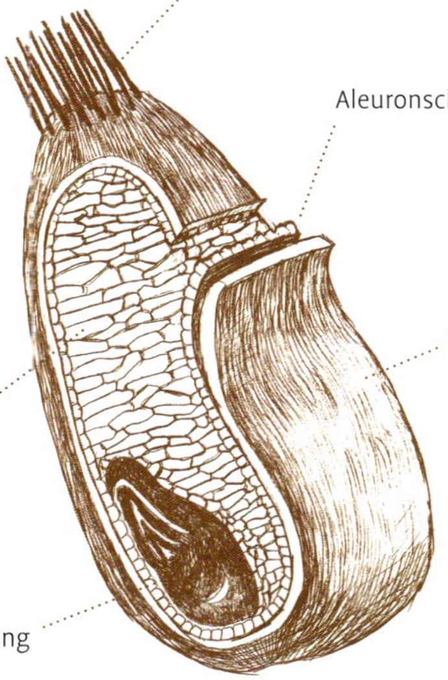

Gras für die Welt – das Getreide

Unser heutiges Getreide wurde über Jahrtausende aus Süßgräsern gezüchtet. Kamen früher noch deutlich mehr Getreidesorten, wie etwa Mais oder Gerste, ins Brot, haben sich heute vor allem Weichweizen und Roggen als Brotgetreide durchgesetzt. Zunehmend besinnen sich Landwirte auch wieder auf alte Getreidesorten, die einen höheren Vitamin- und Mineralstoffgehalt haben. Dazu gehören beispielsweise Emmer und Dinkel, die beide zur Gattung des Weizens zählen. Auch Einkorn und Kamut werden als Weizenverwandte inzwischen wieder häufiger angebaut.

Für die glutenfreie Ernährung eignen sich Backwaren aus Reis, Hirse (Sorghum, Teff) oder sogenannten Pseudogetreiden (sind keine Süßgräser), wie Amaranth, Quinoa und Buchweizen. Allerdings kann aufgrund des Glutenmangels keine eigene Krumenstruktur aufgebaut werden. Es entstehen Fladenbrote.

EIN BLICK INS INNERE

Das Getreidekorn ist ein kompliziert aufgebautes Gebilde, das im Wesentlichen aus dem Bärtchen (borstige Fäden an der Kornspitze), dem Keimling, der Schale (Samenschale, Fruchtschale) und dem Mehlkörper besteht. Die Aleuronschicht als Nährgewebe trennt Mehlkörper und Schale. Sie gehört aus botanischer Sicht nicht zur Schale, obwohl sie wegen ihres hohen Mineralstoffanteils im Bäckereiwesen oft hinzugezählt wird. Der Mehlkörper macht mit ca. 80–90 % den größten Anteil des Korns aus.

Der Keimling und die Aleuronschicht enthalten für den menschlichen Körper wertvolle hochwertige Eiweiße, Fette, Mineralstoffe und Vitamine. Der Mehlkörper beherbergt fast den kompletten Stärkeanteil des Korns. Die Stärkekörnchen werden dabei durch Klebereiweiß umhüllt, das für die Backfähigkeit des Mehls von entscheidender

Bedeutung ist. Die Frucht- und die Samenschale enthalten den größten Teil an Mineral- und Ballaststoffen, außerdem Vitamine.

BACKGEHILFEN

Neben der typischen Verwendung als Brotgetreide können bestimmte Getreideprodukte auch andere Aufgaben beim Brotbacken übernehmen. Weizengrieß lässt Teiglinge besser vom Brotschieber in den Ofen rutschen. Reismehl ist ein hervorragendes Trennmittel in Gärkörben. Gerste wird vor allem zur Herstellung von Backmalzen verwendet (siehe Seite 184).

Die Kunst des Müllers – Mahlprodukte

So kompliziert das Getreidekorn aufgebaut ist, so verschieden sind die Produkte, die der Müller in seiner Mühle daraus herstellen kann. In der Verantwortung des Müllers liegt es, das in seiner Qualität schwankende Getreide in Mehle mit konstanten Eigenschaften und einer guten Backfähigkeit zu wandeln.

DIE MÜHLEN MAHLEN

Nachdem das Getreide von Verunreinigungen (zum Beispiel Steine, Staub, Pflanzenreste) befreit wurde, entfernt der Müller maschinell das Bärtchen, den abstehenden Teil des Keimlings und Teile der äußeren Schale. Anschließend werden die Getreidekörner mit Wasser benetzt, um die Schale später besser vom Mehlkörper trennen zu können. Außerdem wird so der Wassergehalt im Mehl gesteuert.

Nach einer Abstehzeit von mehreren Stunden kann das Korn in Walzenstühlen gebrochen werden. Die Schale trennt sich vom Mehlkörper. Nach dieser ersten Schrotung werden die Schrote auf Sieben nach Korngrößen getrennt. Das frei werdende Mehl wird abgeführt, die übrigen Bestandteile durchlaufen weitere Mahlvorgänge. Ziel ist dabei, den Mehlkörper so vollständig wie möglich von den übrigen Kornbestandteilen (Kleie) zu trennen. Kleie besteht aus Teilen des Keimlings, der Aleuronschicht sowie der Frucht- und Samenschale. Der Keimling wird während des Mahlprozesses aus dem Mehl entfernt, um die Haltbarkeit zu verbessern.

Die entstehenden Kornfraktionen sind beginnend mit der größten Fraktion: Schrot, Grieß, Dunst, Mehl. Wird das volle Korn vermahlen, entstehen Vollkornmehl oder Vollkornschrote.

DIE MISCHUNG MACHT'S

Der Müller mischt mit Mischmaschinen die bei den einzelnen Siebvorgängen (Sichtungen) entstandenen Mehle zu den handelsüblichen Mehltypen oder stellt Spezialmischungen für bestimmte Produkte (zum Beispiel Pizza, Baguette) zusammen.

Anschließend wird das Mehl mehrere Wochen gelagert. Dieser Reifeprozess ist notwendig, damit das Mehl optimale Backeigenschaften erreicht (u.a. werden dadurch die Klebereiweiße oxidiert). Einige Müller setzen dem Mehl Ascorbinsäure (Vitamin C) zu, um die Reifungszeit künstlich zu verkürzen und das Klebereiweiß zu stärken. Weitere zugelassene Mehlbehandlungsmittel zur Beeinflussung des Enzymhaushaltes und des Klebereiweißes sind Amylasen, Proteasen und spezielle Aminosäuren. Entsprechende Zusätze (außer Enzyme) müssen auf den Mehlverpackungen angegeben sein.

Auch wer sein Mehl selbst mahlt, sollte es wenigstens für ein paar Tage lagern, um seine Backeigenschaften zu verbessern. Der Teig wird es Ihnen danken.

Im Bild (von links nach rechts):
Schrot, Grieß, Dunst, Mehl, Kleie

Was für eine Type! – Mehlsorten im Vergleich

Die Typisierung von Mehl, also die Einteilung in Mehlsorten, erfolgt in Deutschland nach der DIN-Norm 10 355. Jede Mehltype wird durch eine der Mehlbezeichnung nachgestellte Zahl charakterisiert, beispielsweise Weizenmehl Type 405 (oder kurz: Weizenmehl 405). Dabei kennzeichnet die Zahl den Mineralstoffgehalt des Mehles in Milligramm bezogen auf 100 Gramm trockene Ausgangsmasse.

ASCHE IM MEHL

Der Mineralstoffgehalt wird in speziellen Laboren bestimmt. Dazu verbrennt der Laborant eine definierte Menge Mehl bei 900 °C in einem Muffelofen. Der unbrennbare Rückstand, die Asche, entspricht in etwa dem Mineralstoffanteil im Mehl. Sind beispielsweise 405 mg Asche in 100 g Mehl enthalten gewesen, so handelt es sich um ein Mehl der Type 405. Die Typenzahl gibt lediglich einen durchschnittlichen Aschegehalt wieder. Der wahre Mineralstoffanteil eines Mehles kann um diesen Wert schwanken.

TABELLE 3
Mahlprodukte und ihre Eigenschaften.

MAHLPRODUKT	KORNGRÖSSE	BESTANDTEILE
Vollkornschrot	> 1 000 µm	alle Bestandteile des gereinigten Korns
Backschrot	> 1 000 µm	alle Bestandteile des gereinigten Korns außer Keimling
Grieß	300–1 000 µm	überwiegend frei von Bestandteilen des Keimlings und der Schale
Dunst	180–300 µm	überwiegend frei von Bestandteilen des Keimlings und der Schale
Mehl	< 180 µm	überwiegend frei von Bestandteilen des Keimlings und der Schale
Vollkornmehl	80 % < 180 µm	alle Bestandteile des gereinigten Korns
Kleie	–	alle Bestandteile des gereinigten Korns außer Mehlkörper

GESUND DURCH HOHE AUSMAHLUNG

Je größer die Type, umso mehr Anteile aus den Randbereichen des Korns sind enthalten, umso dunkler ist das Mehl und umso höher ist der sogenannte Ausmahlungsgrad. Dieser gibt an, wie viel Prozent vom vollen Korn in einem Mehl enthalten sind beziehungsweise wie vollständig die Trennung von Schale und Mehlkörper beim Mahlen erfolgt ist. Dabei wird stets vom Korninneren nach außen gedacht. Je höher der Ausmahlungsgrad, umso mehr Anteile der Randschichten des Korns sind im Mehl verarbeitet. Hat ein Mehl der Type 405 zum Beispiel einen Ausmahlungsgrad von 20 %, befindet sich nur noch ein Fünftel des vollen Korns im Mehl. Der niedrige Ausmahlungsgrad deutet zudem an, dass das Mehl aus dem Inneren des Korns, also dem Mehlkörper stammt und kaum noch Mineralstoffe, Ballaststoffe und Vitamine besitzt. Je weniger Anteile von Keimling und Randschichten im Mehl enthalten sind, umso länger ist es haltbar.

Die in Deutschland gebräuchlichsten Mehltypen sind Weizenmehl 405, 550, 812 und 1 050, Roggenmehl 997, 1 150 und 1 370 sowie Dinkelmehl 630, 812 und 1 050. Hinzu kommen Vollkornmehle, die keine Typenbezeichnung haben, da das gesamte Korn mit all seinen Mineralstoffen vermahlen wurde.

SCHROT UND NACHMEHL

Teilweise wird dem Korn aus Gründen der Haltbarkeit vor der Vermahlung zu Vollkornmehl der fetthaltige Keimling entfernt. Der Keimling würde innerhalb weniger Wochen ranzig werden. Schrote, von denen der Keimling abgetrennt wurde, dürfen nicht unter der Bezeichnung Vollkornschrote, sondern nur als Backschrote vertrieben werden. Schrote gibt es in verschiedenen Qualitäten, von scharf (geschnittene Körner) bis weich (gequetschte Körner), von grob bis fein.

Nachmehle sind dunkle Mehle mit hohem Mineralstoffgehalt, die aus den schalenreichen Rückständen der Siebe gemahlen werden. Sie kommen nur selten zum Einsatz.

MEHLTYPE	MINERALSTOFFGEHALT	AUSMAHLUNGSGRAD	TYPISCHE VERWENDUNG	ÖSTERREICH	SCHWEIZ
Weizenmehl 405	0,3–0,5 %	0–55 %	Kuchen, Kekse	Type W480	Type 400
Weizenmehl 550	0,5–0,6 %	0–70 %	Weizenbrote		Type 550
Weizenmehl 630	0,6–0,7 %	0–75 %	Weizenbrote, helle Mischbrote	Type W700	Type 720
Weizenmehl 812	0,7–0,9 %	0–80 %	helle Mischbrote		
Weizenmehl 1 050	0,9–1,1 %	0–85 %	dunklere Mischbrote		Type 1 100
Weizenmehl 1 200	1,1–1,4 %	0–90 %	dunkle Mischbrote		
Weizenmehl 1 600	1,4–1,8 %	Nachmehl	dunkle Mischbrote	Type W1 600	
Weizenmehl 1 700	1,6–1,9 %	Backschrot	Schrotbrote		
Weizenvollkornmehl	–	100 %	Vollkornbrote	Type W1 800	Type 1 900
Weizenvollkornschrot	–	–	Vollkornschrotbrote		
Roggenmehl 610	0,6–0,7 %	0–62 %	sehr helle Roggen- und Mischbrote	Type R500	Type 720
Roggenmehl 815	0,8–0,9 %	0–72 %	helle Roggenbrote		
Roggenmehl 997	0,9–1,1 %	0–78 %	helle Roggen- und Mischbrote	Type R960	
Roggenmehl 1 150	1,1–1,3 %	0–83 %	Roggenbrote, Mischbrote		Type 1 100
Roggenmehl 1 370	1,3–1,5 %	0–87 %	Roggenbrote, Roggenmischbrote		Type 1 600
Roggenmehl 1 740	1,6–1,8 %	0–95 %	dunkle Roggenbrote		
Roggenmehl 1 800	1,7–2,0 %	Backschrot	Schrotbrote		
Roggenvollkornmehl	–	100 %	Vollkornbrote	Type R2 500	Type 1 900
Roggenvollkornschrot	–	–	Vollkornschrotbrote		
Dinkelmehl 630	0,5–0,7 %	0–75 %	sehr helle Dinkel- und Mischbrote		
Dinkelmehl 812	0,7–0,9 %	0–80 %	helle Dinkel- und Mischbrote	Type D700	
Dinkelmehl 1 050	0,9–1,2 %	0–85 %	dunkle Dinkel- und Mischbrote	Type D1 500	
Dinkelvollkornmehl	–	100 %	Vollkornbrote		
Dinkelvollkornschrot	–	–	Vollkornschrotbrote		

ANDERE LÄNDER, ANDERE MEHLE

In Österreich werden die Mehle ebenfalls nach dem Mineralstoffgehalt typisiert. Gängige Mehlsorten sind Weizenmehl 480, 700, 1 600 und 1 800, Roggenmehl 500, 960 und 2 500 sowie Dinkelmehl 700. Hinzu kommen die jeweiligen Vollkornmehle und Schrote.

Neben der Typeneinteilung werden österreichische Mehle außerdem nach steigender Korngröße in glatt (< 0,1 mm), universal, griffig und doppelgriffig (0,15 – 0,3 mm) abgestuft. Glatte Mehle entsprechen dem Feinheitsgrad deutscher Mehle. Griffige Mehle sind mit Dunst gleichzusetzen. Universalmehl ist eine Mischung von glattem und griffigem Mehl (Mischungsverhältnis meist 1:1). Die feineren Mehle binden das für den Teig zugegebene Wasser schneller, während die griffigeren Mehle stärker nachquellen.

In der Schweiz wird vor allem Weizenmehl verarbeitet. Die Unterscheidung der Mehlsorten erfolgt über den Ausmahlungsgrad beziehungsweise den Mineralstoffgehalt. Der Bäcker kann zwischen Weißmehl Type 400 und 550, Halbweißmehl Type 720, Ruchmehl Type 1 100 und Vollkornmehl Type 1 900 wählen. Halbweißmehl und Ruchmehl werden erst nach Entzug von ca. 20 % des Weißmehles hergestellt, besitzen also einen hohen Anteil der Randschichten des Korns. Der Nährwert des dunklen Ruchmehles ist deshalb besonders hoch.

Roggenmehl wird in der Schweiz in heller Qualität (Type 720), dunkel (Type 1 100) und als Vollkornschrot (Type 1 900, fein bis grob) angeboten.

Die verschiedenen Mehltypen Deutschlands, Österreichs und der Schweiz können nur bedingt gegeneinander ersetzt werden. Aufgrund der unterschiedlichen Herstellungsweise und anderen Mischungsverhältnissen entstehen verschiedene Ausmahlungsgrade und Mineralstoffanteile. Entsprechend unterschiedlich sehen die Produktpaletten der Bäckereien aus.

Woraus Mehl besteht

Die Mehlzusammensetzung hängt von vielen Faktoren ab, zum Beispiel von der Getreidesorte, den Umweltbedingungen beim Wachstum, von der Anbautechnik oder den Lagerungsbedingungen von Korn und Mehl. Den größten Einfluss auf die Mehlbestandteile hat aber der Müller, indem er gezielt bestimmte Bestandteile des Korns zu Mehl verarbeitet.

STARKE LEISTUNG

Mehl besteht zum größten Teil aus Stärke (60–70 %), die sich im Mehlkörper des Korns befindet. Stärke ist in kaltem Wasser unlöslich. Da beim Mahlen einige Stärkekörner verletzt werden, kann sie dennoch bis zu 30 % ihres Eigengewichtes an Wasser aufnehmen. Zwischen 53 °C und 73 °C (Roggenstärke) beziehungsweise zwischen 60 °C und 88 °C (Weizenstärke) bindet die Stärke dagegen ein Vielfaches ihres Eigengewichtes an Wasser. Die Eiweißhaut der Stärkekörner platzt und ermöglicht so die Verbindung von Stärke und Wasser. Dieser Vorgang wird Verkleisterung genannt. Erst durch die Verkleisterung der Stärke entsteht im Verbund mit geronnenem Eiweiß eine stabile Krume. Ist die Verkleisterungsfähigkeit eines Mehles herabgesetzt, bilden sich nasse und klebrige Teige, die mit einem dunklen Brot und klitschiger, feuchter Krume enden. Das Gegenteil davon, ein blasses Brot mit trockener Krume und fadem Geschmack, kann durch ein zu stark verkleisterungsfähiges Mehl verursacht werden.

TABELLE 4
In Deutschland zugelassene Mehltypen und ihre Entsprechungen in Österreich und der Schweiz. Prozentangaben gerundet. Hervorgehoben sind die im Hobbybäckerbereich am häufigsten verwendeten Standardmehle.

Die Stärke ist neben ihrer Bedeutung für die Krumenstruktur Nahrungsgrundlage für die Hefen. Im Mehl enthaltene Enzyme spalten die Stärke (ein Vielfachzucker) in Doppelzucker, der dann durch hefeeigene Enzyme in Einfachzucker und anschließend in Alkohol und Kohlenstoffdioxid umgewandelt wird. Das Kohlenstoffdioxid ist verantwortlich für die Teiglockerung.

Die enzymatische Umwandlung erfolgt am schnellsten mit bereits verkleisterter Stärke. In Roggenmehlen erreichen die Enzyme ihr Wirkungsmaximum exakt mit der Verkleisterungstemperatur, sodass der Aufbau der Krumenstruktur behindert wird. Salzzugabe und Teigsäuerung sind bewährte Gegenmittel.

Stärke kann nicht nur durch Enzyme, sondern im trockenen Zustand auch durch Hitze abgebaut werden. An der Teigoberfläche wird die Stärke im Ofen ab 150 °C zu Dextrinen (Vielfachzucker) gespaltet. Dextrine sind unter anderem für die Krustenbräunung und den typischen Krustengeschmack verantwortlich. Mit Wasser abgestrichen führen sie zu einer glänzenden Brotkruste.

AUF DEN KLEBER KOMMT ES AN

Ein weiterer wesentlicher Bestandteil von Mehl sind Eiweiße (10–14 %). Im Mehl existieren wasserlösliche und wasserunlösliche Eiweiße. Wasserlösliche Eiweiße sind in der Aleuronschicht und im Keimling des Getreidekorns enthalten. Die beiden unlöslichen Eiweiße Gliadin und Glutenin befinden sich im Mehlkörper und bilden beim Mischen von Mehl mit Wasser den sogenannten Kleber (Gluten). Sie können durch Quellung etwa das Doppelte bis Zweieinhalbfache ihres Eigengewichtes an Wasser binden. Dabei beeinflusst Gliadin die Dehnbarkeit des Teiges und Glutenin die Elastizität. Je höher der Kleberanteil eines Mehles, umso mehr Wasser kann gebunden werden. Während des Backvorganges gibt der Kleber einen Teil seines gebundenen Wassers an die Stärke ab, die es zur Verkleisterung und Krumenbildung nutzt.

Die Menge und Qualität des Klebers bestimmt maßgeblich die Backfähigkeit und die Backeigenschaften eines Mehles. Die Klebereiweißmenge nimmt zur Mehlkörpermitte ab, die Qualität des Eiweißes jedoch steigt. In stark ausgemahlenen, dunklen Mehlen ist daher viel Kleber mit geringer Qualität vorhanden, während helle Mehle mit geringem Ausmahlungsgrad weniger, aber hochwertigeren Kleber beinhalten.

Durch das Quellen und Kneten des Teiges entwickeln sich Kleberstränge, werden eingeregelt und bilden so das Klebergerüst, das Weizenteige in Form hält und das Gärgas speichert. Gemeinsam mit der Mehlstärke bildet Gluten das Krumengerüst des Brotes. Der Kleber sollte ein ausgewogenes Verhältnis aus Dehnbarkeit (Gliadin) und Elastizität (Glutenin) aufweisen. Er sollte also nicht zu dehnbar sein, aber auch nicht zu schnell auseinander reißen. Eine zu gute Kleberqualität führt zu einem verminderten Ofentrieb und einem Brot mit kleinem Volumen. Flache Brote mit kleinem Volumen sind einer mangelnden Kleberqualität zuzuschreiben. Gliadin hat außerdem einen Einfluss auf die Wasseraufnahme des Teiges. Mehle mit wenig Gliadin führen zu eher trockenen Broten.

Eiweiße sind nicht nur für die Brotstruktur wichtig, sondern auch für das Brotaroma. Sie werden während der Teiggare (der Gehphase) durch das Enzym Protease zu Aminosäuren gewandelt, die gemeinsam mit dem Gärungsalkohol der Hefen Aromastoffe bilden.

NÜTZLICHER BALLAST

In Roggenmehl wird die Ausbildung des Klebergerüstes durch Einlagerung von Schleimstoffen (Pentosane) verhindert. Zwar kommen die Schleimstoffe zu zwei bis drei Prozent auch in den Randschichten des Weizenkorns vor, Roggen enthält aber die zwei- bis dreifache Menge. Neben der hemmenden Wirkung dienen die Pentosane gleichzeitig als Klebererersatz, da sie ebenfalls Wasser durch Quellung binden können, allerdings die sechs- bis achtfache Menge ihres Eigengewichtes. Roggenteige benötigen im Vergleich zu Weizenteigen also deutlich mehr Wasser, das sie ähnlich wie der Kleber beim Backprozess teilweise an die verkleisternde Stärke abgeben.

Pentosane sind unverdaulich und werden zu den Ballaststoffen gezählt. Ballaststoffe kommen vor

TABELLE 5
Backfähigkeit und Verarbeitung verschiedener Getreide in Abhängigkeit von deren Klebergehalt und -qualität.

GETREIDE	KLEBEREIWEISSE	BACKFÄHIGKEIT	VERARBEITUNG
Weizen	glutenreich (Gliadin, Glutenin), starke Kleberqualität	optimal	langes, kräftiges Kneten (abhängig von der Mehltype)
Roggen	vorhanden, durch Schleimstoffe gehemmt	gut	kurzes bis moderates, schonendes Kneten; ausreichende Teigsäuerung nötig
Dinkel	glutenreich (Gliadin, Glutenin), schwache Kleberqualität	mäßig	schonendes Kneten; ausreichende Verquellung und Teigsäuerung nötig
Gerste	glutenarm	ungenügend	schonendes Kneten; Zumischung von Weizen ratsam
Hafer	Gliadin, kein Glutenin, daher keine Glutenbildung	ungenügend	schonendes, langes Kneten; Zumischung von backfähigen Mehlen ratsam
Mais	glutenfrei	keine	nur im Verbund mit backfähigen Mehlen oder als Fladenbrot; ausreichende Verquellung nötig
Reis	glutenfrei	keine	nur im Verbund mit backfähigen Mehlen oder als Fladenbrot
Hirse	glutenfrei	keine	nur im Verbund mit backfähigen Mehlen oder als Fladenbrot
Buchweizen (Pseudogetreide)	glutenfrei	keine	nur im Verbund mit backfähigen Mehlen; schonende Knetung

MEIN TIPP
Heutige Weizenmehle enthalten in der Regel Klebereiweiße in ausreichender Menge und Qualität. Gluten oder kleberstarke Spezialmehle müssen Sie nicht zusätzlich in den Teig geben, auch wenn das früher üblich war.

allem in den Randschichten des Korns vor. Roggenmehl enthält bis zu 14 % Ballaststoffe, Weizen bis zu 13 %. Sie sind essentiell für die menschliche Verdauung.

GESUND UND HILFREICH

Egal welches Brot Sie backen, überlegen Sie immer, ob Sie nicht einen Teil des Mehles durch Vollkornmehl ersetzen möchten. Ihre Gesundheit wird es Ihnen danken. Ein schöner Nebeneffekt: die Zugabe von 5–20 % Vollkornmehl kann die Teigeigenschaften und den Geschmack deutlich verbessern.

Fettstoffe sind vor allem im Keimling des Korns eingelagert. Je höher der Ausmahlungsgrad, umso höher der Fettanteil im Mehl (1–3 %). Die Fettstoffe des Keimlings sind für die menschliche Ernährung äußerst wertvoll. Ein Grund, weshalb frische Vollkornmehle für eine ausgewogene Nährstoffversorgung empfohlen werden (in handelsüblichen, haltbaren Vollkornmehlen ist der Keimling entfernt worden). Neben den ernährungsphysiologischen Vorteilen helfen die Fette dem Kleber zu einer besseren Dehnbarkeit.

Eisen, Kupfer, Zink oder Mangan sind als Mineralstoffe wichtige Spurenelemente für unseren Körper. Außerdem spielen Kalium, Magnesium, Calcium und Phosphor eine große Rolle. Sämtliche Mineralstoffe unterstützen im Teig die Wirkung von Salz. Mit steigendem Ausmahlgrad steigt der Mineralstoffanteil im Mehl.

Vitaminen kommt zwar keine backtechnische Wirkung zu, für die Ernährung sind sie jedoch unverzichtbar, zumal die B-Vitamine des Mehles nur in wenigen Lebensmitteln enthalten sind. Mineralstoffe und Vitamine sind an die Randschichten und den Keimling gebunden, ihr Anteil im Mehl steigt mit dem Ausmahlungsgrad.

Mehle enthalten bis zu 15 % Wasser. Ein zu feuchtes Mehl wäre anfälliger für Schädlinge und Schimmelpilze. Da Wasser außerdem die Tätigkeit von Enzymen aktiviert, würde ein zu hoher Wassergehalt den Abbau der Stärke im Mehl fördern. Seine Lager- und Backfähigkeit würde herabgesetzt.

Enzyme sind entscheidend für den gesamten Herstellungsprozess eines Brotes. Es handelt sich dabei um Eiweißmoleküle. Enzyme sind Werkzeuge, die chemische Reaktionen ermöglichen und beschleunigen ohne dabei selbst verbraucht zu werden. Sie kommen nicht nur im Mehl, sondern beispielsweise auch in Hefen vor. Ihre Aktivität ist abhängig von der Anwesenheit von Wasser, vom pH-Wert und der Temperatur. Für die Prozesse im Teig sind zum einen stärkeabbauende und zum anderen eiweißabbauende Enzyme von Bedeutung.

Mehl richtig lagern

Mehl sollten Sie stets bei Zimmertemperatur (18–24 °C) lagern. Kühlere Temperaturen würden die Quellfähigkeit des Mehls herabsetzen, die entscheidend für eine gute Brotqualität ist. Sollten Sie das Mehl dennoch einmal kühler aufbewahren, ist es ratsam, es vor dem Backen auf Raumtemperatur zu bringen.

Geeignet sind lichtgeschützte, trockene Standorte. Die Mehltüten oder Mehlbehälter müssen dicht verschlossen sein, um Schädlingen keine Angriffsmöglichkeit zu geben.

Mehle niedriger Type sind mehrere Monate ohne Qualitätseinbußen haltbar. Je höher der Anteil der vermahlenen Randschichten des Getreidekorns wird (je höher die Mehltype), umso kürzer kann ein Mehl gelagert werden. Vollkornmehle, in denen der Keimling mit vermahlen wurde, sind nur wenige Wochen haltbar.

MEIN TIPP

Bevorraten Sie sich mit so wenig wie möglich Mehl, am besten immer nur so viel, wie Sie in absehbarer Zeit brauchen werden. Für hohe Mehltypen und Vollkornmehle ist es besser, wenn Sie erst bei Bedarf ausreichend gereiftes, aber relativ frisch gemahlenes Mehl kaufen, um Qualitätsverluste durch die heimische Lagerung zu vermeiden.

Supermarkt, Mühle oder Internet?

Die gängigsten Mehltypen sind in gut ausgestatteten Supermärkten im Angebot. Für den Anfang oder als Ausweichmöglichkeit sind diese Mehle akzeptabel. Möchten Sie aber dauerhaft und regelmäßig Brot backen, sind Supermarktmehle nicht die erste Wahl. Die kleinen Abpackungen sind unpraktisch. Außerdem waren die Mehle auf ihrem weiten Weg von der Mühle über den Verpacker zum Großhändler bis hin zum Supermarkt mehrmals Temperatur- und Feuchtigkeitsschwankungen ausgesetzt, die der Mehlqualität nicht zuträglich sind.

MEIN TIPP
Suchen Sie sich am besten eine regionale Mühle. Dort sind die Wege vom Getreide zum Mehl nachvollziehbar. Die meisten Mühlen verkaufen nicht nur an Bäckereien, sondern auch in kleineren Abpackungen an Endverbraucher. Das Mehl kommt so direkt aus der Produktionsstätte zu Ihnen in die Küche.

Praktische Verpackungsgrößen sind Mehlsäcke zu 2,5 kg, 5 kg oder 10 kg, je nachdem wie oft und wie viel Sie backen. Der Müller kann Ihnen außerdem genau Auskunft über die Getreideherkunft, die Anbaubedingungen, die Verarbeitung und die Eigenschaften seines Mehles geben.

Es gibt inzwischen auch einige Mühlen, die ihre Getreideprodukte im deutschsprachigen Raum per Internetbestellung und Postversand an Hobbybäcker verschicken (siehe Liste auf Seite 263).

Mehr als nur nass – das Wasser

Wasser ist neben dem Mehl und dem Triebmittel der wichtigste Bestandteil eines Brotteiges. Erst das Wasser ermöglicht enzymatische Vorgänge, die den Hefen die nötige Nahrung für den Gärprozess liefern. Zwar enthält das Mehl bereits etwa 15 % Wasser, dieses liegt aber nicht in freier Form vor, sodass die mehleigenen Enzyme nicht oder nur sehr eingeschränkt tätig sind. Erst die Zugabe von freiem (ungebundenem) Wasser aktiviert die Enzyme.

Verwenden Sie zum Backen Trinkwasser aus dem Wasserhahn. Vom Kauf abgefüllten Trinkwassers kann ich aus finanzieller wie ökologischer Hinsicht nur abraten, jedenfalls im deutschsprachigen Raum.

Die Wasserhärte hat einen Einfluss auf die Klebereigenschaften. Sehr hartes Wasser mit einem hohen Mineralstoffanteil strafft den Kleber und führt zu Broten mit kleinerem Brotvolumen, feinerer Porung und elastisch-fester Krume. Dagegen wird in sehr weichem Wasser ein Teil des Kleberbausteins Gliadin gelöst. Resultat sind flache Brote mit gröberer Porung und trockener, krümeliger Krume.

Geben Sie bei sehr hartem Wasser etwas weniger Salz in den Teig (ca. 0,2–0,4 % bezogen auf die Gesamtmehlmenge).

Teigtreiber

Triebmittel sind Wunderwerke der Natur. Winzige Mikroorganismen helfen uns milliardenfach bei der Brotzubereitung. Ob Hefepilze oder Milchsäurebakterien – sie sind es, die unser Brot lockern und genießbar machen.

Hefe

Die heutige Backhefe ist eine Kulturhefe, die ursprünglich aus Hefen zur Bierherstellung gezogen wurde. Sie wird unter Einsatz von Ammoniak, Phosphaten und anderen Chemikalien großindustriell über mehrere Verfahrensstufen hergestellt. Im Gegensatz dazu wird Biohefe auf einem Getreidenährboden gezüchtet. Sie ist etwas teurer, aber bekömmlicher, ökologischer und in ihren Eigenschaften mit konventioneller Backhefe vergleichbar. Erst seit dem 20. Jahrhundert wird die Backhefe in ihrer heutigen Form produziert und zum Backen verwendet.

Für die handelsübliche Frischhefe (Presshefe) wird der Wassergehalt auf ca. 70 % eingestellt.

Wird die Frischhefe auf einen Wassergehalt von ca. 5 % getrocknet, entsteht aktive Trockenhefe. Ein Emulgator verhindert, dass sie zu sehr austrocknet.

Ein Gramm Trockenhefe entspricht ungefähr drei Gramm Frischhefe.

Alternativ können Brote auch mit wilden Hefen gebacken werden. Dazu werden Roggenkörner oder Rosinen in Bioqualität etwa fünf Tage in zuckerhaltiges Wasser gelegt. Die wilden Hefen an den Körnern oder Rosinen bilden Gärgase, die durch Blasenbildung an der Wasseroberfläche zu erkennen sind. Ist die Bläschenbildung abgeschlossen, bleibt das Hefewasser mehrere Wochen im Kühlschrank gelagert aktiv. Mit etwas Erfahrung kann das Wasser so als Ersatz für konventionelle Hefe im Teig verwendet werden.

Spezielle Hefen, die tolerant gegen osmotischen Druck sind, kommen vor allem bei süßen Teigen zum Einsatz, sind aber für den Hausgebrauch eher untypisch und nur im Fachhandel zu beziehen.

Wie Bäcker und Hefe zusammenarbeiten

Backhefe kann sowohl mit als auch ohne Sauerstoff Stoffwechsel betreiben. Nahrungsgrundlage sind fast ausschließlich verschiedene Zucker, die durch hefeeigene Enzyme in andere Zuckerformen umgewandelt werden. Sobald eine Hefezelle unter sauerstoffreichen Bedingungen gelösten Einfachzucker durch die Zellwand aufnimmt, wird er enzymatisch zu Kohlenstoffdioxid und Wasser gespaltet (optimal bei Temperaturen unter 26 °C). Gleichzeitig beginnt bei ausreichender Nährstoffversorgung mit Stickstoff und Phosphor die Hefevermehrung durch Sprossung. Eine Ausstülpung der Mutterzelle schnürt sich von dieser ab oder bleibt mit ihr verbunden und bildet einen für Backhefe typischen Sprossverband. Bei ausreichender Gehzeit und geringer Hefezugabe kann sich so die Hefemenge verdoppeln.

Bereits in dieser Phase der Hefevermehrung entsteht Kohlenstoffdioxid, das den Teig gehen lässt. Gleichzeitig wird Sauerstoff abgebaut. Um das Kohlenstoffdioxid gegen frischen Luftsauerstoff auszutauschen und so die Hefevermehrung wieder anzuregen, wird der Teig im Laufe der ersten Gehphase (Stockgare) einmal oder mehrmals ausgestoßen (kurz geknetet) oder gedehnt und gefaltet.

Auch in der zweiten, sauerstoffarmen bis sauerstofffreien Phase entsteht Kohlenstoffdioxid, allerdings deutlich weniger als während der Hefevermehrung. Außerdem wird Ethanol (Alkohol) gebildet. Da an diesem Prozess kein Sauerstoff mehr beteiligt ist, wird von einer alkoholischen Gärung gesprochen. Optimale Temperaturen sind 30–35 °C. Der Alkohol verdunstet beim Backen und bildet mit Teigsäuren wichtige Aromastoffe. Sind genügend Einfachzucker im Teig vorhanden, findet die alkoholische Gärung auch unter sauerstoffreichen Bedingungen statt. Entscheidend für den Teigtrieb ist jedoch vor allem die sauerstofffreie Phase.

Neben Alkohol und Kohlenstoffdioxid bilden auch Hefen während der Gärung wichtige Aromastoffe.

Stichwort Temperatur

Die für die Teiggare bedeutsamen Prozesse laufen optimal bei Temperaturen zwischen etwa 25 °C und 35 °C ab. Für den Hobbybäcker sind solche Temperaturen nur schwierig zu handhaben. Über geringere Hefemengen und längere Gehzeiten lassen sich auch bei 20–24 °C mit einigen qualitativen Abstrichen brauchbare Backergebnisse erzielen.

Links: Trockenhefe, Frischhefe und gealterte Frischhefe mit Verfärbungen und trockenen Kanten (v.u.n.o)

Ab 45 °C sterben die Hefepilze. Bei Temperaturen unter 10 °C verlangsamen sich Vermehrung und Gärung der Hefen stark. Diese Eigenschaft wird zur Gärverzögerung genutzt. Teige können so über längere Zeit aufbewahrt und zu einem für den Bäcker günstigeren Zeitpunkt weiterverarbeitet werden. Unter −7 °C stellen die Hefen sämtliche Stoffwechselprozesse ein. Fertig geformte Teiglinge können so mit Tiefkühltechnik haltbar gemacht und später nach Bedarf gebacken werden. Da durch das Einfrieren und dem damit verbundenen veränderten Gärvorgang Qualitätseinbußen auftreten können, werden dem Teig in vielen Bäckereien neben deutlich mehr Hefe auch Zusatzstoffe wie Ascorbinsäure (Vitamin C) oder künstliche Enzyme zugegeben.

Hefe richtig aufbewahren

Frische Hefe hat eine helle, gelblich-braune Farbe und einen muschelförmigen Bruch.

Sie bleibt bei Temperaturen von 2–8 °C im Kühlschrank etwa 10–14 Tage haltbar. Ein leichtes Nachdunkeln, Antrocknen oder Abbröckeln ist dabei völlig normal. Mit zunehmendem Alter der Frischhefe sinkt die Triebkraft, da zelleigene Kohlenhydrat- und Eiweißreserven aufgebraucht werden und immer mehr Hefezellen absterben. Außerdem werden Stoffe freigesetzt, die das Klebergerüst des Teiges schwächen können.

MEIN TIPP
Für optimale Backergebnisse sollten Sie stets möglichst frische Hefe vorrätig haben. Am besten kaufen Sie Ihre Hefe lose direkt beim Bäcker oder im Laden um die Ecke.

Frischhefe einzufrieren birgt gewisse Nachteile. Da die Hefezellen Flüssigkeit enthalten, werden diese durch das Gefrieren beschädigt. Dadurch wird die Fähigkeit zur Vermehrung gemindert. Die Triebkraft der Hefe wird nicht beeinträchtigt, da hierfür ausschließlich ein Hefeenzym (Zymase), nicht aber die lebende Hefezelle notwendig ist.

Trockenhefe ist deutlich länger haltbar. Sie sollte kühl und trocken gelagert und nach Erreichen des Mindesthaltbarkeitsdatums nicht mehr verwendet werden.

Alternativen zur Hefe

Neben Backhefe und Sauerteig (siehe Seite 190) ist einzig Backferment ein für die Brotherstellung ernst zu nehmendes Triebmittel. Backferment ist im Grunde ein Sauerteig, der aus Weizenmehl, Maismehl, Erbsenmehl und Honig hergestellt wird. Ohne Weizenmehl wird es auch als glutenfreies Triebmittel angeboten. Im Gegensatz zum herkömmlichen Sauerteig dominieren im Backferment Milchsäurebakterien gegenüber Essigsäurebakterien. Das macht die Backwaren bekömmlicher und auch für Menschen attraktiv, die konventionelle Hefe- und Sauerteigbrote nicht vertragen. Dennoch sind in Backferment wilde Hefen aus Honig vertreten, von denen nicht bekannt ist, ob sich darunter für die Ernährung ungünstige oder gar schädliche Hefepilze befinden.

Handelsübliches Backferment ist ein Granulat, das in Verbindung mit Wasser aktiviert wird. Es festigt den Kleber in Weizen- und Dinkelteigen. Alle Teige, die nicht durch Roggen dominiert werden, können ohne zusätzliche Hefe hergestellt werden. Selbst Teige mit Mehlen von kaum backfähigen Getreiden wie Mais oder Hirse beziehungsweise Pseudogetreiden wie Buchweizen bekommen durch Backferment ausreichend Triebkraft. Optimale Gartemperaturen für Backfermentteige liegen um 35 °C. Nachteil des Backferments im Vergleich zur Backhefe ist die für einen Sauerteig typische lange Vorbereitungs- und Teigführungsdauer.

Außenseiter Backpulver

Backpulver und gutes Brot schließen sich aus. Backpulver wird als chemisches Triebmittel für Rührteige bei der Kuchenherstellung verwendet, niemals in Brotteigen. Eine Ausnahme sind regionale Gebäcke, beispielsweise das „Irish Soda Bread“ in Irland, das als Brot bezeichnet wird, aber eher an Kuchen erinnert.

Backpulver ist eine Verbindung aus Natriumhydrogencarbonat, einem Säuerungsmittel und einem Trennmittel zum Binden von Feuchtigkeit. Bei Kontakt mit Wasser und unter Wärmeeinwirkung reagiert das auch als Natron bezeichnete Natriumhydrogencarbonat unter anderem zu Kohlenstoffdioxid, das den Teig lockert. Vorteil des Backpulvers ist die kurze Zubereitungszeit. Allerdings wird sich dieser Zeitgewinn teuer erkauft: das Brot wird sehr schnell altbacken, hat kein typisches Brotaroma und eine kuchenähnliche Krume.

Das Salz im Brot

Speisesalz besteht überwiegend aus Natriumchlorid (NaCl), das in der Natur als Mineral Halit (Steinsalz) würfelförmig vorkommt. Weitere Bestandteile können Calcium, Magnesium oder Phosphor sein. Es spielt in der menschlichen Ernährung eine wesentliche Rolle und ist Voraussetzung für einen gesunden Organismus.

Meersalz oder Steinsalz?

Speisesalz wird vor allem als Steinsalz oder als Meersalz gewonnen. Steinsalz ist aus geologischer Sicht letztlich auch Meersalz, allerdings mehrere Hundert Millionen Jahre älter als das heute gewonnene Produkt.

Gewöhnliches Meersalz unterscheidet sich in seiner Zusammensetzung kaum von Steinsalz, da es ebenfalls gereinigt wird. Nur spezielle, ungereinigte Meersalzsorten haben eine andere Zusammensetzung, die den Geschmack leicht verändert (vor allem durch Sulfate). Für Sie als Hobbybäcker macht es keinen Unterschied, ob Sie gewöhnliches Meersalz oder Steinsalz verwenden. Auch andere, als gesünder angepriesene Sorten, beispielsweise Himalaya-Salz, sind beim Backen und ernährungsphysiologisch nicht besser, höchstens schlechter als Steinsalz, da sie häufig mehr Verunreinigungen enthalten.

MEIN TIPP

Falls Sie zum Backen Salz mit Zusatzstoffen (zum Beispiel Jod, Fluor, Folsäure) verwenden, sollten Sie beachten, dass Folsäure nicht hitzebeständig ist und durch das Backen zerstört wird.

Wirkung beim Backen

Dem Salz kommt im Brot eine wichtige Bedeutung zu. Es festigt im Weizenteig das Klebergerüst, macht den Teig also formstabiler. Im Roggenteig erhöht Salz die Verkleisterungstemperatur der Stärke um 5–10 °C und wirkt so einem zu starken Abbau der Stärke durch Enzyme entgegen.

Salz bindet Wasser, das den Hefen dadurch nicht mehr zur Verfügung steht. Es hemmt damit die Triebkraft des Teiges. Salzzugaben von 1,8–2,2 % sind optimal für den Ofentrieb und das Gebäckvolumen. Geben Sie dem normalen Brotteig mehr oder weniger Salz zu, hat das negative Auswirkungen auf Volumen, Kruste und Krume. Dagegen sollten Sie in Vollkorn- und Schrotbroten auf geringere Salzbeigaben von 1,5–1,8 % achten, da die Getreideerzeugnisse bereits einen hohen Mineralsalzanteil aus den Randbereichen des Korns mitbringen. Gleiches gilt für die Wasserhärte. Weicheres Wasser mit weniger Mineralstoffen bedingt eine höhere Salzzugabe als härteres Wasser.

Steinsalz/Halit (rechts), gemahlenes Salz (links) und Meersalz (hinten)

MEIN TIPP
Machen Sie es sich zur Gewohnheit, den gekneteten Teig zu kosten. So merken Sie am schnellsten, ob Sie das Salz vergessen haben. Fällt Ihnen das erst später auf, können Sie den Fehler nicht mehr rückgängig machen.

Teige ohne Salz sind feucht, klebrig, kaum standfest und haben einen schnellen Trieb. Salzfreies Brot schmeckt fade und besitzt eine blasse Kruste.

Milch, Butter & Co.

Milch und Milchprodukte kommen beim Brotbacken selten zum Einsatz, sind aber für bestimmte Backwaren, wie zum Beispiel Milchbrötchen, typisch. Milch ist ein natürliches Lebensmittel, das reich an Fetten, Kohlenhydraten, Mineralstoffen, Eiweißen und Vitaminen ist. Außerdem enthält es Milchzucker. Physikalisch betrachtet ist Milch eine Fett-Wasser-Emulsion, also Wasser, in dem feinste Fetttröpfen verteilt sind. Der Fettgehalt wird maschinell auf 3,5 % beziehungsweise 1,5 % eingestellt. Wird Milch durch Trocknung dauerhaft lagerfähig gemacht, entsteht Milchpulver, das in bestimmten Backwaren zum Einsatz kommen kann.

Zum Backen wird am häufigsten Kuhmilch genutzt. Neben Milch können auch süße und saure Sahne (Sauerrahm), Buttermilch, Joghurt, Quark und weitere Milchprodukte beim Brotbacken eingesetzt werden. Sie alle beeinflussen die Back- und Gebäckeigenschaften.

MEIN TIPP
Leiden Sie an einer Kuhmilchunverträglichkeit, können Sie zum Backen ohne Weiteres Milchprodukte von Schafen oder Ziegen verwenden.

Wirkung beim Backen

Da Kuhmilch einen Wasseranteil von 87,5 % hat, erhöht sich die sogenannte Teigausbeute (Verhältnis aus Schüttflüssigkeit und Mehlmenge im Teig). Im Vergleich zu Wasser muss also deutlich mehr Milch zugegeben werden, um den gleichen Wasseranteil im Teig zu erreichen.

Das Milchfett übernimmt mehrere Funktionen. Zum einen macht es den Kleber plastischer und dehnbarer, was zu einem größeren Gebäckvolumen führt (nur bei Verwendung von Vollmilch). Zum anderen wirkt es emulgierend und lässt den Teig geschmeidiger werden. Resultate daraus sind ein besseres Gashaltevermögen und eine stärkere Gärtoleranz (Stabilität bei voller Teiggare). Die Mineralstoffe der Milch wirken dem Fett bei der Kleberbeeinflussung entgegen. Sie verkürzen, straffen die Glutenstruktur.

MEIN TIPP
Kneten Sie milchhaltige Teige intensiver und backen Sie die Teige bei niedrigeren Temperaturen. Der Milchzucker bewirkt eine schnellere Bräunung.

Letztlich führt Milch zu einer feinporigeren Krume, einer dünneren, zarteren, weniger knusprigen Kruste, einem abgerundeteren Geschmack und einer verbesserten Frischhaltung.

Fettes Brot

Fette können ein wesentlicher Bestandteil von Brot sein. Vor allem in süßeren Teigen spielt Fett eine wichtige Rolle. Fette sind organische Verbindungen aus dem Alkohol Glycerin und Fettsäuren. Sie können pflanzlichen oder tierischen Ursprungs sein. Je nachdem ob die Fettsäuren Doppelbindungen zwischen den Kohlenstoffatomen aufweisen oder nicht, werden sie als ungesättigt oder gesättigt bezeichnet. Ungesättigte Fettsäuren gelten als ernährungsphysiologisch hochwertiger als gesättigte Fettsäuren. Feste Fette besitzen keinen oder einen geringen Anteil an ungesättigten Fettsäuren. Öle hingegen können bedeutende Mengen ungesättigter Fettsäuren enthalten.

In Backwaren werden sowohl feste als auch flüssige Fette verwendet. Dazu gehören unter anderem Margarine, Schweineschmalz und Olivenöl, vor allem aber normales Pflanzenöl und Butter.

Feste Fette (wie Butter, Margarine, Schmalz) sollten immer gut verpackt im Kühlschrank gelagert werden, da sie schnell Fremdgerüche annehmen. Öle halten sich am besten verschlossen bei kühler und lichtgeschützter Lagerung.

Wirkung beim Backen

Da Teige mit zunehmendem Fettanteil weicher werden, muss die Wassermenge reduziert werden. Das jedoch hemmt die Hefeentwicklung, sodass mehr Hefe zugegeben werden muss.

MEIN TIPP
Geben Sie Fett frühestens nach der Hälfte der Knetzeit zum Teig. Setzen Sie bei fett- und zuckerreichen Teigen einen kurzen Vorteig an, um den Hefen ausreichend Gelegenheit zur Vermehrung und Gärung zu geben.

Bis zu 20 % Fett bezogen auf die Mehlmenge verhelfen dem Teig zu einer plastischeren, dehnbareren Konsistenz und verbessern dank der emulgierenden Wirkung gleichzeitig das Gashaltevermögen. Mehr Fett bewirkt das Gegenteil. Geringe Fettbeigaben zwischen 1–3 % (max. 10 %) der Mehlmenge vergrößern das Volumen der Backwaren. Ab 5 % Fett hemmt es die Hefeaktivität.

Fett bewirkt eine feinporige Krume und eine relativ weiche bis mürbe Kruste. Verwenden Sie besonders aromatische Fette (zum Beispiel Butter, Olivenöl, Kürbiskernöl), einwickelt sich ein intensiverer, teils sogar gebäcktypischer Geschmack. Außerdem halten sich Backwaren mit Fettanteil länger frisch.

Mit Zucker und Peitsche

Haushaltszucker wird in zwei Qualitäten angeboten. Weißzucker ist die einfachere Qualität mit einer geringeren Weiße und relativ hohem Mineralstoffgehalt. Dagegen zählt Raffinadezucker zu den reinsten und hellsten Zuckern. Ob normal gekörnter Zucker, Hagelzucker, Puderzucker, Kandis, Rohzucker, Rohrzucker oder Grießzucker. Die Vielfalt der Zuckersorten ist fast unendlich.

Wirkung beim Backen

Außer für süße Teige wird Zucker in Broten als Malzersatz zur Ankurbelung der Hefeaktivität, zur Verbesserung des Volumens, der Krustenbräunung und des Geschmacks genutzt.

In süßen Teigen fördern bis zu 20 % Zucker (bezogen auf die Gesamtmehlmenge) die Hefegärung. Da der Teig bei einem höheren Zuckergehalt zunehmend weicher wird, muss die Wasserzugabe gesenkt werden. Dadurch sinkt die Hefeaktivität. Außerdem wird die Gärtoleranz des Teiges geschwächt.

Zucker führt in süßen Teigen zu einer feuchteren Krume mit etwas engerer, feinerer Porung und gedrungenem Volumen. Zuckerreiche Brote halten länger frisch und haben eine intensiv gebräunte Kruste.

Brot und Eier

Hühnereier werden in konventionellen Brotteigen in aller Regel nicht verwendet. Dafür kommen sie umso häufiger in schwereren Hefeteigen mit erhöhtem Fett- und Zuckeranteil oder als Glanzmittel zur Anwendung.

Eier haben einen kaum zu übertreffenden Nährwert. Sie sind reich an hochwertigem Eiweiß, an Mineralstoffen, Fett und Vitaminen. Ein Ei der für das Backen üblichen Größe M besteht aus ca. 30 g Eiweiß und 20 g Eigelb.

Wirkung beim Backen

Das im Eigelb enthaltene Lecithin führt als natürlicher Emulgator zu einer feineren Teigstruktur, einer besseren Gärstabilität und Gärtoleranz. Der Teig erhält je nach Dotterfärbung eine gelbliche Tönung, wird besser dehn- und formbar, außerdem ist er standfester. Das Brot erhält ein größeres Volumen, eine ausgeprägte Krustenfarbe, eine feine, elastische Krume und zudem einen besseren Geschmack. Bei fettarmen Teigen trocknen Eier die Brotkrume aus. Außerdem wird Ei auch als Glanzmittel auf der Kruste und als "Klebstoff", zum Beispiel bei Blätterteiggebäcken, verwendet.

Mysterium Malz

Malz gehört zu den sogenannten Backmitteln. Backmittel sind Lebensmittel oder Zusatzstoffe, die wechselnde Rohstoffqualitäten ausgleichen, die Herstellung von Backwaren vereinfachen und deren Qualität verbessern sollen. Malze gehören zu den ältesten und ursprünglichsten Backmitteln überhaupt. Sie werden ausschließlich aus Getreide hergestellt. Im weiteren Sinne sind auch Zucker, Fette und Milchprodukte Backmittel, da sie die Teigeigenschaften verbessern beziehungsweise Qualitätsdefizite der Mehle ausgleichen können.

MEIN TIPP

Malze sind für viele Hobbybäcker ein Buch mit sieben Siegeln. Sie sollten sich dennoch keine Sorgen machen. Malze sind eigentlich nur für professionelle Bäcker interessant, die zum Beispiel auf schwankende Mehlqualitäten reagieren müssen. Die Verwendung von Malzen in der Hobbybäckerei ist aus meiner Sicht nicht zwingend notwendig, kann aber sowohl im Geschmack als auch für die Ausbildung und Beschaffenheit von Kruste und Krume kleine Vorteile bringen.

Vom Getreide zum Malz

Malze werden aus Getreiden wie Gerste, Weizen oder Roggen hergestellt. Dazu wird das Getreide zwei bis drei Tage in Wasser eingeweicht, um die Keimruhe zu stoppen. Anschließend erfolgt die Keimung über fünf bis zehn Tage bei hoher Luftfeuchtigkeit und Raumtemperatur (bis 20 °C). Es entsteht Grünmalz, das zweistufig bei 35–50 °C und bei ca. 85 °C schonend getrocknet wird. Das gemälzte Getreide wird nun entweder zu Malzmehl gemahlen oder zu Malzextrakt weiterverarbeitet.

Malzextrakt wird als sirupartige Flüssigkeit (Flüssigmalz) oder als Pulver hergestellt. Dazu wird das gemälzte Getreide geschrotet, gewässert (Maische) und mehrmals über etliche Stunden Temperaturen von 50–65 °C ausgesetzt. Die dabei entstehenden wässrigen Verbindungen werden anschließend von den Getreideresten und von zusammengeballtem Eiweiß getrennt. Über schonende, niedrigtemperierte Verdampfungsprozesse wird der Wassergehalt entsprechend dem Zielprodukt (Flüssigmalz oder trockenes Malzextrakt) eingestellt. Trockenes Malzextrakt ist stark hygroskopisch, nimmt also zügig Luftfeuchtigkeit auf und verklumpt. Seine Lagerung ist schwierig.

Aktiv oder inaktiv?

Sämtliche Malzprodukte können enzymaktiv (diastatisch) oder enzyminaktiv (nichtdiastatisch) sein. Während der Herstellung entstehen zunächst enzymaktive Malze, die durch Erhitzung auf über ca. 80 °C inaktiv gemacht werden. Während der Getreidekeimung erhöht sich die Enzymaktivität im Korn drastisch. Vor allem stärkeabbauende Enzyme werden aktiviert, aber auch Enzyme, die bereits im Korn Schleimstoffe (Pentosane) und Eiweiße (Proteine) abbauen. Aktive Malze beschleunigen und intensivieren also die Umwandlung der Mehlbestandteile in für die Hefen vergärbare Zucker und Nährstoffe. Außerdem sorgen sie für optimale Krumen- und Krusteneigenschaften.

Inaktivierte Malze kommen im Wesentlichen zur Verbesserung des Geschmacks, des Geruchs und der Farbe von Backwaren zum Einsatz.

Je nach Art und Verlauf der Trocknung des gekeimten Getreides können verschiedene Enzymaktivitäten und Malzaromen eingestellt werden.

TABELLE 6
Einsatzbedingungen von Malzprodukten und deren Einfluss auf Backwaren. Wenn nicht anders gekennzeichnet, alle Angaben für Weizen- und Weizenmischteige (max. 20–30 % Roggenanteil).

	ENZYMAKTIVITÄT	MALZMEHL (BACKMALZ)	MALZEXTRAKT	
			trocken	Flüssigmalz
Einsatzbereich	aktiv	bei enzymarmem Mehl bei kurzer Teigführung	bei längerer Teigführung (2–3 Stunden)	ohne Einschränkung
	inaktiv	je nach gewünschten Backwareneigenschaften (Aroma, Geschmack, Krumenfarbe, Krustenbeschaffenheit etc.) auch höher dosiert möglich bevorzugt bei langer Teigführung Malzextrakt bei Roggen- und Roggenschrotbroten		
Prozesse	aktiv	starker Stärke- und Eiweißabbau (Kleberschwächung) geringere Triebstärkung	mäßiger Stärke- und schwacher Eiweißabbau sehr gute Triebstärkung	guter Stärke- und schwacher Eiweißabbau gute Triebstärkung
	inaktiv	gute Triebstärkung durch hohen Zuckergehalt		
Auswirkungen in den Backwaren	aktiv	ausgeprägte Krustenbräunung nachlassende Teigstruktur (dehnbarer, elastischer) feuchtere Krume größeres Volumen	knusprige (rösche) Kruste verbesserte Teiglockerung größeres Volumen	Krustenglanz und optimale Bräunung rösche Kruste verbesserte Krumenbeschaffenheit und Lockerung gute Frischhaltung
	inaktiv	Verbesserung von Geschmack, Krumenfarbe und Knusprigkeit längere Frischhaltung Säureminderung in Roggen- und Roggenschrotbroten		

Die Enzymaktivität von aktivem Malzmehl hängt besonders von der Korngröße ab, zu der es vermahlen wurde. Je feiner das Malzmehl, umso intensiver laufen später die enzymatischen Prozesse im Teig ab.

Welches Malz wofür?

Malzextrakt und Malzmehl unterscheiden sich in ihrer Zusammensetzung und damit in ihrer Wirkung auf Backwaren. Während im Malzmehl noch sämtliche Bestandteile des Getreidekorns (zum Beispiel Eiweiße, wasserunlösliche Kohlenhydrate, Enzyme) enthalten sind, besteht Malzextrakt nur noch aus den löslichen Substanzen, speziell den Zuckern. Enzymaktives Malz ist hauptsächlich Teil der Weizenteigverarbeitung, allerdings nur bei relativ kurzen Gehzeiten. Bei roggenlastigen Teigen wäre aktives Malz kontraproduktiv, da sie bereits mehlseitig ausreichend oder gar zu viele stärkeabbauende Enzyme besitzen, die gehemmt anstatt gestärkt werden sollten. Deshalb werden bei Roggenteigen, wenn überhaupt, enzyminaktive Malze verwendet.

Flüssiges Gerstenmalzextrakt (vorn), aktives Backmalz (rechts) und inaktives Aromamalz/Röstmalz (links)

In der Hobbybäckerei eher selten verwendet werden Malzflocken. Malzflocken sind gequetschte Malzgetreidekörner, die als Aromaträger verbacken werden können. Ihre Enzymaktivität ist gering (praktisch enzyminaktiv).

Wie viel Malz?

Die Menge der Malzzugabe richtet sich vor allem nach der Mehlqualität (insbesondere der Enzymaktivität und Kleberstärke) und nach den gewünschten Eigenschaften der Backwaren. In der Regel liegt sie zwischen 0,5 und 3 % (bezogen auf die Gesamtmehlmenge). Für den Hobbybäcker sind Feinheiten wie die Enzymstärke seines Mehles meist kaum nachvollziehbar und nur schwierig zu ermitteln.

Aktives Malzmehl kann schnell überdosiert werden und ungenießbare Backwaren verursachen (klitschige Krume, kleines Volumen). Mit 0,5–1 % Malzzugabe (enzymaktiv) sind Sie auf der sicheren Seite. Inaktives Malz können Sie auch in größeren Mengen zugeben, da hierbei nur sensorische Broteigenschaften gefördert werden.

Malzmehl (insbesondere aktives Malz) wird im Handel häufig mit Zusatzstoffen (unter anderem Emulgatoren) angeboten, die weitere Teigeigenschaften beeinflussen.

Möchten Sie inaktives Backmalz lediglich zur Triebstärkung und Krustenverbesserung nutzen und auf die Aromakomponente verzichten, eignen sich ebenso Haushaltszucker oder zuckerreiche Lebensmittel wie Honig und Rübensirup.

MEIN TIPP
Achten Sie beim Kauf darauf, dass es sich um reines Malzmehl ohne Zusätze handelt. Generell sollten Sie inaktive Malze bevorzugen, da das heutige Mehl in der Regel von ausreichender Qualität ist.

Wo gibt es Malz?

Malzmehl kann über Mühlenläden, Reformhäuser oder im Internet bezogen werden. Aktives Malz wird häufig als Backmalz angeboten, inaktive Malzmehle als Aromamalz oder Röstmalz. Malzextrakte in trockener Form sind teuer und in handhabbaren Verpackungsgrößen bislang nicht verfügbar. Flüssigmalz (hell und dunkel, in der Regel enzyminaktiv) in verbraucherfreundlichen Packungsgrößen finden Sie in Fachgeschäften für Brauereibedarf oder ebenfalls im Internet. Im Zweifel suchen Sie den nächstgelegenen Bäcker auf und fragen, ob er Ihnen etwas Malz überlässt.

Malzmehl selbermachen

Eigenes Malzmehl wird ähnlich wie in der industriellen Mälzerei hergestellt. Grundlage ist eine selbst gewählte Getreidesorte, idealerweise Gerste.

MEIN TIPP
Das Getreide sollte unbehandelt sein. Studieren Sie dazu genau die Verpackung, kaufen Sie Biogetreide, am besten direkt in der Mühle oder im Reformhaus.

→ Die Getreidekörner für ein bis zwei Tage in Wasser einweichen. Das Wasser täglich austauschen und kühl halten (< 20 °C).

→ Die aufgequollenen Körner mit einem Sieb vom alten Wasser trennen und gründlich durchspülen, um Schimmel zu vermeiden.

- → Die gereinigten Körner in einem flachen Behälter (Backblech, Kunststoffbox) verteilen.
- → An einem halbdunklen Platz bei kühlen Temperaturen um 15–18 °C zum Keimen stellen.
- → Die Körner zweimal täglich mit klarem Wasser im Sieb durchspülen.
- → Nach zwei bis drei Tagen sollten die Körner keimen. Erste Sprossen sind zu sehen.

MEIN TIPP
Haben die Sprossen bereits eine grüne Farbe angenommen, sind die Körner für das Mälzen nicht mehr geeignet. Achten Sie deshalb genau auf die keimenden Körner.

- → Der Keimprozess wird durch das Trocknen der Körner unterbrochen. Die Körner dazu auf einem mit Backpapier ausgelegten Blech locker verteilen und bei ca. 50 °C mit Umluft (weniger ideal mit Ober-/Unterhitze) ein bis zwei Stunden trocknen. Die Ofentür dabei einen Spalt breit geöffnet lassen, damit die Feuchtigkeit abziehen kann.

Möchten Sie gern aktives Malzmehl herstellen, mahlen Sie die getrockneten Körner in einer Haushaltsmühle oder einem guten Mixer bereits zu diesem Zeitpunkt. Solange Sie das Malzmehl keinen hohen Temperaturen aussetzen, bleibt es dauerhaft enzymaktiv.

Für inaktives Malz rösten Sie die gemälzten Getreidekörner im Backofen bei ca. 150–180 °C mit Umluft (alternativ Ober-/Unterhitze) eine halbe Stunde lang. Dadurch werden die stärke- und eiweißabbauenden Enzyme zerstört.

Die Rösttemperatur richtet sich nach der gewünschten Intensität des Malzaromas. Während des Röstens sollten die Körner ab und zu gewendet und gekostet werden. Zu intensives Rösten bringt eine bittere Geschmacksnote in das Korn. Zu kurzes Rösten führt zu einem schwachen, faden Malzaroma.

Nachdem die Körner ausgekühlt sind, können sie wie beschrieben zu Malzmehl vermahlen werden.

Wohl bekomm's – Gewürze

Gewürze kommen nur in wenigen Brotsorten zum Einsatz, sind aber in bestimmten Regionen besonders beliebt, etwa im süddeutschen Raum oder in Österreich. Typische Brotgewürze sind Kümmel, Fenchel, Anis, Brotklee (Schabzigerklee) und Koriander. Sie fördern die Verdauung und machen vor allem Vollkornbrote und Schrotbrote bekömmlicher. Durch ihren intensiven Geschmack sollten Gewürze maximal zwischen 0,1–1,5 % der Teigmasse ausmachen. Gemahlene Gewürze müssen geringer dosiert werden.

Auswahl von Brotgewürzen: Koriander (vorn), Kümmel (links) und Fenchel (rechts)

Möchten Sie getrocknete Kräuter in den Brotteig kneten, können Sie deren Aroma durch Überbrühen mit heißem Wasser intensivieren. Nachdem das Kräuterwasser abgekühlt ist, nutzen Sie es als Schüttflüssigkeit im Teig. Auch das Rösten bestimmter Gewürze (zum Beispiel Kümmel) hilft, ein noch aromatischeres Brot zu backen.

Teige an der Leine: Teigführung

Unter Teigführung wird der gesamte Herstellungsprozess eines Teiges vom Mischen der Zutaten bis zum Backen verstanden. So vielfältig die Teigherstellung und Teigentwicklung gehandhabt werden kann, so zahlreich sind die Faktoren, die auf die Teigführung Einfluss nehmen. Dazu zählen beispielsweise Temperatur, Flüssigkeitsanteil, die Rezeptur im Allgemeinen, Ruhezeiten (Garzeiten), Intensität und Dauer von Kneten und Teigbearbeitung (Wirken). Letztlich ist die Teigführung entscheidend für die Eigenschaften der Backwaren. Die Teigführungsarten unterscheiden sich zum Beispiel nach dem Arbeitsablauf (direkt oder indirekt), der Dauer (kurz oder lang) oder der Gartemperatur (kühl, warm).

Direkt zum Ziel

Direkt geführte Teige sind Teige, die in einem Arbeitsgang hergestellt werden. Alle Zutaten werden also in einem Arbeitsschritt miteinander gemischt und geknetet. Weizen- oder Weizenmischteige werden heute in vielen Bäckereien direkt geführt, da durch Zusatz von Backmitteln die mit dieser Führungsart verbundenen Nachteile reduziert werden können. Roggenlastige Teige können mit Hilfe von Teigsäuerungsmitteln (Milch-, Essig- oder Zitronensäure) direkt geführt werden. Die Säuren ersetzen den üblichen Sauerteig, der Teil einer indirekten Führung wäre.

Die direkte Führung spart Zeit. Dafür muss allerdings mehr Hefe eingesetzt werden. Geschmacklich sind diese Teige weniger entwickelt als indirekt geführte Teige, da sie zum einen weniger Zeit haben, Aromen zu entwickeln, und zum anderen die Hefe mit ihrem Eigengeschmack dominieren kann. Die direkte Führung ist das Mittel der Wahl für schnell verfügbare Backwaren, hat aber etliche Nachteile für Aroma, Geschmack, Krusten- und Krumenbeschaffenheit und das Gebäckvolumen.

Umweg lange Teigführung

Einige dieser Nachteile können durch eine längere Teigführung begrenzt werden. Das betrifft vor allem Aroma und Geschmack. Wird der Teig mit wenig Hefe (0,5–2 % der Mehlmenge) bei niedrigen Temperaturen (3–18 °C) über 5–72 Stunden oder länger zur ersten Gare (Stockgare, 1. Gehphase) gestellt, können sich ausreichend Aromastoffe entwickeln. Außerdem bietet eine solche lange Teigführung Vorteile bei der Herstellung.

Beispielsweise kann der Teig am Abend geknetet und dann über Nacht stehen gelassen werden. Am Morgen werden nur noch die Brötchen oder das Brot geformt, kurz zur zweiten, warmen Gare (Stückgare) gestellt und gebacken.

Die lange Führung birgt allerdings das Risiko der Teigalterung. Dabei bauen die im Mehl und in der Hefe enthaltenen Enzyme zu viel Mehlstärke zu Zuckern ab. Außerdem kann durch eiweißabbauende Enzyme das Klebergerüst in Weizenteigen angegriffen werden. Auch die für Roggenbrote wichtigen Schleimstoffe (Pentosane) unterliegen diesem enzymatischen Abbau. Der Teig wird instabil und kann beim Backen kein ausreichendes Krumengerüst aufbauen. Eine Zugabe von enzymaktivem Malz bei langer Führung würde diese Prozesse noch verstärken und ist deshalb ausgeschlossen.

MEIN TIPP
Der Teigalterung können Sie mit niedrigeren Hefemengen, leichter Säuerung, etwas niedrigerem Wassergehalt oder kühleren Temperaturen begegnen.

Salz-Hefe-Führung

Während bei der indirekten Teigführung ein Schwerpunkt auf die Hefevermehrung gelegt wird, spielt dies bei der direkten Führung eine untergeordnete oder gar keine Rolle. Wichtig ist hier vor allem die durch Enzyme ermöglichte Hefegärung. Die Salz-Hefe-Führung macht sich dies zunutze.

Mit der Salz-Hefe-Führung können die Bearbeitungseigenschaften, die Gärstabilität und die Gärtoleranz von direkt geführten Teigen deutlich verbessert werden.

Frisch angerührte Salz-Hefe-Mischung

Dafür werden die im jeweiligen Rezept angegebenen Anteile an Salz und Hefe mit Wasser vermischt. Die Wassermenge muss das Zehnfache der Salzmenge betragen. Beispielsweise werden 15 g Salz und 20 g Frischhefe in 150 g Wasser gelöst. Die Lösung sollte je nach Hefekonzentration mindestens 2–4 Stunden und maximal 1–2 Tage kühl (< 20 °C) und abgedeckt gelagert werden. Die Salz-Hefe-Lösung wird nach der Abstehzeit mit allen anderen Zutaten zu einem Teig geknetet.

Kampf in der Zelle

Die Salzkonzentration außerhalb der Hefezellen ist größer als innerhalb. Deshalb wird die Zellflüssigkeit aus der Zelle gezogen. Die Salzkonzentration in der Lösung sinkt. Gleichzeitig steigt die relative Salzkonzentration in der Zelle. Die Hefezellen trocknen praktisch aus und verlieren ihre Fähigkeit zur Vermehrung. Die Gärkraft bleibt dennoch erhalten, da hierfür nicht die lebende Zelle, sondern die in der Zellflüssigkeit enthaltenen Enzyme verantwortlich sind.

Die verbesserten Teigeigenschaften werden vor allem den Zelleiweißen zugeschrieben. Das Verfahren optimiert nicht nur die Verarbeitung und Gärung des Teiges, sondern führt auch zu einer saftigeren, besser gelockerten Krume, die länger frisch hält.

Stufenweise zum Ziel

Die indirekte Teigführung erfolgt immer über sogenannte Vorstufen. Der Teig wird also in mehreren, zeitlich voneinander getrennten Arbeitsschritten hergestellt. In aller Regel werden dafür Vorteige angesetzt. Vorteige sind Mischungen aus Mehl, Wasser und Mikroorganismen (Triebmittel). Das Triebmittel kann Hefe oder Sauerteig sein. In weizendominierten Teigen reduzieren Vorteige die Hefemenge, verbessern durch Quellvorgänge und enzymatische Tätigkeit die Teigeigenschaften, die Frischhaltung, den Geschmack, den Geruch und die Schnittfähigkeit der Krume.

Im Sprachgebrauch wird häufig zwischen Vorteigen und Sauerteigen unterschieden, obwohl Sauerteig im engeren Sinne auch ein Vorteig ist. Zur besseren Unterscheidung wird im Folgenden jedoch auch die Trennung in Vorteige (also hefebasierte Vorstufen) und Sauerteige angewandt.

Vorteige werden ausschließlich aus Weizenmehlen angesetzt (dazu gehören auch Dinkel, Emmer und andere zur Weizengattung zählende Getreide). Sauerteige können mit Weizen- und Roggenmehlen hergestellt werden.

Die Art und Menge des eingesetzten Vorteiges richtet sich nach den gewünschten Gebäckeigenschaften.

Die für den Vorteig eingesetzte Mehlmenge beträgt in der Regel 20–50 % des Gesamtmehlgehaltes im Teig. Im Roggensauerteig werden oft 30–50 % der Gesamtroggenmehlmenge versäuert. Weizensauerteig hingegen wird mit 20–30 % geringer dosiert, da er als Aromalieferant und zur Verbesserung der Teigeigenschaften, oft aber nicht als alleiniges Triebmittel eingesetzt wird. Ist Roggenmehl in einem Weizen(misch)-brot enthalten, wird ein deutlich höherer Anteil des Roggenmehls versäuert (bis zu 60–100 %).

Zu den Vorteigen zählen im weiteren Sinn auch sogenannte Nullteige. Dabei handelt es sich um Mischungen aus Getreideerzeugnissen und einer Flüssigkeit (meist Wasser) ohne Zugabe von Triebmitteln wie Hefe. Zu den Nullteigen zählen Autolyse-Teige, Quell-, Brüh- und Kochstücke. Nullteige werden zum Vorquellen von Mehl oder groben Mahlprodukten, wie Schrot oder ganzen Körnern, genutzt. Das ermöglicht eine größere Wasserzugabe im Teig, verbessert die Teigeigenschaften und führt letztlich zu einem ausgewogeneren, bekömmlicheren Brot.

Multitalent Sauerteig

Sauerteig ist ein ganz erstaunliches, natürliches Triebmittel aus Wasser, Mehl und Mikroorganismen. Milchsäurebakterien und säuretolerante Hefepilze sorgen in einem komplizierten Zusammenspiel für Aroma, Triebkraft und spezielle Teig- und Gebäckeigenschaften. Über verschiedene Führungsarten können abhängig von Temperatur, Mischungsverhältnissen, Reifezeit und weiteren Zutaten spezielle Wirkungsweisen des Sauerteigs hervorgehoben oder geschwächt werden. Dazu zählen unter anderem der Säuerungsgrad und die Hefelastigkeit.

MEIN TIPP

Möchten Sie noch mehr über Sauerteig erfahren, als es der Platz an dieser Stelle erlaubt, so stöbern Sie in den Büchern und Linktipps, die ich ab Seite 263 für Sie zusammengefasst habe.

Reifer Roggensauerteig

Sauerteig kann generell mit allen stärkehaltigen Lebensmitteln angesetzt und aktiv gehalten werden (auch mit Kartoffeln).

Ob der über Jahre geführte Sauerteigstamm oder der immer wieder neu angesetzte Sauerteig die bessere Methode ist, darüber gibt es selbst unter professionellen Bäckern konträre Ansichten. Der Lehrmeinung folgend sollte der Sauerteig etwa halbjährlich bis jährlich neu angesetzt werden, um Verunreinigungen und einer Übersäuerung vorzubeugen.

Im Reich der Mikroorganismen

Hefepilze und Milchsäurebakterien sind im Sauerteig verantwortlich für die Bildung von Gärgas. Dabei wird zwischen gasbildenden (heterofermentativen) und nicht gasbildenden (homofermentativen) Milchsäurebakterien unterschieden. Während die homofermentativen Bakterien aus enzymatisch abgebauten Zuckerstoffen im Teig ausschließlich Milchsäure bilden, entsteht bei den heterofermentativen Bakterien zusätzlich Essigsäure (oder Ethanol) und Kohlenstoffdioxid. Daher werden sie häufig auch als Essigsäurebakterien bezeichnet. Das Kohlenstoffdioxid wird als Gärgas im Teiggerüst aus Kleber (Weizenteig) und Schleimstoffen (Roggenteig) sowie Stärke gefangen und bildet am Ende die Poren. Durch die alkoholische Gärung der im Sauerteig vorhandenen Hefen wird allerdings deutlich mehr Kohlenstoffdioxid produziert. Sie steuert im Wesentlichen die Triebkraft eines Sauerteiges.

Schöne Krume dank Sauerteig

Das Gärgas kann in Roggenteigen nur dank der gebildeten Säuren gehalten werden. Die Säuren hemmen die Aktivität der stärkeabbauenden Enzyme, die im Roggenmehl besonders ausgeprägt tätig sind. Ihre maximale Aktivität fällt mit der Verkleisterungstemperatur der Roggenstärke zusammen. Da verkleisterte Stärke anfälliger für den enzymatischen Abbau ist, würde beim Backen das krumenbildende Stärkegerüst in Zucker abgebaut werden. Ergebnis wäre ein ungenießbares Brot mit Hohlräumen und klitschiger, nasser Krume, da die Zucker das Teigwasser nicht komplett binden können.

In Weizenteigen liegt das Verkleisterungsoptimum um 10–15 °C über der maximalen Enzymaktivität. Die meisten Enzyme sind dann bereits durch die Hitzewirkung inaktiv. Eine Versäuerung zur Enzymhemmung ist bei Weizen deshalb nicht notwendig. Stattdessen festigt die Säure das Klebergerüst und erhöht so die Elastizität der Krume. Auch bei Roggen spielt die enzymhemmende Wirkung von Sauerteig dank fortschreitender Getreidezüchtung keine derart entscheidende Rolle mehr, wie noch in der Mitte des 20. Jahrhunderts.

Mischpult der Säuren

Die essigsäurebildenden Bakterien sind für die Säure des Brotes verantwortlich. Um das Brot nicht mit zu viel Essigsäure zu übersäuern, sollte ihr Anteil im Sauerteig 10–20 % nicht überschreiten. Über die Steuerung der Temperatur können die Bakterienverhältnisse und damit der Säuregrad reguliert werden.

Optimale Temperaturen liegen für milchsäurebildende Bakterien bei 30–35 °C, für essigsäurebildende Bakterien bei 20–25 °C, für Hefen um 25 °C. Warm geführte, milchsäurebetonte Sauerteige sind daher in der Regel milder als kühler geführte, essigsäurebetonte Teige. Bei Temperaturen über ca. 40 °C beginnen die Bakterien und Hefepilze abzusterben.

Mineralstoffe dank Sauerteig

Die essigsäurebildenden Milchsäurebakterien helfen, die im Roggen enthaltenen Nährstoffe aufzuschließen. Im Roggen ist Phytinsäure enthalten, die viele Mineralstoffe komplex bindet und für die menschliche Verdauung unzugänglich macht. Erst durch das Enzym Phytase können die Mineralstoffe freigesetzt werden. Die Phytase ist im Roggen enthalten, wird aber nur durch lang einwirkende Feuchtigkeit freigesetzt. Die Milchsäurebakterien sowie lange Quell- und Teigführungszeiten unterstützen diesen Prozess. Je dunkler das Roggenmehl (je mehr Randschichten des Korns enthalten sind), umso wichtiger wird eine ausreichende Quellung und Säuerung, da der Phytinsäuregehalt zum Kornrand zunimmt.

Wirksamer Schutz vor Schimmel

Die Milchsäurebakterien des Sauerteiges schützen das gebackene Brot vor Schimmelbefall und verlängern so die Frischhaltung. Sie bilden bestimmte Wirkstoffe, die das Schimmelwachstum hemmen. Auch die Säure selbst schützt Sauerteig und Brot vor Bakterien- und Pilzbefall.

Eine Frage des Geschmacks

Neben all den positiven Einflüssen auf die Teigbeschaffenheit, die Backfähigkeit, das Brotvolumen, die Krusten- und Krumeneigenschaften, die Frischhaltung und die Ernährungsphysiologie verbessert Sauerteig ganz wesentlich das Brotaroma. Vor allem bei roggendominierten Broten bilden sich durch die Versäuerung in Kombination mit dem Gärungsalkohol zahlreiche Aromastoffe. Das Spektrum reicht von urig-kräftig über säuerlich-herb bis hin zu mildsäuerlich und fruchtig. Gleichzeitig werden unangenehme Aromen durch die Säure abgebaut.

Sauerteig selbst herstellen

Die erste Herstellung eines eigenen Sauerteiges ist einfach, dauert aber bis zu einer Woche. Ist der Sauerteig erst einmal vorhanden, können Sie ihn ohne großen Aufwand über Jahre pflegen und in seiner Leistung und Stabilität stärken.

MEIN TIPP
Schneller geht es mit einer Starterkultur aus dem Biomarkt oder dem Reformhaus. Auch Bäcker geben auf Nachfrage manchmal etwas von ihrem Sauerteig ab. Der Reiz eines spontan gegärten, vollständig selbst gezogenen Sauerteiges bleibt Ihnen dann jedoch verwehrt.

Der erste Sauerteig sollte mit Vollkornmehlen (Roggen, Weizen, Dinkel) angesetzt werden, da sich vor allem an den Schalen des Getreidekorns jene Bakterien und Pilze befinden, die für eine Spontangärung und -säuerung nötig sind. Der wachsende Sauerteig hat dadurch eine bessere Nahrungsgrundlage. Ist die Herstellung geglückt, kann der Sauerteig auch mit weniger ausgemahlenen Mehlen (Typen 1 150 und 1 050) aktiv gehalten werden.

Bei der Herstellung entstehen ungefähr 800–1 000 g Sauerteig. So viel werden Sie zum Backen und Aufbewahren nicht brauchen. Die Menge ist aber notwendig, um den Bakterien und Hefen ausreichend Nahrung zur Entwicklung zur Verfügung zu stellen.

Wichtig ist vor allem, dass Sie sauber arbeiten, den Teig gut beobachten und Geduld haben.

Sie benötigen für die Herstellung von Sauerteig:

→ ca. 500 g Vollkornmehl
→ ca. 500 g Wasser
→ Abwiegemöglichkeit (Messbecher, besser eine Waage)
→ 1 große Schüssel
→ 1 Schneebesen

Spülen Sie vor der Verwendung Schüssel und Schneebesen gründlich mit sehr heißem Wasser ab. Es hat sich bewährt, kochendes Wasser zum Überspülen zu nutzen. Trocknen Sie Schüssel und Schneebesen nicht mit einem Tuch ab (Gefahr von Fremdkeimen), sondern lassen Sie beides an der Luft trocknen.

Die Sauerteigzüchtung läuft wie folgt ab:

→ Ca. 100 g Vollkornmehl und 100 g lauwarmes Wasser (25–30 °C) zu einem dickflüssigen Teig verrühren. Verwenden Sie eine große Schüssel. Die Teigmenge wird im Laufe der Tage um das Vier- bis Fünffache wachsen. Außerdem vergrößert der Teig durch Gärgase sein Volumen um mindestens das Doppelte.

→ Den Teig bei ca. 30 °C 24 Stunden luftdicht abgedeckt ruhen lassen. Nach 12 Stunden mit einem Schneebesen Luft einschlagen und wieder abdecken.
Der Gasaustausch regt die Mikroorganismen zum Stoffwechsel an.

MEIN TIPP
Eine Temperatur von etwa 30 °C können Sie erreichen, indem Sie die Schüssel in Ihren Backofen stellen und die Beleuchtung anschalten. Die Wärmeabstrahlung der Lampe führt nach einiger Zeit zur gewünschten Temperatur.

→ Über vier bis fünf Tage werden jeweils nach 24 Stunden erneut je 100 g Wasser und Vollkornmehl untergemischt. Alle 12 Stunden sollte Luft in den Teig geschlagen werden.

→ Der Teig sollte nach einigen Tagen Blasen bilden, aufgehen, säuerlich, teils unangenehm, später aber aromatisch riechen.
Vom fertigen Sauerteig nehmen Sie ca. 100 g ab. Diese 100 g Sauerteig können Sie nun entweder für max. 7–14 Tage im Kühlschrank aufbewahren oder als sogenanntes Anstellgut zum Auffrischen und Ansetzen eines neuen Sauerteiges nutzen.

Es ist ratsam, den Sauerteig in den ersten zwei bis drei Wochen in kurzen Intervallen von ein bis drei Tagen regelmäßig mit Mehl und Wasser aufzufrischen, um den Sauerteig und seine Mikroorganismen zu stabilisieren und zu kräftigen (siehe rechts).

Der Rest der ersten Sauerteigmasse (ca. 700–900 g) sollte entweder haltbar gemacht (siehe Seite 198) oder entsorgt werden. Alternativ könnten Sie damit auch bereits ein Brot backen. Dazu nehmen Sie die in einem Rezept angegebene Sauerteigmenge ab und mischen sie entsprechend in den Brotteig. Da der Sauerteig noch nicht über eine ausreichende Triebkraft verfügt, sollten Sie immer etwas Frischhefe zugeben (ca. 1–2 % der Gesamtmehlmenge).

Setzt der Sauerteig während seiner Herstellung Schimmel an, riecht extrem nach Essig, stinkt auch nach 4–5 Tagen noch fürchterlich oder verfärbt sich rot, grün, blau, schwarz oder anderweitig unnatürlich, haben unerwünschte Mikroorganismen vom Teig Besitz ergriffen. Sie sollten ihn entsorgen, nochmal von vorn beginnen und jede potentielle Verunreinigung ausschließen.

Ein gelungener Sauerteig hat (je nach Mehltype) eine helle gelbgräuliche bis hellbräunlich-beige Farbe. Steht der Sauerteig eine Weile, kann sich an seiner Oberfläche eine dünne, gräuliche Flüssigkeit absetzen. Dabei handelt es sich um den während der Gärung entstanden Alkohol (auch Fusel genannt). Dieser Prozess ist normal. Den Fusel können Sie durch Rühren wieder untermischen.

Um einen anderen Sauerteig herzustellen, beispielsweise aus Weizen oder Dinkel, reicht es aus, den bereits vorhandenen Sauerteig umzuzüchten. Dafür mischen Sie zu gleichen Teilen das gewünschte Mehl (zum Beispiel Weizen- oder Dinkelmehl der Type 1 050) mit Wasser und setzen als Anstellgut den anderen Sauerteig als Impfteig ein (zum Beispiel Roggensauerteig). Die weitere Vorgehensweise entspricht der Auffrischung von Sauerteig (siehe folgender Abschnitt). Mit jeder Auffrischung, für die dann bereits der neue Sauerteig genutzt wird, verringert sich der Fremdmehlanteil aus dem Impfsauerteig.

Kur für den Sauerteig – Auffrischung

Durch Auffrischung wird der Sauerteig aktiv und gesund gehalten. Außerdem reduziert sich dadurch der Zeitaufwand beim Herstellen eines Sauerteiges, da immer Anstellgut vorhanden ist. Ansonsten müsste vor jedem Backtag von Grund auf über mehrere Tage neuer Sauerteig gezogen werden.

Lagern Sie Ihren Sauerteig im Kühlschrank, sollte die Auffrischung spätestens nach 7–14 Tagen geschehen. Die Mikroorganismen im Sauerteig reduzieren zwar ihre Tätigkeit, bauen aber dennoch den im Teig enthaltenen Zucker ab. Mit zunehmendem Lagerungsalter wird er deshalb weniger triebstark und bildet kaum noch Säuren. Deshalb muss der Sauerteig regelmäßig mit neuer Nahrung versorgt werden.

Dazu wird in einem sauberen Behälter (vorzugsweise ein verschließbares Glas) eine definierte Menge Mehl mit Wasser gemischt. Hinzu kommt ein Teil des im Kühlschrank aufbewahrten alten Sauerteiges als Anstellgut. Der recht flüssige

Teig wird mehrere Stunden bei Raumtemperatur (18–22 °C) aufbewahrt. Dabei verdoppelt er sein Volumen und wird von vielen Blasen durchzogen. Die Dauer der Reifung richtet sich nach der Menge des eingesetzten Anstellgutes.

MEIN TIPP
Da eine gewisse kritische Masse an Mikroorganismen vorhanden sein muss, um einen Sauerteig stabil und aktiv zu halten, sollten Sie mindestens mit je 50 g Wasser und Mehl arbeiten. Ansonsten richtet sich die Mehl- und Wassermenge danach, wie viel Anstellgut Sie am kommenden Backtag benötigen.

Den alten Sauerteig, der für die Auffrischung als Anstellgut diente, können Sie entweder als Geschmackgeber (Aromasauer) in einen Brotteig einarbeiten oder entsorgen.

Üblicherweise wird vom reifen Sauerteig die vorher zugegebene Menge Anstellgut für das nächste Backen wieder abgenommen und aufbewahrt. Da jedoch mit jedem neuen Rezept andere Mehle und weitere Zutaten im Sauerteig verwendet werden, hat es sich bewährt, das Anstellgut unabhängig vom jeweiligen Sauerteig zu führen. Das bringt Stabilität in die Sauerkultur. Das zugesetzte Anstellgut wird stattdessen mit verbacken.

Schritt 1 der Sauerteigauffrischung:
Mehl, Wasser und Anstellgut mischen

Schritt 2 der Sauerteigauffrischung:
reifer Sauerteig

Eine typische Auffrischungsabfolge kann beispielsweise folgendermaßen aussehen:

SCHRITT 1
50 g Roggenmehl 1 150 (oder Weizen-/Dinkelmehl 1 050) mit 50 g Wasser und 10 g Anstellgut (alter Sauerteig aus dem Kühlschrank) verrühren.

SCHRITT 2
10–14 Stunden bei Raumtemperatur (20–22 °C) abgedeckt reifen lassen.

SCHRITT 3
Bei 4–8 °C abgedeckt im Kühlschrank lagern (Sauerteig fällt ein und wird flüssiger).

SCHRITT 4
Nach maximal 7–14 Tagen in einem neuen Behälter die Schritte 1 bis 4 wiederholen. Als Anstellgut den im Kühlschrank gelagerten Sauerteig verwenden. Den Rest (ca. 100 g) entsorgen oder weiterverarbeiten.

MEIN TIPP
Um sicherzugehen, dass das Anstellgut für den neuen Sauerteig hochaktiv ist, sollten Sie es vorher auffrischen. So können die Mikroorganismen den damit angesetzten Sauerteig optimal vergären und säuern. Zum Ansetzen eines neuen Sauerteiges zum Brotbacken sollten Sie also das aktive Anstellgut aus Schritt 2 und nicht das alte Anstellgut aus Schritt 4 verwenden. Der Rest des aktiven Anstellgutes wird, wie in Schritt 3 beschrieben, im Kühlschrank gelagert und später wieder aufgefrischt.

Um ausreichend Triebstärke zu gewährleisten, bietet sich bei sehr altem Anstellgut (älter als 1–2 Wochen) eine sogenannte Hefeführung an. Dafür werden etwa 20 g Anstellgut mit je 50 g Mehl und Wasser verrührt und 5–8 Stunden bei 25 °C gut abgedeckt gelagert. Von der reifen Masse werden erneut 20 g mit 50 g Wasser und 50 g Mehl gemischt und bei gleichen Bedingungen zur Reifung gebracht. Nachdem dieser Vorgang 3–4 Mal durchgeführt wurde, haben sich ausreichend Hefepilze gebildet, um dieses aufgefrischte Anstellgut als Grundlage für einen Sauerteig zu verwenden.

Führungslos?

Ein Sauerteig braucht Führung. In Abhängigkeit von Faktoren wie der Anstellgutmenge und -aktivität, dem Wassergehalt, der Mehltype, der Temperatur, Zeit und weiteren Zutaten (zum Beispiel Salz) entstehen ganz spezifische Sauerteige mit verschiedenen Eigenschaften. Die Steuerung des Sauerteiges über diese Faktoren wird Sauerteigführung genannt.

Sauerteige lassen sich einstufig oder mehrstufig führen. Mehrstufige Sauerteige können gezielter auf Säuregrad und Hefelastigkeit eingestellt werden. Im Profibereich werden die entscheidenden Parameter, insbesondere die Temperatur, gezielt gesteuert.

In der heimischen Küche ist die gezielte Temperatursteuerung schwierig. Deshalb hat sich hier die einstufige Führung bei Raumtemperatur bewährt.

Mehrstufige Sauerteige ermöglichen durch ihren niedrigeren Säuregehalt eine bessere Frischhaltung, da mehr Sauerteig und damit mehr verquollenes Mehl im Brot verbacken werden kann. Außerdem geben sie dem Brot ein volleres, ausgewogeneres, mild-säuerliches Aroma. Nachteilig wirkt sich aus, dass Säuregrad und Triebkraft von Mehrstufensauerteigen stark vom Verarbeitungszeitpunkt und der Temperatur abhängen. Die Verarbeitungstoleranz ist gegenüber Einstufensauerteigen gering. Letztere dagegen haben bei voller Reife einen nahezu unveränderlichen Säuregehalt. Es spielt eine untergeordnete Rolle, ob sie bei 23 °C oder bei 28 °C gereift sind.

In aller Regel werden Sauerteige zum Hausgebrauch bei Temperaturen zwischen 20 und 25 °C zur Reife gebracht. In diesem niedrigen Temperaturbereich vermehren sich vor allem Hefen und essigsäurebildende Milchsäurebakterien. Der Säuregehalt im Brot ist höher als bei Führungstemperaturen um 30 °C.

Generell gilt, dass Sauerteige am Beginn wärmer und im Laufe der Reifezeit kühler geführt werden sollten. Zu Beginn wird die Milchsäurebildung gefördert, später die Hefevermehrung.

Einstufige Führung für den Hausgebrauch

Die einfachste und schnellste, aber nicht optimalste Methode, einen akzeptablen Sauerteig herzustellen, ist die Einstufenführung bei Zimmertemperatur. Dafür wird je nach Rezept vorgegangen.

Meist werden Mehl und Wasser zu gleichen Teilen gemischt. Hinzu kommen 10 % Anstellgut (bezogen auf die Mehlmenge im Sauerteig). Bei 100 g Mehl würden beispielsweise 10 g Anstellgut benötigt. Der angerührte Sauerteig kann nun bei 20–22 °C ca. 20–22 Stunden reifen.

Für die Säurebildung besser geeignet sind fallende Temperaturen. Dafür bietet es sich an, den angerührten Sauerteig bei angeschalteter Ofenbeleuchtung (ca. 30 °C) abgedeckt etwa zwei Stunden reifen zu lassen, dann die Beleuchtung auszuschalten und den Teig weitere 15–16 Stunden im Ofen aufzubewahren. Alternativ wäre auch eine Führung über etwa 15 Stunden bei konstanten 28 °C möglich. Die Anstellgutmenge sollte dann jedoch auf 2 % begrenzt werden.

Die tatsächliche Reifezeit hängt neben der Temperatur im Wesentlichen von der Aktivität des Anstellgutes ab und bedarf guter Beobachtung.

Durch eine wärmere Führung wird ein milderes Aroma erreicht. Allerdings sollten Sie dann immer etwas Hefe (1–2 % der Gesamtmehlmenge) in den Brotteig geben, da bei höheren Temperaturen die Hefevermehrung nicht optimal ablaufen kann.

TABELLE 7
Einfluss verschiedener Parameter auf Roggensauerteig.

JE...	UMSO...
mehr Roggenmehlanteil im Teig	stärker muss gesäuert werden (mehr Sauerteiganteil im Teig oder essigsäurebetonte Sauerteigführung)
höher die Mehltype	
enzymstärker das Mehl	
schwerer das Brot	
weicher der Teig	
höher die Anstellgutmenge	schneller die Säureentwicklung
höher der Wasseranteil	saurer der Teig; optimal: 80–100 % Wasser bezogen auf die im Sauerteig verarbeitete Mehlmenge
höher die Führungstemperatur	milder und triebärmer der Sauerteig
höher der Salzgehalt (bis 2–3 %)	schwächer beziehungsweise später die Hefe- und Säureentwicklung und umso besser die Verarbeitungstoleranz

Viele weitere Möglichkeiten der einstufigen Sauerteigführung, beispielsweise mit Salzbeigabe oder hoher Anstellgutmenge bei kurzer Reifezeit, sind für bestimmte Brote oder Arbeitsabläufe erstrebenswert, für Sie aber nur interessant, wenn Sie bereits ausreichend Erfahrung mit Sauerteig gesammelt haben (siehe Buchtipps ab Seite 264).

Mehrstufige Führungen

Ähnlich wie bei den einstufigen Sauerteigen existiert eine Vielzahl von Mehrstufenführungen. Klassischerweise werden dreistufige Führungen bevorzugt.

Mehrstufenführungen machen eine relativ exakte Temperatursteuerung nötig. In der eigenen Küche können Sie das ansatzweise über den Backofen (angeschaltete Ofenbeleuchtung) oder die Heizung umsetzen. Allerdings müssten Sie regelmäßig mit einem Thermometer die Sauerteigtemperatur prüfen und gegebenenfalls anpassen.

Weniger kompliziert, dafür nur für Enthusiasten lohnend, sind Gärboxen. Es gibt sie in kleineren Ausmaßen im Bäckereifachhandel, teils auch in Internetshops für Hobbybäckerbedarf für etliche hundert Euro. Mit ihnen kann die Sauerteigtemperatur konstant gehalten werden, teilweise sogar zeitgesteuert. Im Internet kursieren außerdem Selbstbauanleitungen für einfache Gärboxen.

Dreistufensauerteige werden durch einen Mix aus wechselnden Temperaturen und Wassergehalten besonders bekömmlich, mild und ausgewogen im Geschmack. Jede Stufe verwendet den Teig der vorherigen Stufe. Letztlich handelt es sich also um eine Art mehrmaliger Auffrischung mit dem Ziel, bestimmte Mikroorganismen zur Vermehrung anzuregen.

TABELLE 8
Detmolder Dreistufenführung mit Beispiel.
ASG = Anstellgut

	1. ANFRISCH-SAUER (AS)	BEISPIEL (ASG = 10 g)	2. GRUND-SAUER (GS)	BEISPIEL (AS = 50 g)	3. VOLL-SAUER	BEISPIEL (GS = 450 g)
Mehl	2 x ASG-Menge	20 g	5 x AS-Menge	250 g	1,5 x GS-Menge	675 g
Wasser	3 x ASG-Menge	30 g	3 x AS-Menge	150 g	1,5 x GS-Menge	675 g
Konsistenz	flüssig		mittelfest		zähflüssig	
Temperatur	25 °C		23–27 °C		30 °C	
Reifezeit	6 Stunden		15–24 Stunden		3 Stunden	
Ziel	Hefeanregung		Säurebildung, Aroma		Säurebildung, Hefetrieb	
Gesamtmasse		50 g		450 g		1 800 g (+ 10 g ASG)

Innerhalb der dreistufigen Führung hat sich für den Hausgebrauch die sogenannte Detmolder Dreistufenführung bewährt. Sie wird üblicherweise mit Roggenmehl angesetzt, andere Mehle sind ebenso möglich. Von Vorteil ist die sehr variable Zeitgestaltung der 2. Stufe (Grundsauer). Je nach Zeitbudget kann sie zwischen 15 und 24 Stunden dauern. Die Teigtemperatur muss entsprechend wärmer (27 °C) oder kühler (23 °C) gehalten werden. Nachteilig wirkt sich die geringe Teigmenge in der 1. Stufe (Auffrischsauer) aus. In Bäckereien mit großen Teigumsätzen spielt es keine Rolle, aber bei Sauerteig für ein oder zwei Brote unterschreiten die Anfangsmengen die kritische Schwelle, unterhalb derer das Risiko für einen instabilen, anfälligen Sauerteig zunimmt. Hier sollten Sie sauber und exakt arbeiten, um Keimbefall zu vermeiden.

Reifen Sauerteig erkennen

Wichtig für den Erfolg beim Backen mit Sauerteig ist das Erkennen der vollen Reife, insbesondere wenn keine zusätzliche Hefe verwendet wird.

> *Reifer Sauerteig riecht angenehm säuerlich, teils fruchtig und hat eine gesunde, hellgelbe bis cremeartige (Weizensauerteig) beziehungsweise gräuliche bis braungraue Farbe (Roggensauerteig). Er ist sehr gut gelockert und hat sein Volumen um mindestens das Doppelte vergrößert.*

Während der Reifung wölbt sich der Sauerteig durch das Gärgas immer weiter nach oben bis zu einem Punkt, an dem das Wachstum stagniert. Ist dieser Punkt erreicht, hat der Sauerteig seine volle Reife. Am einfachsten können Sie diesen Punkt durch genaue Beobachtung erkennen. Da dies nicht immer praktikabel ist, hilft es, ab und zu vorsichtig an den Sauerteigbehälter zu klopfen. Bleibt das Teiggerüst stabil, lassen Sie ihn weiter reifen. Sackt der Teig allerdings ein wenig zusammen, ist es höchste Zeit, ihn zu verarbeiten.

Besonders einstufig geführte Sauerteige haben eine gute Gärtoleranz, sind also über einen längeren Zeitraum stabil, obwohl die Vollreife erreicht ist. Wenn Sie merken, dass sich über 20–30 Minuten das Volumen des gut aufgegangenen und gewölbten Sauerteiges nicht verändert, sollten Sie ihn ebenfalls verarbeiten. Für das Erkennen der besten Reife ist etwas Erfahrung nötig. Bis dahin helfen Ihnen die in den Rezepten angegebenen Richtzeiten.

MEIN TIPP
Sie können den Sauerteig auch mit einer dicken Roggenmehlschicht abdecken. Er hält so seine Temperatur besser und Sie können mit geübtem Blick anhand der gebrochenen Mehlkruste seinen Reifezustand abschätzen. Die zum Streuen verwendete Roggenmehlmenge müssen Sie natürlich vom Roggenmehlanteil im Hauptteig abziehen.

Sauerteig richtig aufbewahren

Sauerteig kann auf verschiedene Weisen gelagert werden und später als Anstellgut für das Ansetzen von frischem Sauerteig dienen. Die Aufbewahrungsmethode richtet sich vor allem nach dem Zeitraum, der zwischen dem vergangenen und dem kommenden Backtag vergehen wird.

> *Die Lagerungsdauer von Sauerteig, ohne dass er reaktiviert werden muss, können Sie generell über den Wassergehalt steuern. Je fester ein Sauerteig, umso länger hält er sich bei kühler Aufbewahrung (4–10 °C). Wenn absehbar ist, dass Sie den Sauerteig die kommenden 3–4 Wochen nicht benötigen, können Sie ihn auch mit weniger Wasser (zum Beispiel 100 g Mehl, 60 g Wasser, 20 g alter Sauerteig/ Anstellgut) auffrischen und anschließend im Kühlschrank bei 6–8 °C lagern. Der geringere Wassergehalt hemmt die Mikroorganismen in ihrer Tätigkeit. Nach der Lagerzeit kann der Sauerteig als Anstellgut für frischen Sauerteig verwendet werden.*

→ Roggensauerteig nach dem Mischen der Zutaten

→ Roggensauerteig bei halber Reife

→ Roggensauerteig bei Vollreife

→ Von Gasblasen durchsetztes Teiggerüst von Roggensauerteig bei Vollreife

→ Eingefallener, überreifer Roggensauerteig

→ Weizensauerteig nach dem Mischen der Zutaten

→ Weizensauerteig bei halber Reife

→ Weizensauerteig bei Vollreife

→ Eingefallener, überreifer Weizensauerteig

→ Lievito Madre nach dem Mischen der Zutaten

→ Lievito Madre bei halber Reife

→ Lievito Madre bei Vollreife

→ Von Gasblasen durchsetztes Teiggerüst des Lievito Madre bei Vollreife

→ Eingefallener, überreifer Lievito Madre

Blick über den Schüsselrand

Neben den üblichen Sauerteigführungen gibt es eine große Anzahl weiterer Sauerteigarten, die spezielle Bezeichnungen besitzen. Dazu gehören die periodisch als Trend auftauchenden Teige mit männlichen Vornamen, zum Beispiel Hermann oder Siegfried. Sie werden üblicherweise mit Wasser, Zucker, Milchprodukten und Weizenmehl angesetzt und zum Kuchenbacken verwendet. Je nach Zuckeranteil sind diese Sauerteige auch zum Brotbacken geeignet. Die übliche Sauerteigführung mit Mehl und Wasser ist dennoch die bessere Wahl.

Ursprünglich wurden typisch italienische Backwaren wie Ciabatta und Panettone mit einem speziellen triebstarken und säurearmen Weizensauerteig gebacken. Der unter dem Namen Lievito Madre (Mutterhefe) bekannte Teig ist im Falle des Ciabatta Grundlage für den Hefevorteig Biga. Lievito Madre eignet sich als Ergänzung oder Ersatz von Backhefe auch für andere Weizengebäcke. Bewährt haben sich 10–30 % Lievito Madre bezogen auf die Gesamtmehlmenge im Brotteig. Der Wasser- und Mehlanteil im Brotteig muss dann entsprechend der jeweiligen Gehalte im Lievito Madre reduziert werden.

Lievito Madre wird, genau wie anderer Sauerteig auch, über mehrere Tage mit Mehl und Wasser genährt bis die Mikroorganismen ihre Vermehrung aufnehmen. Die Reifetemperatur liegt zwischen 20–25 °C, um die Hefen im Teig zu fördern. Um die Vermehrung der Mikroorganismen anzuregen, wird am Anfang auf einen feuchteren Teig gesetzt. Später wird die Teigfestigkeit erhöht. Der verminderte Wasseranteil hemmt vor allem die Milchsäurebakterien in ihrer Vermehrung und hält damit den Säureanteil im Teig niedrig.

Es existieren viele weitere Möglichkeiten, zu einem Lievito Madre zu gelangen. Bei manchen davon wird sofort mit einem festen Teig begon-

TABELLE 9
Methoden zur Aufbewahrung von Sauerteig.

METHODE	AUFBEWAHRUNG	BEMERKUNGEN
Feuchtsauer (flüssig)	1–2 Wochen (4–8 °C) in verschließbaren Gläsern oder lebensmittelechten Kunststoffbehältern	gewährleistet maximale Aktivität und Stabilität keine Reaktivierung nötig an der Oberfläche gebildeter Alkohol (Fusel) kann untergerührt werden
Krümelsauer (fest)	3–12 Wochen (4–8 °C) als Krümel (Sauerteig mit viel Mehl zwischen den Fingern verreiben)	effektiv bei Backunterbrechung durch Urlaub, Krankheit etc. mäßige Reaktivierungszeit (Krümel mit Wasser im Verhältnis 1 : 1 mischen, ca. 2 Stunden bei 22–26 °C aufbewahren)
Friersauer (gefroren)	ca. 1 Jahr (in einem gut verschlossenem Gefäß zügig auf möglichst unter -18 C abkühlen)	schnelle Notfallmethode hohe Aktivitätsverluste durch Sterben der Mikroorganismen sehr lange Reaktivierungszeit (auftauen und bei Raumtemperatur 1–3 Tage stehen lassen bis sich Bläschen bilden)
Trockensauer (getrocknet)	mehrere Jahre (Sauerteig flach auf Backpapier oder Klarsichtfolie verstreichen; nach dem Eintrocknen zerbröseln oder zu Pulver zerstoßen)	ideal zur dauerhaften Sicherung und Lagerung lange Reaktivierungszeit (Pulver mit Wasser im Verhältnis 1 : 1 mischen, ca. 5 Stunden bei Raumtemperatur lagern)

nen, bei anderen wird Zucker als schnell verfügbare Nahrung zugesetzt. Der Beginn mit einem weicheren Teig ist aus Sicht der Mikroorganismenentwicklung empfehlenswerter.

Kühl gelagert (4–6 °C) behält der Lievito Madre über 4–8 Wochen seine Triebkraft, sollte aber vor der Verwendung zum Backen bei 20–25 °C aufgefrischt werden.

Denkbar ist auch die Umzüchtung eines bereits vorhandenen säurestärkeren Sauerteiges zu einem Lievito Madre. Dafür wird ein festerer Teig aus Weizenmehl 1 050 und Wasser mit etwas Anstellgut vom vorhandenen Sauerteig bei 20–25 °C zur Reife gebracht. Nach 3–4 Wiederholungen mit Anstellgut vom jeweils zuvor gereiften Sauerteig ist der Lievito Madre ausreichend triebstark.

Letztlich handelt es sich bei der Umzüchtung um die Hefeführung von festerem Sauerteig.

Biga – Ein Hauch Italien

Biga ist ein typisch italienischer Vorteig. Es gibt verschiedene Auffassungen, von welcher Konsistenz ein Biga zu sein hat. Außerdem wird die Bezeichnung Biga aus Marketinggründen manchmal pauschal für eine Vorteigführung verwendet, egal ob es sich dabei um Poolish, Sponge oder einen anderen Vorteig handelt.

Der ursprüngliche Biga hat einen sehr niedrigen Wasseranteil von 40–60 % der Mehlmenge. Der Hefeanteil von 1 % und die Gartemperatur von etwa 16 °C führen zu einer Reifezeit von ca. 18–20 Stunden.

TABELLE 10
Die Herstellung von Lievito Madre mit Beispiel. Empfehlenswert ist es, in der 1. Stufe statt Weizenmehl der Type 1 050 Weizenvollkornmehl zu verwenden, um über ausreichend Mikroorganismen als Gärgrundlage zu verfügen. Nur ein Teil des entstehenden Teiges einer Stufe wird in der folgenden Stufe weiterverwendet. Der Rest wird entsorgt oder einem Brotteig zugesetzt. TA = Teigausbeute (siehe Seite 214). ASG = Anstellgut (kühl gelagerter Lievito Madre zum Auffrischen).

GÄRDAUER (BEI 23–25 °C)	TEIG AUS VORHERIGER STUFE	WEIZENMEHL 1 050	WASSER	TA
ca. 24 Stunden	–	Startmenge W	W	200
ca. 12 Stunden	2 x W	1 x W	1 x W	200
ca. 8 Stunden	2 x W	1,5 x W	1 x W	180
ca. 6 Stunden	4 x W	3 x W	2 x W	172
ca. 5 Stunden	3 x W	3 x W	1,5 x W	158
Lagerung bei 4–6 °C	7,5 x W (alles)	0,75 x W	–	150
Auffrischen (ca. 10–12 Stunden)	ASG-Menge	1 x ASG	0,5 x ASG	150

Beispiel:

TEIG AUS VORHERIGER STUFE	WEIZENMEHL 1 050	WASSER	GESAMTMASSE
–	50 g	50 g	100 g
100 g	50 g	50 g	200 g
100 g	75 g	50 g	225 g
200 g	150 g	100 g	450 g
150 g	150 g	75 g	375 g
375 g	37,5 g	–	412,5 g
50 g	50 g	25 g	125 g

Oben: Grobporiges Ciabatta mit Biga-Vorteig

→ Biga nach dem Mischen der Zutaten

→ Biga bei halber Reife

→ Biga bei Vollreife

→ Von Gasblasen durchsetztes Teiggerüst des Biga bei Vollreife

→ Eingefallener, überreifer Biga

→ Poolish nach dem Mischen der Zutaten

→ Poolish bei Vollreife

→ Eingefallener, überreifer Poolish

Zu 100 g Weizenmehl würden also 40–60 g Wasser und 1 g Frischhefe geknetet. Wichtig ist, dass Sie die Zutaten am besten von Hand verkneten. Durch den niedrigen Wassergehalt bröckelt der Teig am Anfang. Eine Knetmaschine würde keinen Zusammenhalt zwischen den Teigkrümeln herstellen können.

Ein reifer Biga ähnelt dem Sponge (siehe Seite 207), besitzt aber eine etwas kräftigere Säure und ein nussigeres Aroma. Hat er die volle Reife überschritten, schmeckt er zunehmend bitter und verdirbt rasch.

Biga wird als Vorteig vor allem für zucker- und fettreiche oder weiche Teige verwendet. Die dank kühler Gartemperatur, langer Reifezeit und fester Konsistenz optimierte Säureentwicklung im Biga stärkt das Klebergerüst des Brotteiges. Bei Mehlen mit hohem Kleberanteil (zum Beispiel Hartweizenmehl) in Verbindung mit festerem Teig sollte die Biga-Menge eingeschränkt und ganz auf den Vorteig verzichtet werden. Der Teig wäre kaum dehnbar und würde schon bei geringer Bearbeitung reißen.

Soll der Biga mit Lievito Madre anstatt mit Hefe angesetzt werden, kommen zu gleichen Teilen Lievito Madre und Weizenmehl zum Einsatz. Wasser wird zu 50 % der Weizenmehlmenge zugegeben (zum Beispiel 100 g Lievito Madre, 100 g Weizenmehl, 50 g Wasser). Nach 20–22 Stunden bei 16 °C ist der Biga reif.

Poolish – ein Hauch Frankreich

Der Poolish oder französisch Pouliche ist ein Ende des 19. Jahrhunderts in Polen entwickelter Vorteig, der über Österreich letztlich von Einwanderern nach Frankreich gebracht wurde. Neben Weizensauerteig ist der Poolish einer der wichtigsten Vorteige zur Herstellung von Baguettes.

Kennzeichnend ist seine weiche, fast schon flüssige Konsistenz. Er verbessert vor allem die Knusprigkeit (Rösche) der Kruste und verlängert die Frischhaltung.

Um einen Poolish herzustellen, werden Weizenmehl und Wasser mit einem Löffel oder einem Schneebesen zu gleichen Teilen gut verrührt. Hinzu kommt eine äußerst geringe Menge an Frischhefe in Höhe von 0,1 % der Mehlmenge. Ein Poolish mit 100 g Mehl und 100 g Wasser würde also nur 0,1 g Frischhefe enthalten. Die Reifung (Fermentation/Gärung) dauert bei Raumtemperatur (um 20 °C) etwa 20 Stunden.

Eine alternative Möglichkeit, Poolish herzustellen, ist die kühle Gare. Dafür werden Wasser und Mehl ebenfalls im gleichen Verhältnis gemischt. Die zugesetzte Hefemenge beträgt nun aber 1 % der Mehlmenge. Der Teig wird zwei Stunden bei Raumtemperatur aktiviert und dann 20–24 Stunden bei 4–6 °C im Kühlschrank gelagert.

Ein reifer Poolish hat eine leicht gewölbte, unregelmäßige Oberfläche, die von Gasblasen durchsetzt ist. Bei leichter Erschütterung sollten kleine Bereiche der Oberfläche ein wenig einfallen. Ist er bereits in sich zusammengesackt, sollten Sie den Vorteig nicht mehr im Brotteig verwenden. Das veränderte Aroma und die fehlende Triebkraft würden das Brot im schlimmsten Falle ungenießbar machen. Der reife Poolish riecht mild-aromatisch mit fruchtig-nussiger, schwach säuerlicher Note.

Bezogen auf die gesamte Brotteigmasse haben sich zwischen 30–40 % Poolishzugabe bewährt. Auf die Gesamtmehlmenge bezogen können 20–30 % des Mehles im Poolish verarbeitet werden, ohne dass negative Auswirkungen auf das Gebäck auftreten.

Die lange Garzeit und der hohe Wassergehalt lassen die im Mehl und in der Hefe enthaltenen Enzyme einen Großteil der einfachen Zucker in Wasser, Alkohol und Kohlenstoffdioxid spalten. Das kann bei enzymschwachen Mehlen dazu führen, dass im Brotteig später nicht genügend Zucker als Anfangsnahrung für die Hefen bereitstehen. Die Zugabe von Malz oder Zucker kann in diesem Fall empfehlenswert sein (0,5–1 % der Gesamtmehlmenge). Außerdem bauen die En-

→ Sponge nach dem Mischen der Zutaten

→ Sponge bei halber Reife

→ Sponge bei Vollreife

→ Von Gasblasen durchsetztes Teiggerüst des Sponge bei Vollreife

→ Eingefallener, überreifer Sponge

→ Pâte fermentée nach dem Mischen der Zutaten

→ Pâte fermentée bei halber Reife

→ Pâte fermentée bei Vollreife

→ Von Gasblasen durchsetztes Teiggerüst des Pâte fermentée bei Vollreife

zyme im Poolish Eiweiße zu Aminosäuren ab, die Grundlage der Aromavielfalt sind. Dadurch wird jedoch das Klebereiweiß geschwächt. Ein Poolish verursacht deshalb einen dehnbareren Teig.

Sponge – von Allem etwas

Sponge (engl. Schwamm) wird zum einen als Oberbegriff für Vorteige verwendet, die vor jedem Backen frisch angesetzt werden (zum Beispiel Poolish, Biga). Zum anderen bezeichnet Sponge einen eigenen Vorteig, der dem Poolish ähnelt, mit einem Wassergehalt von ca. 60 % der Vorteigmehlmenge aber deutlich fester ist. Die Hefemenge von 0,1 % und auch die Reifezeit werden beibehalten.

100 g Weizenmehl würden beispielsweise mit 60 g Wasser und 0,1 g Frischhefe verknetet. Die Reifung erfolgt bei ca. 20 °C über etwa 20 Stunden.

Sein Aroma ist im Vergleich zum Poolish etwas süßlicher und säuerlicher.

Die volle Reife hat der Sponge erreicht, wenn seine Oberfläche kräftig gewölbt und von feinen Blasen überzogen ist. Er hat ein wabenartiges, weiches, lockeres Inneres. Stellenweise bilden sich dünne Risse auf der Oberfläche, an denen der Teig leicht einfällt. Ist der Vorteig bereits völlig eingefallen, sollten Sie auf seine Verwendung verzichten. Er würde die Teigkonsistenz schwächen und das Aroma negativ beeinflussen.

Sponge als Vorteig wird üblicherweise in zucker- und fettreichen Teigen verwendet, da er das Klebergerüst im Teig stärkt und so der schwächenden Wirkung von Zucker und Fett entgegenwirkt.

Pâte fermentée – alter Teig in neuem Glanz

Der als fermentierter, gegärter oder alter Teig bezeichnete Vorteig war ursprünglich Teig, der beim Backen übrig blieb und kühl aufbewahrt wurde. Je nach Lagerungsdauer wurde er nach einigen Tagen mit Mehl und Wasser verknetet, um den Mikroorganismen Nahrung zu geben. Am folgenden Backtag stand dann ein ausgereifter, hocharomatischer Vorteig zur Verfügung.

Diese Möglichkeit besteht auch heute. Für den Hobbybäcker ist sie allerdings unpraktisch, da selten Teigreste übrig bleiben. Daher hat es sich bewährt, gezielt fermentierten Teig anzusetzen.

Dazu werden 65 % Wasser, 3 % Frischhefe und 2 % Salz bezogen auf die Mehlmenge im Vorteig homogen miteinander verknetet. Die Reifung beginnt mit 1 Stunde bei Raumtemperatur (ca. 20 °C) und wird für 48 Stunden bei ca. 4 °C im Kühlschrank fortgesetzt. Nach dieser Zeit sollte er die volle Reife erreicht haben. Seine Oberfläche ist nach oben gewölbt, sein Volumen hat sich mehr als verdoppelt. Der Teig ist durchzogen von einem wabenartigen Netz aus großen und kleinen Gasblasen.

In der Regel werden nicht mehr als 20–30 % des gesamten im Brotteig verwendeten Mehles als Pâte fermentée angesetzt.

Pâte fermentée stärkt das Klebergerüst im Teig und führt zu einer röschen, gut gebräunten Kruste. Das zugesetzte Salz steuert die Säurebildung und Hefevermehrung, sodass ein ausgewogener, fruchtig-aromatischer, mild-säuerlicher Vorteig entsteht.

Selbst ist der Teig – die Autolyse

Unter Autolyse wird das Verquellen von Weizenmehl und Wasser verstanden, bevor die übrigen Teigzutaten hinzugefügt werden. Dazu wird in der Regel das gesamte verfügbare Weizenmehl mit dem gesamten Wasser eines Teiges kurz gemischt und 20–60 Minuten abgedeckt bei Zimmertemperatur aufbewahrt. Bewährt haben sich 30 Minuten Quellzeit.

In diesem sogenannten Nullteig (Teig ohne Triebmittel) nehmen Stärke und Eiweiße Wasser auf und binden es. Die Stärke quillt. Die Eiweiße, insbesondere Gliadin und Glutenin, verketten sich zu langen Glutensträngen. Außerdem werden durch das Wasser die im Mehl enthaltenen Enzyme aktiviert, welche die Mehlstärke in Zucker spalten und so der später zum Teig gegebenen Hefe die Nahrungsgrundlage liefern. Eiweißabbauende Enzyme nehmen ebenfalls ihre Arbeit auf und verkürzen einen Teil der Kleberstränge. Die dadurch erhöhte Dehnbarkeit des Teiges ermöglicht eine bessere und schnellere Verkettung des Glutens beim Kneten.

Die Autolyse verkürzt die Knetzeit um etwa 15 %, da sich bereits während der Quellung erste Kleberstränge zu einem Gerüst verbinden. Vorteil hierbei ist, dass hemmende Substanzen, wie beispielsweise Salz oder Fett, noch nicht im Teig enthalten sind. Die reduzierte Knetzeit schont außerdem die im Mehl enthaltenen gelblich-orangenen Farbstoffe (Carotinoide), die durch ein Zuviel an Sauerstoff (Oxidation) im Teig zerstört würden. Die Krume sieht bei reinen Weizenbroten dank Autolyse nicht mehr weiß, sondern cremefarben aus. Gleichzeitig wird der Geschmack durch geringere Teigoxidation verbessert. Der Teig wird durch die Autolyse dehnbarer und kann das Gärgas besser halten, die Krume ist lockerer, schnittfester und hat eine ausgeprägte Porung.

Obwohl nur Wasser und Mehl gemischt werden sollten, gibt es zwei Ausnahmen. Trockenhefe und flüssige Vorteige wie Poolish werden mit in die Autolyse-Masse eingearbeitet. Trockenhefe braucht eine Zeit lang, um sich vollständig zu lösen und die volle Aktivität zu erreichen. In dieser Zeit kann sie kaum hemmend wirken. Sie wird erst mit Ende der Autolyse tätig. Flüssiger Vorteig enthält zu viel Wasser, das für die Autolyse verloren wäre, würde er nicht mit zugegeben. Die geringe Hefemenge im Vorteig beeinflusst die Kleberbildung und Enzymaktivierung kaum. Festere Vorteige werden im Gegensatz dazu erst nach der Autolyse zugegeben.

Eine alternative Methode mit vergleichbaren Ergebnissen ist die kalte Autolyse. Dafür wird nur ein Viertel des im Teig zu verarbeitenden Mehles und Wassers verrührt und anschließend für 8–12 Stunden bei ca. 15–18 °C abgedeckt gelagert. Die kalte Autolyse hat den Vorteil, dass sie über Nacht und nicht direkt vor dem Teigmachen durchgeführt wird. Das spart Zeit am Backtag. Durch die längere Quellphase entwickelt sich

TABELLE 11
Weizenvorteige und ihre Wirkung auf Teig und Gebäck.

	POOLISH	SPONGE	BIGA	PÂTE FERMENTÉE
Mehl	100 %	100 %	100 %	100 %
Wasser	100 %	60 %	50 %	65 %
Hefe	0,1 %	0,1 %	1 %	3 %
Salz	–	–	–	2 %
Temperatur	ca. 20 °C	ca. 20 °C	ca. 16 °C	ca. 4 °C
Reifezeit	ca. 20 Stunden	ca. 20 Stunden	ca. 18 Stunden	ca. 49 Stunden
Wirkung	mild-fruchtiges Aroma Teig dehnbarer (schwächeres Klebergerüst) bessere Rösche verlängerte Frischhaltung	mild-säuerliches Aroma strafferer Teig (stärkeres Klebergerüst) verlängerte Frischhaltung	mild-nussiges Aroma strafferer Teig (stärkeres Klebergerüst) verlängerte Frischhaltung	volles, fruchtig-nussiges Aroma bessere Rösche bessere Bräunung verlängerte Frischhaltung

→ Mischen von Weizenmehl und Wasser als erster Schritt der Autolyse-Phase

→ Autolyse-Masse nach dem Mischen der Zutaten mit kaum ausgebildetem Klebergerüst (der Teig reißt)

→ Autolyse-Masse nach 30 Minuten (der Teig ist straffer und dehnbarer)

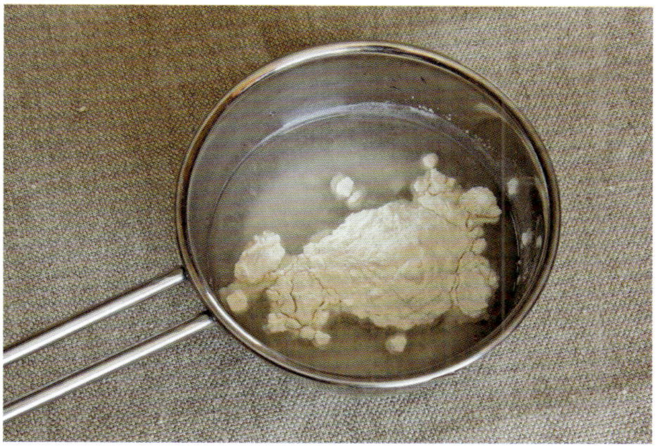

→ Mischen von Mehl und Wasser für das Mehlkochstück

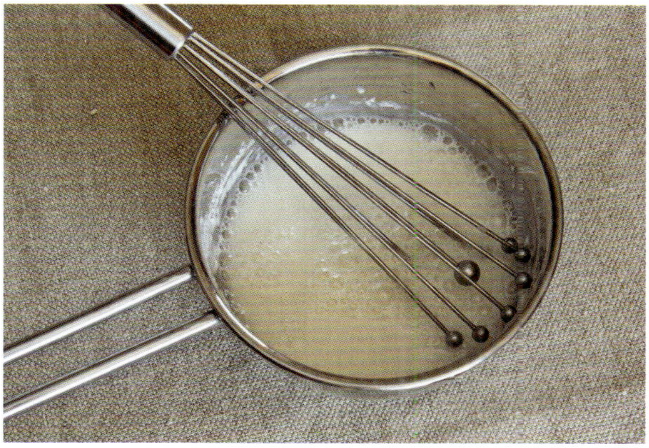

→ Flüssiges Mehlkochstück vor dem Erhitzen

→ Verquollenes Mehlkochstück (verkleisterte Mehlstärke)

das Klebergerüst außerdem besser. Die Stärke verquillt optimaler, wird aber auch gemeinsam mit dem Mehleiweiß durch Enzyme abgebaut. Um den Brotteig nicht zu schwächen, wird deshalb nur ein Teil des Mehles verquollen.

Das Mehlkochstück (Water roux, Tangzhong)

Eine andere Art der Verquellung von Weizenmehl und Wasser ist das aus dem asiatischen Raum stammende Mehlkochstück Tangzhong. Hierzulande ist es eher unter dem Begriff „Water roux" bekannt. Dabei handelt es sich um eine Art Mehlschwitze (frz. roux) mit Wasser. Ziel ist die Verkleisterung der Mehlstärke, die bei hohen Temperaturen ein Vielfaches ihres Eigengewichtes an Wasser binden kann, bei Raumtemperatur dagegen nur etwa 30 %. Durch die Verwendung eines Water roux kann dem Teig deutlich mehr Wasser zugegeben werden, ohne dass sich die Teigkonsistenz wesentlich verändert. Die Teigausbeute erhöht sich demzufolge. Das verbessert wiederum die Krumenbeschaffenheit. Sie wird lockerer, fluffiger, weicher und elastischer. Außerdem wird die Haltbarkeit der Backwaren verlängert.

Um ein Water roux herzustellen, werden Mehl und Wasser im Verhältnis 1 : 5 mit einem Schneebesen klümpchenfrei verrührt und in einem Topf auf dem Herd auf mindestens 60–65 °C erhitzt. Um diesen Punkt herum beginnt die Masse einzudicken (zu verkleistern).

Die Temperatur muss nicht zwingend mit einem Thermometer geprüft werden. Praktikabel ist es, die Masse einfach aufkochen zu lassen. Wichtig ist, dass Sie die Masse permanent mit dem Schneebesen in Bewegung halten, um ein Anbacken zu verhindern und gleichzeitig eine homogene Temperaturverteilung zu erreichen. Sobald das Mehl-Wasser-Gemisch dicker wird, sollten Sie den Herd ausschalten oder den Topf vom Herd nehmen. Ab diesem Punkt etwa zwei Minuten weiterrühren. Die Masse sollte soweit eindicken, dass sie sich beim Rühren teils vom Topfboden löst und am Schneebesen hängen bleibt. Das Mehlkochstück in einem abgedeckten Gefäß auskühlen lassen, ca. 1–3 Stunden kühl lagern, maximal aber ein bis zwei Tage im Kühlschrank aufbewahren.

Vor allem für sehr weizen- und dinkellastige Backwaren wie Süßgebäcke oder Toastbrot, aber auch für Mischbrote und Brötchen bietet sich das Water roux an. Verquollen werden üblicherweise 1–5 % des gesamten Weizen-/Dinkelmehles im Teig. Ein zu hoher Anteil verkleisterter Mehlstärke würde die Triebkraft und das Klebergerüst schwächen, da wichtige Enzyme bei 65 °C bereits geronnen (denaturiert) sind und nicht mehr für die entscheidenden Prozesse im Teig zur Verfügung stehen.

Geeignet sind vor allem Mehle geringer Typenzahl, da hier der Stärkeanteil am größten ist.

MEIN TIPP
Anstatt Wasser können Sie auch Milch oder andere Flüssigkeiten mit hohem Wassergehalt zum Verkleistern der Stärke verwenden.

Quell-, Brüh- und Kochstück

Wie der Autolyse-Teig und das Mehlkochstück gehören auch Quellstück, Brühstück und Kochstück zu den Nullteigen. Vorteige also, die ohne Triebmittel angesetzt werden und ausschließlich der Verquellung von Getreideerzeugnissen mit Wasser dienen. Diese drei Nullteige kommen hauptsächlich bei Broten zum Einsatz, die mit Schrot, Körnern oder Saaten gebacken werden. Während Vollkornmehl und feines Schrot noch ausreichend im Sauerteig verquellen können, sind mittlere und grobe Schrote auf die Nullteig-Variante angewiesen. Wenn sie nicht vor dem Teigmachen mit Wasser verquollen werden, sinkt die Teigausbeute (beziehungsweise der Wasseranteil). Die Bestandteile würden erst im Teig und dann unvollständig quellen. Das Wasser stünde für enzymatische Abbauprozesse und mikrobielle Tätigkeit nicht mehr im vollen Umfang zur Verfügung. Folgen wären unter anderem verminderte Triebkraft, ein kleineres Brotvolumen, verringerte Lockerung, eine nicht schnittfeste, bröckelige Krume, harte Bestandteile im Brot, ein unangenehmes Kaugefühl und kurze Frischhaltung. Außerdem kann bei grobem Schrot im Teig die Aufnahme von Flüssigkeit so reduziert sein, dass während des Backens keine ausreichende Verkleisterung der Stärke gewährleistet ist und die Krume weiteren Schaden nimmt. Neben der längeren Frischhaltung bringt die Verquellung vor dem Teigmachen auch geschmackliche Vorteile.

Generell gilt: je kühler die Verquellung von Getreideerzeugnissen erfolgt, umso weniger Wasser können sie binden. Dafür wird das Brot im Vergleich zur wärmeren Quellung etwas lockerer und größer.

Im Quellstück werden vor allem mittlere bis feine Schrote, aber auch Saaten wie Leinsamen verquollen. Dafür werden zimmerwarmes Wasser (ca. 20 °C) und die zu verquellende Zutat miteinander zu gleichen Teilen vermischt und abgedeckt ca. 8–14 Stunden bei 6–8 °C im Kühlschrank gelagert. Eine Verquellung bei Raumtemperatur ist möglich, erhöht aber insbesondere im Sommer das Risiko unerwünschter mikrobieller Prozesse.

MEIN TIPP
Wollen Sie das Quellstück aus organisatorischen Gründen früher als 8-14 Stunden vor seiner Verwendung ansetzen, sollten Sie Salz aus dem späteren Brotteig zugeben, um mikrobielle Aktivitäten (Fremdgärung) zu unterbinden. Die Zugabe von Salz hat außerdem den Vorteil, dass die Körner gesalzenes Wasser aufnehmen und so für einen abgerundeteren Brotgeschmack sorgen.

Getreideprodukte im Quellstück quellen während der Teiggare und beim Backen stärker nach, als dies beim Brühstück der Fall ist. Daher muss Teigen mit Quellstück ein etwas höherer Wasseranteil zugegeben werden.

Grobe Schrote werden in der Regel mit einem Brühstück verquollen. Dazu wird das Getreideerzeugnis mit der gleichen bis doppelten Menge 70–100 °C heißen Wassers vermischt und ca. 4–6 Stunden bei Raumtemperatur gelagert. In der Praxis kann kochendes Wasser verwendet werden. Für den Hausgebrauch haben sich nach Auskühlung auf Raumtemperatur 8–12 Stunden Quellzeit bei 6–8 °C im Kühlschrank bewährt. So können Sie das Brühstück bereits am Vorabend des Backtages ansetzen. Um über diesen langen Zeitraum einem Stärke- und Eiweißabbau durch Enzyme und Fremdgärungen entgegenzuwirken, hilft neben der kühlen Lagerung auch die Zugabe von Salz aus dem späteren Hauptteig.

Wird grobes Schrot verquollen, sollten nur 30–50 % der Gesamtmenge im Brühstück verwendet werden, da durch die hohe Wassertemperatur bereits Stärke verkleistert wird. Die Stärke steht dem Aufbau eines Krumengerüstes beim Backen nur bedingt zur Verfügung, da sie anfälliger für den Abbau durch Enzyme ist.

Quellstück aus Weizenschrot und Wasser

Neben der Verkleisterung der Stärke und der dadurch erhöhten Wasserbindung und Teigausbeute, führt das Überbrühen mit Wasser im Vergleich zum Quellstück außerdem zu einer schnelleren Verquellung der Getreideerzeugnisse.

Das Kochstück (auch Dampfbrühstück genannt) wird ausschließlich für ganze Getreidekörner oder besonders grobes Schrot genutzt. Dazu werden die Körner mit der doppelten Wassermenge (zum Beispiel 50 g Körner, 100 g Wasser) in einem verschlossenen Topf bis zum Siedepunkt erhitzt und anschließend ca. 30–60 Minuten bei niedriger Hitze kurz vor dem Siedepunkt gehalten. In der Hobbybäckerpraxis ist es üblich, die Körner ca. 30 Minuten bei geringer Hitze im abgedeckten Topf köcheln zu lassen bis sämtliches Wasser verquollen ist. Das Kochstück wird anschließend auf Zimmertemperatur abgekühlt. Sie können es bis zur weiteren Verwendung auch einige Stunden im Kühlschrank lagern.

Ähnlich wie im Brühstück verkleistert die Getreidestärke durch die hohe Temperatur bereits teilweise. Deshalb sollte maximal ein Viertel der im Brotteig zu verarbeitenden Getreideerzeugnisse im Kochstück verquollen werden.

TABELLE 12
Quellstück, Brühstück und Kochstück im Überblick.

	QUELLSTÜCK	BRÜHSTÜCK	KOCHSTÜCK
zu verquellende Zutat	feines bis mittleres Schrot Saaten	mittleres bis grobes Schrot	sehr grobes Schrot Getreidekörner
Verhältnis Quellzutat : Wasser (Teigausbeute)	1 : 1 (200)	1 : 1,5–2 (250-300)	1 : 2 (300)
Wassertemperatur	20–30 °C	90-100 °C	100 °C
Quelldauer	8–14 Stunden	4–6 Stunden (nach Auskühlung auch 8–12 Stunden bei 6–8 °C)	30–60 Minuten
max. Anteil an der Gesamtmenge der im Teig enthaltenen Getreideerzeugnisse	50–75 %	30–50 %	20–25 %

Rechts: Landbrot (Rezept siehe Seite 19)

Herr der Dinge: Teigsteuerung

Ob Ihnen ein Brot gelingt, hängt im Wesentlichen von drei Faktoren ab, mit denen Sie einen Teig in seinen Eigenschaften und seinem Verhalten beeinflussen können:

- → Wassergehalt
- → Temperatur
- → Zeit

Je nach den gewünschten Brotmerkmalen können diese drei Faktoren in gewissen Grenzen beliebig miteinander arrangiert werden. Unabhängig von der nahezu unbegrenzten Kombinationsmöglichkeit der Brotzutaten entsteht so eine noch deutlich größere Vielfalt an Backwaren.

Der professionelle Bäcker kann Wassergehalt, Temperatur und Zeit oft gezielt einstellen. Vor allem die Temperatur betreffend gestaltet sich das in der heimischen Küche schwierig. Deshalb sollten Sie mit einer an die jeweiligen örtlichen Bedingungen angepassten Teigsteuerung zufrieden sein, auch wenn die Backergebnisse dann nicht immer ideal sind.

Wassergehalt

Der Wassergehalt eines Teiges bestimmt maßgeblich die Aktivität der stärke- und zuckerabbauenden Enzyme sowie der Hefen und damit die Lockerung und Porung der Krume, das Brotvolumen und den Geschmack. Je höher der Wassergehalt, umso effektiver verlaufen die enzymatischen und mikrobiellen Vorgänge im Teig.

Generell zeigen Weizenteige mit einem hohen Wassergehalt eine gröbere Porung als Weizenteige mit geringem oder moderatem Wasseranteil. Ein wasserärmerer Teig ist weniger dehnbar, aber sehr elastisch. Dagegen sind weichere Teige durch unzureichende Elastizität bei zu starker Dehnbarkeit gekennzeichnet.

Je mehr Wasser in einem Teig gebunden ist, umso länger halten Brote frisch. Da Roggenmehl durch die quellfähigen Schleimstoffe (Pentosane) deutlich mehr Wasser aufnehmen kann als der Kleber im Weizenmehl, zeichnen sich Roggenbrote durch eine längere Frischhaltung aus.

Ausbeuterei – die Teigausbeute

Das Verhältnis zwischen der Wassermenge und der im Teig verarbeiteten Menge der Getreideerzeugnisse (meist Mehl oder Schrot) wird als Netto-Teigausbeute bezeichnet. Sie ist kennzeichnend für die Teigfestigkeit. Sie beschreibt die Menge Teig, die beim Mischen von 100 Teilen Mehl mit Wasser entsteht.

Für den Hobbybäcker ist allein die Netto-Teigausbeute von Bedeutung. Deshalb wird meist nur von Teigausbeute (TA) gesprochen, wenn die Netto-Teigausbeute gemeint ist.

Berechnet wird die Teigausbeute, indem die Summe aus der Gesamtwassermenge und der Getreideerzeugnismenge mit 100 multipliziert und anschließend durch die Gesamtmenge der Getreideerzeugnisse dividiert wird.

FORMEL:
Netto-TA = 100 x (Gesamtwassermenge + Getreideerzeugnismenge) / Getreideerzeugnismenge

Eine Netto-Teigausbeute von 160 bedeutet, dass sich im Teig pro 100 g Mehl 60 g Wasser befinden. Der Teig hat eine feste Konsistenz.

Teigausbeuten kleiner 160 sind typisch für sehr feste Teige, Teigausbeuten von 165 und darüber für mittelfeste und weiche Teige.

Die (Netto-)Teigausbeute ermöglicht etwas erfahreneren Hobbybäckern, auf einen Blick Verarbeitungseigenschaften wie die Teigkonsistenz und daraus folgende Produktmerkmale wie zum Beispiel die Krumenlockerung abschätzen zu können.

Eine mit der Teigausbeute vergleichbare Kenngröße ist die Hydratation (engl. hydration), die oft im nichtdeutschsprachigen Raum üblich ist. Sie wird prozentual als Verhältnis der Gesamtwassermenge zur Gesamtmenge der Getreideerzeugnisse im Teig angegeben. Ein Teig mit 100 g Mehl und 60 g Wasser hätte beispielsweise eine Hydratation von 60 %.

Je quellfähiger ein Mehl, umso höher die Teigausbeute, da mehr Wasser gebunden werden kann. Mit steigendem Roggenmehlanteil und höherer Mehltype steigt deshalb die Teigausbeute. Das gleiche Ziel haben Vorstufen (Sauerteige, Vorteige, Nullteige). Sie verquellen Getreideerzeugnisse, binden dadurch Wasser und ermöglichen so eine erhöhte Wasserzugabe im Teig. Die dadurch verbesserte Teigausbeute führt zu den bereits beschriebenen positiven Auswirkungen auf die Backwaren.

Da sich die Teigausbeute per Definition nur auf die Hauptbestandteile Mehl (beziehungsweise Getreideerzeugnisse) und Schüttflüssigkeit bezieht, können bei Zugabe anderer Zutaten (zum Beispiel Zucker, Fett) oder bei Verwendung von Vorstufen (vor allem Quell-, Brüh- und Kochstücke) Teigausbeuten entstehen, die einen extrem festen oder weichen Teig andeuten, obwohl die tatsächliche Konsistenz völlig davon abweicht. In diesem Fall handelt es sich um eine theoretische Teigausbeute. Außerdem besteht eine fließende Grenze zwischen jenen Zutaten, die noch als äquivalent zu Wasser und damit als Schüttflüssigkeit angesehen werden und jenen, die wasserhaltig, aber relativ fest sind. Milch, Buttermilch, aber auch Öle und Produkte mit ähnlicher Konsistenz können ohne Weiteres in die Berechnung der Teigausbeute einbezogen werden. Joghurt, Quark, Eier, Frischkäse und viele andere Zutaten verändern den Gesamtwassergehalt des Teiges, werden aber in aller Regel nicht mit in die Teigausbeute einbezogen.

Die seltener verwendete Brutto-Teigausbeute setzt sämtliche Teigzutaten außer die Getreideerzeugnisse ins Verhältnis zu den Getreideerzeugnissen.

FORMEL:
Brutto-TA = 100 x Teigmenge / Getreideerzeugnismenge, wobei die Teigmenge die Summe aller Zutaten ist.

Eine Brutto-TA von 185 bedeutet also, dass pro 100 g Getreideerzeugnis 85 g weitere Zutaten im Teig enthalten sind. Sie dient vorrangig als Hilfsmittel bei der Rezeptentwicklung und unterstützt die Vergleichbarkeit von Rezepten.

Werden Wiege- und Gärverluste bei der Berechnung berücksichtigt, wird von der praktischen Teigausbeute gesprochen.

Fester Teig, von Hand geknetet (Weißbrot mit Buttermilch, siehe Seite 27)

Temperatur

Die Teigtemperatur ist entscheidend für den Verlauf der Garphasen und damit für die Brotqualität. Bei höherer Temperatur laufen Quellprozesse schneller ab, Wasser wird zügiger gebunden. Die Gärung wird bei erhöhter Temperatur beschleunigt, die Garphasen werden kürzer. Roggenteige benötigen für eine optimale Gärung höhere Temperaturen (27–30 °C) als Weizenteige (22–26 °C), da in diesen Temperaturbereichen jeweils ideale Quellbedingungen für die im Mehl enthaltenen Eiweiße gegeben sind.

Die Teigtemperatur wird maßgeblich durch die Temperatur der Zutaten bestimmt. Durch Reibung zwischen Teig und Schüssel (oder Arbeitsfläche) und durch Übertragung von Maschinenwärme über den Knethaken auf den Teig erhöht sich die Temperatur beim Kneten.

Die einzige Möglichkeit, eine optimale Teigtemperatur einzustellen, ist das zugegebene Wasser. Je nach Jahreszeit und entsprechender Raumtemperatur, Temperatur der Zutaten (vor allem Mehl/Schrot), Knetmaschinentyp, Knetintensität und Knetdauer muss das Schüttwasser kühler oder wärmer in den Teig eingearbeitet werden.

Die richtige Wassertemperatur kann über eine einfache Formel berechnet werden.

FORMEL:

Wassertemperatur = (gewünschte Teigtemperatur – Knettemperatur) x 3 – (Raumtemperatur + Mehltemperatur)

BERECHNUNGSBEISPIEL:

	gewünschte Teigtemperatur	24 °C
–	Knettemperatur	5 °C
=	theoretische Teigtemperatur	19 °C
x 3	=	57 °C
–	Raumtemperatur	22 °C
–	Mehltemperatur	22 °C
=	**Wassertemperatur**	**13 °C**

Die Knettemperatur bezeichnet die Temperaturdifferenz zwischen dem ungekneteten und dem gekneteten Teig, die durch die Wärmeentwicklung beim Kneten entsteht. Da sie vom Maschinentyp, der Teigmenge, der Knetdauer und Knetintensität abhängt, benötigt es etwas Erfahrung, eine realistische Zahl zu finden. Üblicherweise liegt die Kneterwärmung bei Knetmaschinen für den Hausgebrauch zwischen 3 und 8 °C.

Der Faktor 3, mit dem die um die Kneterwärmung reduzierte gewünschte Teigtemperatur multipliziert wird, ergibt sich aus der Anzahl der variablen Parameter (Raumtemperatur, Mehltemperatur, Wassertemperatur). Werden ein oder mehrere Vorstufen gleicher Temperatur verwendet, erhöht sich der Faktor auf 4. Die Vorstufentemperatur muss in der Berechnung zusätzlich subtrahiert werden. Haben die Vorstufen verschiedene Temperaturen (zum Beispiel Quellstück aus dem Kühlschrank und Sauerteig mit Zimmertemperatur), werden beide Vorstufen separat behandelt und in die Subtraktion einbezogen. Die theoretische Teigtemperatur würde mit Faktor 5 multipliziert.

BERECHNUNGSBEISPIEL MIT VORSTUFE:

	gewünschte Teigtemperatur	24 °C
–	Knettemperatur	5 °C
=	theoretische Teigtemperatur	19 °C
x 4	=	76 °C
–	Raumtemperatur	22 °C
–	Mehltemperatur	22 °C
–	Vorstufentemperatur	7 °C
=	**Wassertemperatur**	**25 °C**

Für den Hausgebrauch scheint die Berechnung der Wassertemperatur zunächst umständlich. Sie werden jedoch feststellen, dass eine von Anfang an optimal eingestellte Teigtemperatur deutliche Vorteile während der Gärung bringt. Diese Vorteile schlagen sich letztlich in einer hervorragenden Brotqualität nieder.

Eine für das Backen optimale Zimmertemperatur liegt zwischen 23–27 °C. Was zunächst recht warm erscheint, ist für den Teig die Grenze, unterhalb derer er sich nur mäßig entwickelt. Da der Backofen sowieso ausreichend kräftig vorgeheizt werden muss, entwickeln sich diese Temperaturen automatisch. Falls nicht, sollten Sie nachhelfen: entweder stellen Sie die Heizung an oder führen alle Gar- und Ruhephasen des Teiges in einem wärmeren Raum durch.

MEIN TIPP

Hat sich Ihre Küche im Sommer sehr aufgeheizt, können Sie Ihren Brotteig mit eisgekühltem Wasser (um 1–5 °C) kneten. Im Winter, wenn Ihre Küche eigentlich viel zu kalt zum Brotbacken ist, sollten Sie entweder die Heizung anwerfen oder den Backofen kräftig vorheizen. Er strahlt viel Wärme ab. Egal ob Sommer oder Winter: Wenn Sie die für die Teiggare notwendigen Temperaturen in Ihrer Küche nicht annähernd erreichen können, verschieben Sie lieber Ihren Backtag.

Die Teigtemperatur kann zwischen den Garphasen variieren. Sowohl für Hefeteige als auch für viele Sauerteige bietet sich während der ersten Gare (Stockgare) eine etwas kühlere Temperatur von 22–26 °C an, um die Hefevermehrung zu fördern. Sind Brötchen oder Brot geformt, kann die Gartemperatur während der sich anschließenden Stückgare auf 28–35 °C erhöht werden, um die alkoholische Gärung der Hefen zu verbessern. Entsprechend verringern sich die Gehzeiten des Teiges.

Eine zu geringe Teig- und Gartemperatur macht die Kruste matt und blass. Die Krume wird kompakter mit unregelmäßiger Porung und schwachem, fadem Geschmack. Dagegen sind zu hohe Teig- und

Gartemperaturen für eine zu dunkle Kruste, ein von Säuren dominiertes Aroma und eine weniger elastische Krume mit ungleichmäßiger Porung verantwortlich. Auch die Frischhaltung wird in beiden Fällen herabgesetzt. Zu hohe Temperaturen lassen den Teigling während der Stückgare außen schneller reifen als innen. Die Folge sind Qualitätsunterschiede in der Krume, die unter anderem zu Krumenrissen führen können.

Zeit

Zeit ist einer der wichtigsten Parameter, um ein qualitativ hochwertiges Brot zu backen. Sie bestimmt die Möglichkeiten der Teigführung (lange oder kurze Führung, direkte oder indirekte Führung), legt über die Dauer der Knetphase den Grundstein für den weiteren Bearbeitungsprozess und regelt so die Beschaffenheit, das Aussehen und den Geschmack des Brotes. Die Steuerung der Teigeigenschaften steht und fällt mit dem Zeitfenster, das dem Teig zur Entwicklung eingeräumt wird.

Die Ruhe vor dem Sturm

Die Stockgare oder Teigruhe ist die erste Gehphase (auch Garphase genannt) des Teiges, in der sich die Mikroorganismen vermehren und dabei Kohlenstoffdioxid und Säuren produzieren. Die Stockgare erfolgt bei relativ niedrigen Temperaturen um 20–28 °C. Der Teig geht bereits etwas auf, vergrößert also sein Volumen, wenngleich der größte Trieb erst später erwünscht ist. Gleichzeitig werden in weizendominierten Teigen Eiweißverbindungen aufgebaut und durch Enzyme zum Teil wieder zerstört. Bei weniger intensiv gekneteten Teigen wird die Stockgare ein- oder mehrmals von Dehn- und Faltvorgängen unterbrochen, die die Kleberstränge ordnen und entwickeln sollen, um eine gute Formbarkeit und ein gutes Gashaltevermögen des Teiges zu erreichen. Auch das sogenannte Ausstoßen (oder Zusammenstoßen) des Teiges unterbricht die Stockgare. Es dient vor allem dem Austausch von Kohlenstoffdioxid gegen Luftsauerstoff, um die Hefevermehrung aktiv zu halten. In roggenlastigen Teigen verquellen während der Stockgare die Schleimstoffe (Pentosane) und bilden später das Krumengerüst.

Teig während der Stockgare

Die Dauer der Stockgare ist sehr variabel. Das Spektrum reicht von zehn Minuten bis zu mehreren Stunden. Sauerteige haben aufgrund des geringeren Hefeanteils oft eine kürzere Teigruhe als Hefeteige, da die Triebkraft der Sauerteighefen für die sich anschließende Stückgare benötigt wird. Das ist einer der Gründe, weshalb mit steigendem Weizenanteil im Teig eine längere Teigruhe eingeplant werden muss. Indirekt geführte Teige werden kürzer zur Gare gestellt als direkt geführte Teige, da sie bereits einen Teil der Mehlstärke, der Eiweiße und Schleimstoffe in den Vorstufen verquollen haben. Außerdem muss bei sehr großen Teigmengen der Masseneffekt berücksichtigt werden. Je mehr Teig zur Gare gestellt wird, umso schneller laufen die mikrobiellen Prozesse ab. Gesteuert wird dieses Phänomen über eine geringere Hefezugabe, eine kühlere Teigführung oder eine kürzere Stockgare. Bei Weizenteigen hat auch die Knetintensität beziehungsweise die Ausbildung des Klebergerüstes Einfluss auf die Teigruhe. Kurz geknetete Teige mit geringer Glutenentwicklung benötigen eine längere Zeit, um die Kleberstruktur zu festigen. Teige mit voll ausgebildetem Klebernetzwerk sollten kürzer zur Ruhe gestellt werden.

Zwischenspiel

Vor der Stückgare kann noch eine Zwischengare (oder Ballengare) eingeschoben werden, um vorgeformte Teiglinge entspannen zu lassen und für das endgültige Formen dehnbarer zu machen. Sie dauert nicht länger als 5–15 Minuten.

Stück für Stück

Die Stückgare ist die zweite und tatsächliche Gehphase, in der die Teiglinge bei höheren Temperaturen zum Aufgehen gebracht werden. Zwischen 30–35 °C optimieren die Hefen die Vergärung unter Bildung von Kohlenstoffdioxid, das in der Kleberstruktur (Weizenteig) beziehungsweise im Pentosangerüst (Roggenteig) gehalten wird und die Porung der späteren Krume verursacht. In Sauerteigen entwickelt sich zusätzlich Milchsäure, die für das mild-säuerliche Brotaroma verantwortlich ist.

Teig während der Stückgare

Da Sie solch hohe Temperaturen für das Gären der Teiglinge in Ihrer Küche nicht ohne Weiteres schaffen können, muss der Gärvorgang bei mindestens 24–26 °C verlangsamt und weniger intensiv stattfinden. Diese suboptimalen Bedingungen führen zu Abstrichen im Brotvolumen, der Krusten- und Krumenbeschaffenheit und verlängern die Gehzeit. Dennoch können Sie auch unter diesen Verhältnissen gute Brote von hohem Genusswert backen.

Neben der Temperatur ist die relative Luftfeuchte von Bedeutung, um die Teiglinge an der Oberfläche dehnbar und für den Backprozess feucht zu halten. Ergebnisse werden eine gute Bräunung, Glanz und Rösche der Kruste sowie ein optimales Brotvolumen und eine gute Lockerung sein.

Ideale Werte liegen zwischen 70–80 % relativer Luftfeuchte. Weizenbrote werden dabei in etwas feuchterer, Roggenbrote in etwas trockenerer Luft zur Gare gestellt. Auch hierbei ist eine gezielte Steuerung zu Hause kaum möglich. Es reicht aus, die Teiglinge gut mit Leinen oder Folie abzudecken, um eine erhöhte Luftfeuchte zu schaffen.

Die Dauer der Stückgare hängt von vielen Faktoren ab, zum Beispiel von der Hefemenge, der Teigausbeute, der Gartemperatur, der Luftfeuchte, den Mehlsorten und Mehltypen oder der Sauerteigmenge und -aktivität. Die Stückgare ist in der Regel länger als die Stockgare. Zeiten zwischen 45 und 90 Minuten sind üblich. Weizenbrote werden im Gegensatz zur Teigruhe (Stockgare) häufig kürzer zur Gare gestellt als Roggenbrote. Auch Teige mit höherer Teigausbeute benötigen eine kürzere Gare, da durch den höheren Wassergehalt die mikrobiellen und biochemischen Prozesse schneller ablaufen.

Je nach Dauer der Stückgare und dem daraus folgenden Garzustand muss das Brot vor dem Backen bearbeitet werden, zum Beispiel durch Einschneiden, um den noch vorhandenen Ofentrieb in eine kontrollierte Form zu lenken.

Gutes für den Teig: das Kneten

Das Kneten ist vor allem für weizenbetonte Teige wichtig, um ein ausreichend elastisches Klebergerüst zu schaffen. Roggenlastige Teige werden dagegen üblicherweise nur gründlich gemischt, da eine Kleberentwicklung nicht nötig ist. Die Eiweiße und Schleimstoffe des Roggens verquellen auch ohne intensives Kneten ausreichend mit Wasser.

Beim Kneten wird zwischen einer langsamen Mischphase und der eigentlichen Knetphase unterschieden. Während der Mischphase werden die Zutaten zu einer homogenen Teigmasse verarbeitet. Die einzelnen Mehlkörnchen werden mit Wasser in Verbindung gebracht. Die enzymatischen und mikrobiellen Prozesse können beginnen. Die Knetphase sollte bei Weizenteigen intensiv, aber relativ kurz ausfallen, bei Roggenteigen dagegen länger und schonend. Schrotdominierte Teige oder Vollkornteige werden über einen langen Zeitraum langsam geknetet, um sie ausreichend zu verquellen.

Wie lange wird geknetet?

Die Dauer der Knetphase hängt unter anderem von der Mehlqualität, der Konsistenz, Größe, Zusammensetzung und Temperatur des Teiges sowie der gewünschten Gärdauer ab. Außerdem spielen die Knettechnik und Knetgeschwindigkeit eine wesentliche Rolle. Je eiweißreicher, insbesondere je kleberstärker ein Mehl ist, umso intensiver muss es geknetet werden. Feste und große Teige unterstützen den Knetvorgang stärker als weiche Teige oder Teige mit geringer Masse. Letztere müssen daher länger geknetet werden. Bei höheren Knettemperaturen verquellen die Eiweißstoffe besser. Die Knetzeit verkürzt sich. Fett- und zuckerreiche Teige benötigen eine längere und intensive Knetphase. Eine kurze Gärdauer bedingt bei Weizenteigen intensiveres Kneten, um die eigentlich während der Garphasen fortgesetzte Teigentwicklung auf maschinellem Wege zu erreichen.

Jede Knetmaschine hat andere Leistungsmerkmale, unterschiedliche Drehzahlen, variierende Knetstufen und verschiedene Knettechniken. Angaben zu Knetzeiten und Knetgeschwindigkeiten können für Sie deshalb immer nur Anhaltspunkte sein, die Sie im Laufe der Zeit durch gute Teigbeobachtung auf Ihre eigene Knetmaschine anpassen müssen.

Beim Kneten von Hand ist es einfacher, die Teigentwicklung zu beobachten, da Sie die Teigkonsistenz ständig überprüfen können.

Jede Zutat zur rechten Zeit

Zutaten, die den Knetprozess stören würden, werden vor allem bei Weizen- und Weizenmischteigen erst im letzten Drittel der Knetphase zugefügt. Dazu zählen beispielsweise größere Mengen Fett und Saaten, die eine ausreichende Entwicklung des Klebergerüstes, aber auch die Verquellung von Schleimstoffen in Roggenteigen hemmen würden. Häufig wird auch das Salz später zugefügt, da es die Wasseraufnahme und Teigentwicklung zu Beginn der Knetphase mindern würde. Stückige Zutaten wie Früchte, Schokolade, Käse oder Nüsse müssen nach der Knetphase langsam in den Teig eingearbeitet werden. Einerseits wird so das Teiggerüst geschont, andererseits werden Form und Qualität der Beigaben nicht beeinträchtigt.

Die Zutatenmengen können Sie mit steigender Knetdauer kaum mehr korrigieren, ohne Abstriche in der Teigqualität in Kauf nehmen zu müssen. Wenn Korrekturen nötig sind, betrifft dies meist die Teigkonsistenz, die je nach Mehlqualität und eingesetzten Zutaten schwanken kann. In ihrem Wassergehalt und der Intensität der Wasserbindung schwankende Rohstoffe wie Kartoffeln können eine Korrektur notwendig machen.

Dabei gilt generell, dass niemals Mehl zur Festigung der Teigkonsistenz verwendet werden darf, da alle Zutaten eines Brotes auf die Mehlmenge bezogen sind. Würde die Mehlmenge nachträglich erhöht, müssten auch der Salzgehalt und der Hefeanteil erhöht werden. Vorteilhafter ist es, wenn Sie zum Beginn des Knetens nicht die ganze Schüttflüssigkeit zugeben, sondern 10–20 % aufbewahren. Hat der Teig dann eine zu feste Konsistenz, können Sie nach der Hälfte oder im zweiten Drittel der Knetzeit vorsichtig zusätzliche Flüssigkeit beifügen, bis die gewünschte Teigkonsistenz erreicht ist.

Verkettung glücklicher Umstände – das Klebergerüst

In Weizenteigen entwickelt sich durch das Kneten das Klebergerüst. Dabei werden die gequollenen Kleberstränge zu einem dünnen Netz verkettet. Die Stärkekörner lagern sich in diesem Gerüst ein. Kleber und Stärke bilden so im Verbund die spätere Krume.

Das Kneten führt zu einer Dehnung des Glutens. Außerdem werden die Kleberstränge gefaltet. Beide Vorgänge in Kombination führen während der Knetphase zu einer immer intensiveren Verknüpfung. Die Kleberstränge werden länger und dünner.

Außerdem wird im Laufe der Knetzeit immer mehr Wasser an Stärke und Eiweiß gebunden. Der Anteil freien Wassers sinkt. Der Teig wird fester. Damit steigt der Reibungswiderstand am Knetwerkzeug. Der Teig erwärmt sich und beschleunigt dadurch die Quellprozesse und die Klebergerüstbildung.

Was passiert im Teig?

Intensiv ausgekneteter Teig ist stärker oxidiert, also mit Sauerstoff angereichert. Er hat dadurch einen Teil seiner Farb- und Aromastoffe verloren. Besonders kräftig gekneteter Teig wirkt sehr hell, fast weiß. Salz, das am Beginn der Knetphase zugegeben wird, hemmt die Oxidation des Teiges. Sauerstoff beeinflusst den Teig aber auch positiv. Er geht Verbindungen mit den Klebereiweißmolekülen ein und stärkt so die Glutenverbindungen und die Verarbeitungstoleranz des Teiges. Außerdem bilden die fein verteilten Sauerstoffbläschen im Teig die Keime für die Anlagerung des Gärgases Kohlenstoffdioxid. Sauerstoff ist damit essentiell für eine ausgeprägte Porung der Krume. In Teigen mit einem durch das Kneten gut entwickelten Klebergerüst entsteht deshalb eine eher kleine, gleichmäßige Porung. Außerdem wird ein größeres Gebäckvolumen erreicht. Dafür leiden Geschmack und Frischhaltung. Die Stockgare sollte knapp gehalten werden, die Stückgare dagegen lang. Derart intensiv geknetete Teige werden häufig zu Recht als totgeknetet bezeichnet.

Kurz geknetete Teige mit schlecht entwickeltem Klebergerüst werden kaum oxidiert, also von Sauerstoff durchsetzt. Dadurch bleiben Aromastoffe und die natürliche Krumenfarbe im Brot erhalten. Während der langen Stockgare sind weitere kleberaufbauende Maßnahmen (zum Beispiel Dehnen und Falten) notwendig. Die kurze Knetphase bedingt außerdem eine unregelmäßige Verteilung von Luftbläschen im Teig und führt damit zu einer offenen und unregelmäßigen Krume. Da das Gashaltevermögen geringer als bei intensiver gekneteten Teigen ist, sollte die Stückgare knapper gehalten werden. Das Gebäckvolumen fällt kleiner aus.

Für ein volleres Aroma und eine natürliche Krumenfarbe ist der moderat geknetete Weizenteig mit anschließender schonender Kleberstärkung während der Stockgare zu bevorzugen. Dieser Kompromiss zwischen kaum und sehr gut gekneteten Weizenteigen bringt Vorteile wie ein gutes Brotvolumen, einen ausgeprägten Geschmack, längere Frischhaltung sowie eine gute Lockerung und Porung der Krume.

Kneten Sie den Teig weiter nachdem er die volle Kleberstruktur erreicht hat, zerfällt das Glutengerüst. Die Kleberstränge reißen. Der Teig wird weicher und klebriger, zieht lange Fäden und verliert seine Formbarkeit. Bemerken Sie diesen Zustand des Überknetens rechtzeitig, kann sich das Klebergerüst während der Stockgare wieder etwas stabilisieren. Dennoch müssen Sie Nachteile in der Formbarkeit, Krumenbeschaffenheit, der Lockerung und dem Brotvolumen hinnehmen.

TABELLE 13
Auswirkungen der Kleberentwicklung auf Teig und Gebäck.

	KLEBERGERÜST		
	schwach	mäßig	stark
Knetzeit	kurz	moderat	lang
Teigkonsistenz	weich, strukturlos	mittelfest, feucht	straff, glatt
Stockgare (Teigruhe)	lang	moderat	kurz
Stückgare (Endgare)	kurz	moderat	lang
Krume	offen, unregelmäßig	klein- bis grobporig	kleinporig, regelmäßig
Krumenfarbe	cremig, gelblich	blasscremig, blassgelblich	weiß
Gebäckvolumen	kleiner	moderat	größer
Geschmack/Aroma	äußerst vielfältig, ausgeprägt	vielfältig, ausgeprägt	eintönig, etwas fade
Frischhaltung	sehr gut	gut	mäßig

→ Weizenteig nach der Mischphase mit schlecht ausgebildetem Klebergerüst

→ Weizenteig nach einer kurzen Knetphase mit moderat ausgebildetem Klebergerüst

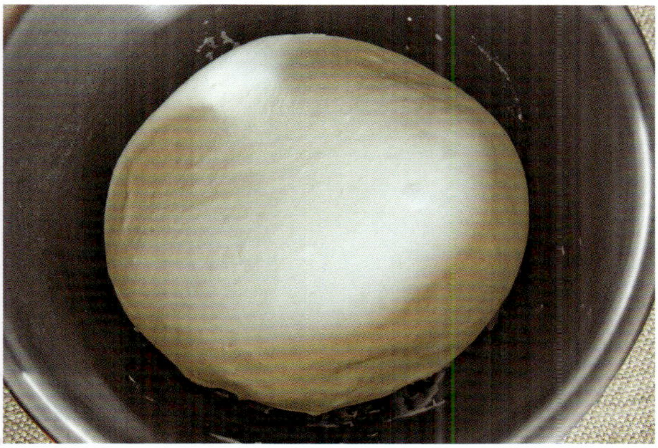

→ Weizenteig nach einer langen Knetphase mit gut ausgebildetem Klebergerüst

→ Fenstertest: dünn ausgezogener Weizenteig mit schlecht ausgebildetem Klebergerüst

→ Fenstertest: dünn ausgezogener Weizenteig mit moderat ausgebildetem Klebergerüst

→ Fenstertest: dünn ausgezogener Weizenteig mit gut ausgebildetem Klebergerüst

Freund und Feind des Klebers

Zu den vielen Faktoren, die den Kleber beeinflussen können, gehören auch Zutaten wie Fett und Zucker. Da Zucker stark hygroskopisch, also wasseranziehend ist, sollten Sie ihn gegen Ende der Knetphase in kleinen Portionen in den Teig kneten. Ansonsten wird den Klebereiweißen zu viel Wasser entzogen. Das Klebergerüst würde geschwächt oder gar zerstört.

Fett kann in geringen Mengen (2–5 % der Mehlmenge) von Beginn an in den Teig geknetet werden. Dort festigt es die Kleberstränge und macht sie dehnbarer. Größere Mengen Fett sollten Sie jedoch erst bei moderater bis guter Kleberentwicklung einarbeiten. Das Fett würde sich sonst um die Kleberstränge legen und deren Vernetzung zum Klebergerüst behindern.

Der Fenstertest

Die Entwicklung des Klebergerüstes im Teig kann durch einen einfachen Test geprüft werden. Abhängig vom Ergebnis wird die Knetphase gestoppt oder weitergeführt.

Nehmen Sie sich zum Prüfen ein etwa tischtennisballgroßes Teigstück aus der Knetschüssel. Ziehen Sie dieses Teigstück mit den Fingern beider Hände vorsichtig und langsam auseinander. Ziel ist es, den Teig zu einer dünnen Membran zu dehnen, die im Gegenlicht durchscheinend ist und die Kleberstränge sichtbar werden lässt (siehe Fotos Seite 223).

Reißt der Teig bereits am Anfang, ist noch relativ dick, zeigt eine etwas körnige, feuchte, unregelmäßige Beschaffenheit und hat keinen Zusammenhalt, ist das Klebergerüst nicht oder nur schwach ausgebildet. Weiterkneten ist unbedingt erforderlich.

Lässt sich der Teig zu einer 1–2 mm dicken Haut ziehen, bis er reißt, und hat noch immer eine etwas raue, unregelmäßige Struktur, dann ist das Klebergerüst mäßig entwickelt. In diesem Zustand kann der Teig bereits weiterverarbeitet werden, wenn sich während der Stockgare strukturstärkende Maßnahmen, wie beispielsweise das Teigfalten, anschließen. Der moderat entwickelte Teig besitzt noch ausreichend Farb- und Aromastoffe.

Können Sie den Teig hauchdünn, auf weniger als einen Millimeter Dicke ausziehen, wirkt er durchscheinend wie ein Fenster, hat eine glatte Oberfläche und eine straffe Struktur, so ist das Klebergerüst voll entwickelt. Der Teig kann nun optimal die Gärgase halten und eine stabile Krume aufbauen. Da die Kleberentwicklung damit quasi abgeschlossen ist, sollte der Teig während der Stockgare nicht weiter gestrafft werden.

Knetmaschine

Vor der Entwicklung technischer Hilfsmittel wurde Teig grundsätzlich von Hand geknetet. Eine schweißtreibende Angelegenheit, die aber half, den Teig und seine Eigenschaften besser zu verstehen und einschätzen zu lernen. Heute werden in Bäckereien und auch zu Hause die meisten Teige maschinell geknetet. Dennoch ist es von besonderer Wichtigkeit, den Teig mit allen Sinnen zu erfassen. Gerade der geschärfte Blick und der geübte Tastsinn sind unentbehrliche Hilfsmittel, um den Teig in jeder Phase des Backens zum optimalsten Zeitpunkt weiterbearbeiten oder aber wenigstens größere Fehler vermeiden zu können.

Die Frage, ob das Kneten von Hand oder mit der Knetmaschine besser für den Teig ist, kann pauschal nicht beantwortet werden. Beide Möglichkeiten haben ihre Vor- und Nachteile. Der größte Vorteil der Knetmaschine ist die Zeitersparnis. Einerseits sind die Knetzeiten kürzer, andererseits kann diese Zeit anderweitig genutzt werden. Das Risiko eines zu intensiv oder gar überkneteten Teiges steigt damit jedoch.

In der Praxis hat sich zweifelsohne das maschinelle Verfahren durchgesetzt, auch in den Haushalten. Da zum Brotbacken die normalen Handrührgeräte ungeeignet sind, ist das Kneten von Hand für Anfänger und diejenigen, die das Brotbacken zunächst ausprobieren möchten, eine sinnvolle Alternative zu einer Knetmaschine. Erst wenn sich das Brotbacken tatsächlich zu einem regelmäßigen Hobby entwickelt hat, lohnt sich diese Investition.

VORTEILE VON MASCHINELLEM KNETEN:

→ kürzere Knetzeiten
→ schnell und flexibel einsetzbar
→ weniger Reinigungsaufwand (besonders bei weichen Teigen)
→ Zeitersparnis
→ keine körperliche Belastung
→ Kneten sehr weicher Teige möglich

VORTEILE BEIM KNETEN VON HAND:

→ besseres Teiggefühl
→ intensivere Verquellung während des Knetens
→ geringere Teigerwärmung
→ echte Handarbeit

Von Hand kneten

Je roggenhaltiger ein Teig ist, umso weniger sollte er geknetet werden. Von Hand lässt sich ein roggendominierter Teig nicht mehr bearbeiten. Er klebt und reißt bei Dehnung. Rühren Sie ihn in einer Schüssel mit einem stabilen Löffel ausreichend lange und schonend, um die Verquellung der Schleimstoffe zu ermöglichen.

Weizenreiche Teige müssen zur Entwicklung des Klebergerüstes über einen langen Zeitraum intensiv bearbeitet werden. Um verklebte Hände zu vermeiden, ist es sinnvoll, die Teigzutaten zunächst mit einem stabilen Löffel in einer Schüssel zu verrühren. Wenn die Zutaten grob vermischt sind und einen lose zusammenhängenden Verbund bilden, beginnt das Kneten auf der sauberen Arbeitsfläche. Zwei Methoden haben sich bewährt.

Für mittelfeste bis feste Teige

Bei der ersten Methode verrichtet hauptsächlich eine Hand die Arbeit. Bemehlen Sie die Arbeitsfläche leicht und setzen sie die grobe Teigmischung darauf. Rechtshänder legen den Handballen ihrer rechten Hand, Linkshänder den ihrer linken Hand in die Mitte des Teiges. Die Finger werden über der Teigoberfläche gehalten. Die Fingerspitzen berühren die Arbeitsfläche. Die zweite Hand wird dauerhaft stützend, aber weitgehend inaktiv am Teig gehalten. Mit etwas Druck nach unten wird nun der Handballen vom Körper weg bewegt. Die Fingerspitzen bleiben dabei ungefähr in ihrer Ausgangsposition. Der Handballen nähert sich also den Fingerspitzen. Der Teig wird mitgezogen und dehnt sich dabei. Umfassen Sie mit ihren Fingern fest den an die Fingerspitzen gezogenen Teig. Nun heben Sie die zu einer lockeren Faust geballte Hand etwas nach oben und ziehen den klebrigen Teig zurück zur Mitte. Dort lassen Sie den Teig los, strecken die Finger wieder nach vorn und drücken den zurückgezogenen Teig nahezu gleichzeitig mit dem Handballen in der Mitte fest.

(SIEHE ABBILDUNGEN SEITE 226)

Der Handballen liegt nun wieder mit leichtem Druck in der Teigmitte, die Finger werden locker über der Teigoberfläche gehalten. Nun beginnt der gleiche Ablauf wieder von vorn, wobei der gesamte Teig beim Dehnen mit den Handballen ein kleines Stück auf der bemehlten Arbeitsfläche gedreht wird. Die zweite Hand kann dabei unterstützend eingreifen. Rechtshänder drehen gegen den Uhrzeigersinn, also nach links. Linkshänder drehen im Uhrzeigersinn, also nach rechts.

Durch das Ziehen und zur Mitte Falten werden die Kleberstränge gedehnt und miteinander vernetzt. Wenn Sie den Knetprozess verinnerlicht haben, werden Sie das Knettempo automatisch immer weiter erhöhen. Je nach Mehlqualität, der Verwendung von Vorteigen und anderen Faktoren wird sich der Teig besser oder schlechter kneten lassen. In jedem Fall wird sich die klebrig-feuchte Konsistenz mit der Knetdauer in eine straffere und festere Beschaffenheit wandeln. Während des Knetens lohnt es sich, den Fenstertest durchzuführen.

Am Anfang sollte der an der Arbeitsplatte haftende Teig mit einer Teigkarte zusammengeschoben und die Platte erneut bemehlt werden, damit sich der Teig drehen lässt.

Für mittelfeste bis weiche Teige

Für die zweite Methode werden beide Hände benötigt. Es wird auf einer unbemehlten Arbeits-

Von Hand kneten

(MITTELFESTE BIS FESTE TEIGE)

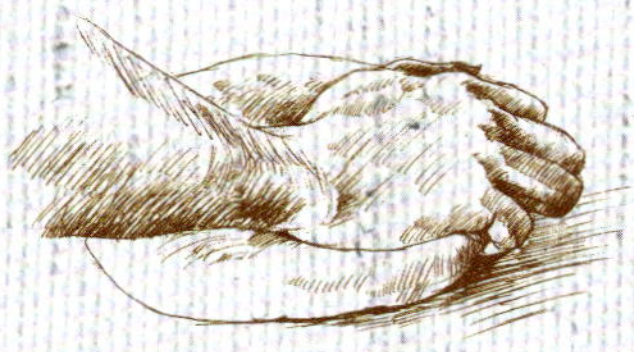

SCHRITT 1
Den Teig mit dem Handballen vom Körper weg drücken.

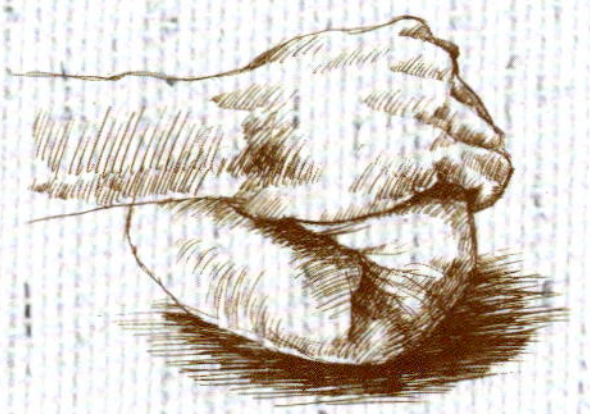

SCHRITT 2
Den gedehnten Teig zur Mitte zurückziehen und mit dem Handballen festdrücken.

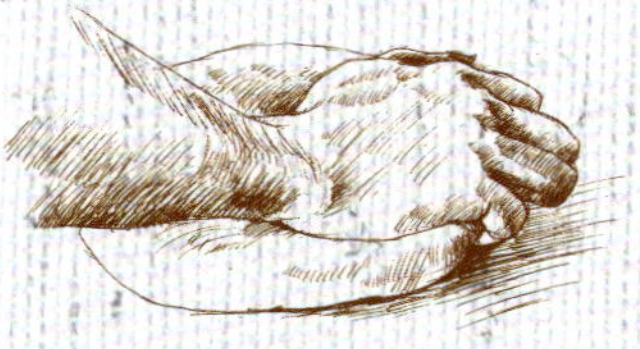

SCHRITT 3
Den Teig entsprechend Schritt 1 dehnen und dabei den Teigballen etwas drehen.

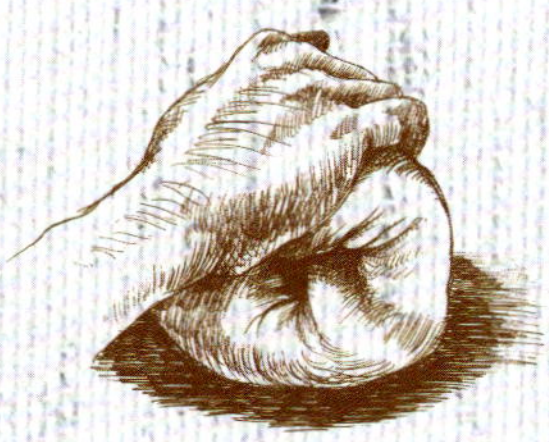

SCHRITT 4
Den Teig entsprechend Schritt 2 zurückholen und mittig andrücken.

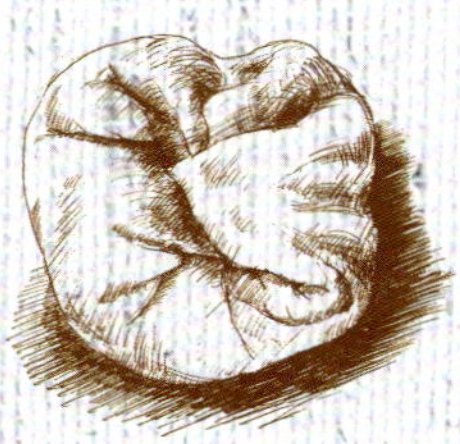

SCHRITT 5
Die Schritte 1 und 2 stets im Wechsel ausführen bis der Teig straff, glatt und homogen geknetet ist. Am Ende entsteht auf der Teigunterseite eine glatte Teighaut, auf der anderen Seite befindet sich der sogenannte Schluss (Abbildung).

(MITTELFESTE BIS WEICHE TEIGE)

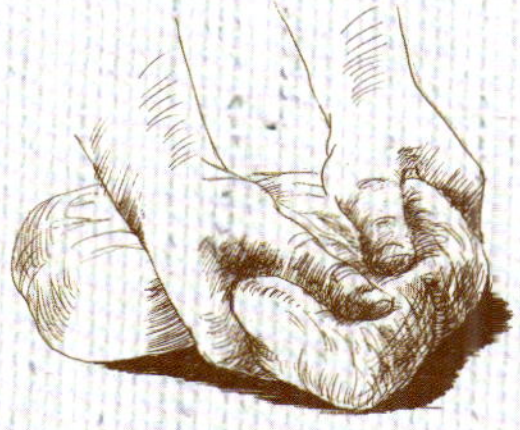

SCHRITT 1
Den Teig am hinteren Ende (oder bei Wiederholung der Schrittfolge seitlich) greifen.

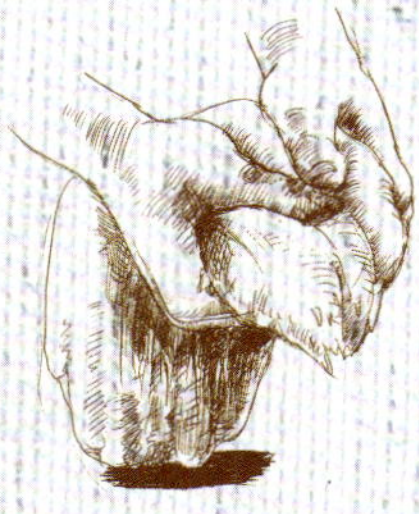

SCHRITT 2
Den Teig nach oben ziehen.

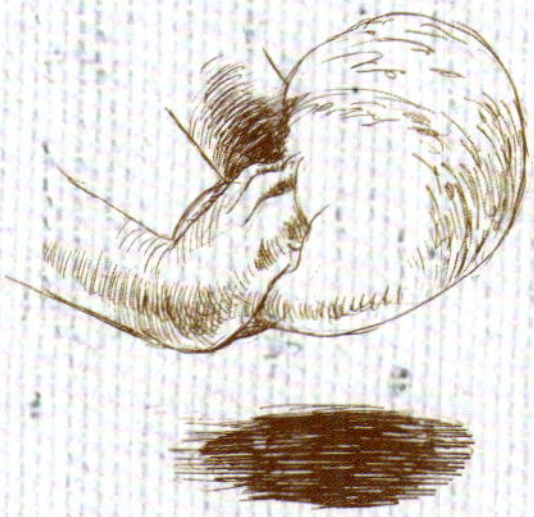

SCHRITT 3
Den Teig vom Körper weg nach oben schwingen.

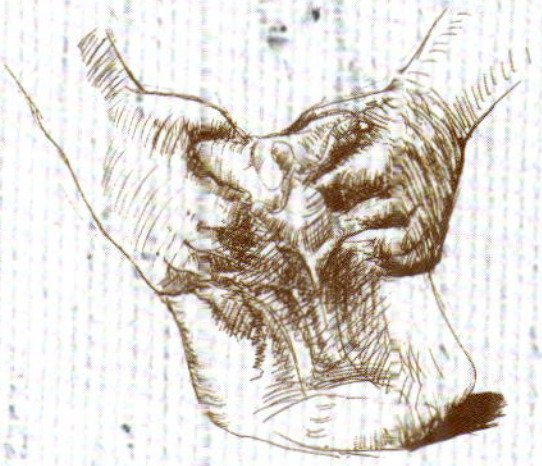

SCHRITT 4
Den Teig mit Wucht auf die Arbeitsfläche schlagen und anschließend zum Körper nach oben z ehen (dehnen).

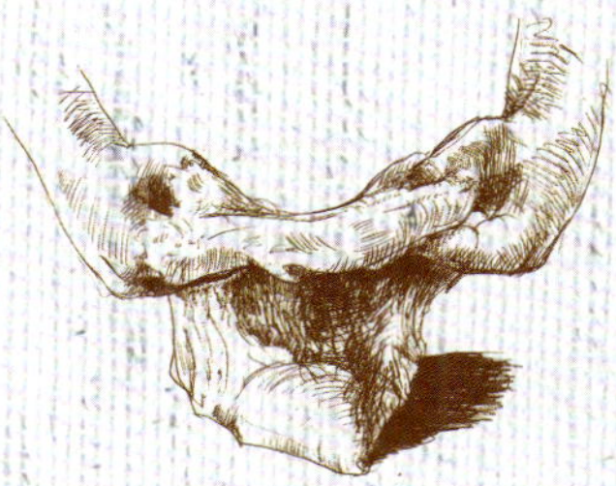

SCHRITT 5
Den gedehnten Teig über den auf der Arbeitsfläche klebenden Teil schlagen.

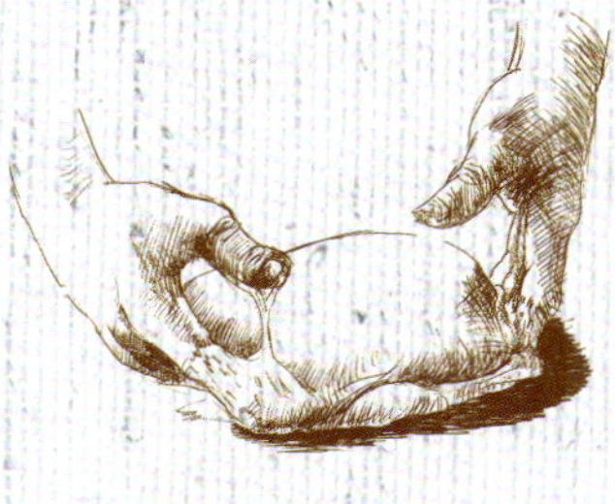

SCHRITT 6
Der Teig ist vollständig auf den unteren Teil geschlagen. Die Schritte 1–6 bis zur gewünschten Teigkonsistenz wiederholen.

fläche geknetet. Der Teig wird permanent gedehnt und gefaltet. Das Glutengerüst kann sich so optimal entwickeln.

(SIEHE ABBILDUNGEN SEITE 227)

Geben Sie die Teigmasse auf die saubere Arbeitsfläche. Fassen Sie den losen Teig mit beiden Händen an der hinteren, vom Körper weg zeigenden Teigseite. Heben Sie den Teig mit Schwung nach oben, sodass er sich vom Boden löst. Klebt der Teig noch zu sehr, können Sie ihn vorher etwas mit der Teigkarte ablösen. Schwingen Sie nun den Teig vom Körper weg nach oben bis er etwa waagerecht in der Luft schwebt. In diesem Augenblick ziehen Sie den Teig mit Kraft nach unten und schlagen ihn mit Wucht flach auf die Arbeitsplatte. Die Hände bleiben die ganze Zeit an der am Anfang gefassten Teigkante. Der Teig klebt nun etwa zur Hälfte bis zu einem Drittel seiner Fläche auf der Arbeitsplatte. Sie ziehen den Teil des Teiges, den sie noch in der Hand haben, zu sich nach oben bis er zu reißen beginnt. Nun falten sie den Teig wieder vom Körper weg über den auf der Arbeitsfläche liegenden Teil. Fassen Sie nun den Teig an einer der beiden senkrecht zum Körper liegenden Seiten (rechte oder linke Seite) mit beiden Händen und beginnen Sie wieder mit dem Hochziehen, Schwingen und Aufschlagen des Teiges. Drehen Sie während des Hochziehens Ihre Hände und Arme samt Teig wieder in die normale Position. Dadurch wird der Teig um 90° im oder gegen den Uhrzeigersinn gedreht, je nachdem, an welcher Seite Sie ihn gepackt haben.

Diese Abfolge von Schritten wird mehrmals wiederholt: Teig seitlich fassen, nach oben ziehen, in der Luft um 90° drehen, nach vorn schwingen, auf die Arbeitsplatte schlagen, zum Körper dehnen und vom Körper weg falten.

Mit etwas Übung ist solch ein Durchlauf in 2–3 Sekunden zu schaffen. Sie werden bereits nach wenigen Minuten merken, dass der Teig an Konsistenz gewinnt, weniger an der Arbeitsfläche und den Händen klebt und straffer wird. Nach 20–30 Minuten sollte der Teig soweit geknetet sein, dass er glatt, straff und elastisch ist und nirgends mehr kleben bleibt.

Die Methode macht durch das Aufschlagen des Teiges reichlich Lärm. Das Aufschlagen ist aber notwendig, um vor allem bei besserer Kleberentwicklung noch Halt auf der Arbeitsplatte zu haben und den Teig dehnen zu können.

Den Teig dehnen und falten

Teige mit geringer oder mittlerer Kleberentwicklung benötigen während der Teigruhe (Stockgare) eine schonende Bearbeitung zur Stärkung des Teiggerüstes. Würden die Teige ohne weitere Bearbeitung aus der Teigruhe entlassen, wären Nachteile in der Brotqualität die Folge. Insbesondere das Gashaltevermögen würde beeinträchtigt und damit das Brotvolumen, die Krumenporung und Krumenbeschaffenheit. Das Dehnen und Falten des Teiges ist eine sehr schonende und effektive Methode, dem Teig Struktur und Formbarkeit zu geben.

Durch das Dehnen werden die Kleberstränge lang gezogen. Das Falten vernetzt die Stränge untereinander. Der wichtigste Gehilfe ist dabei die Zeit. Das Teigfalten bildet zwar die Grundlage, aber erst die Zeit ermöglicht es den Klebereiweißen, sich selbst zu organisieren und zu einem Gerüst zusammenzufinden. Mit dieser Methode ist es sogar möglich, nur vermischten, aber nicht gekneteten weizenreichen Teigen zu einem stabilen Klebergerüst zu verhelfen.

Das Dehnen und Falten eines Teiges wird der Einfachheit halber häufig nur als Falten bezeichnet. Es sind damit jedoch immer beide Teilschritte gemeint. Sie sind untrennbar miteinander verbunden.

Die Anzahl der Faltvorgänge innerhalb der Stockgare richtet sich nach der vorherigen Knetdauer, der daraus folgenden Kleberentwicklung und nach den gewünschten Gebäckeigenschaften. In der Regel wird die Stockgare ein- bis viermal zum Falten unterbrochen.

Mit Mehl falten

Die Standardvariante des Teigfaltens findet auf der leicht bemehlten Arbeitsplatte statt. Sie ist für mittelfeste bis feste Teige geeignet. Bemehlen Sie den Teig auf der Arbeitsfläche leicht. Greifen Sie ihn mit den Händen an zwei gegenüber liegenden Seiten und ziehen Sie ihn soweit es geht zu einem langen Band auseinander. Der Teig sollte nicht reißen. Nun fassen Sie an einem Ende des Bandes mit beiden Händen die Längsseiten und ziehen das Band breiter. Arbeiten Sie sich am gesamten Band entlang. Am Ende sollte ein mehr oder minder rechteckiger Teiglappen vor Ihnen liegen.

(SIEHE ABBILDUNGEN SEITE 230)

Entfernen Sie überschüssiges Mehl mit der Hand oder einem Pinsel vom Teig. Klappen Sie den Teig nun von einer der beiden kurzen Seiten her wie einen Geschäftsbrief zu einem Drittel um. Die gegenüberliegende Seite schlagen Sie darüber. Es ist ein dickerer, ebenfalls etwa rechteckiger Teiglappen entstanden. Diesen greifen Sie an den beiden kurzen Seiten und ziehen ihn in die Länge. Das Dehnen sollte inzwischen deutlich schwieriger sein. Klappen Sie das Teigband erneut wie einen Geschäftsbrief zu je einem Drittel übereinander. Ist der Teig noch sehr weich, plastisch und dehnbar, können Sie den Faltvorgang wiederholen. In den meisten Fällen lohnt dies aber nicht, erst recht, wenn während der Stockgare später weitere Faltvorgänge vorgesehen sind. Legen Sie den gefalteten Teig zurück in die Schüssel zur Teigruhe.

Wichtig ist in jedem Fall, dass kein Mehl in den Teig eingearbeitet wird. Im Brot wären diese Mehlstreifen deutlich zu sehen. Abgesehen davon, dass es kein schöner Anblick ist, beeinflusst das Mehl die Kaueigenschaften der Brotkrume negativ.

Mit Wasser falten

Weiche bis sehr weiche Weizen- oder Weizenmischteige können mit nassen Händen gefaltet werden. Das Wasser verhindert ein Ankleben und ermöglicht ein sauberes, effektives Arbeiten. Entweder befeuchten Sie die Arbeitsfläche und verfahren wie beim Teigfalten mit Mehl, nur mit nassen Händen, oder Sie falten den Teig gleich im Gärgefäß. Schüsseln eignen sich dafür allerdings nicht. Ideal sind lebensmittelechte, rechteckige Kunststoffboxen.

Der Teig ist während der Stockgare auf dem Boden der Box ausgebreitet. Stellen Sie die Box mit einer der beiden kurzen Seiten zu sich gerichtet auf die Arbeitsfläche. Sie untergreifen den Teig mit nassen Händen am hinteren Ende der Box von beiden Seiten und ziehen ihn soweit es geht nach oben. Falten Sie den Teig nun in Ihre Richtung und legen Sie ihn auf dem restlichen Teig etwa im vorderen Drittel der Box ab. Nun greifen Sie das vordere (körpernahe) Teigende, dehnen es und falten es über den restlichen Teig nach hinten. Drehen Sie die Box um 90° und wiederholen Sie die Abfolge. Am Ende müssen alle vier Seiten des Teiges gedehnt und gefaltet worden sein.

Mit Teigkarte falten

Die dritte Variante, einen Teig zu falten, ist die einfachste und schnellste, aber nicht ganz so effektiv wie die anderen beiden. Sie eignet sich für mittelfeste bis weiche Teige. Weizenmischteige mit einem höheren Roggenanteil sind dafür besonders prädestiniert, da sie eine etwas lose, klebrige Konsistenz haben können.

(SIEHE ABBILDUNGEN SEITE 230 UNTEN)

Der Teig kann in der zur Stockgare verwendeten Schüssel bleiben. Nehmen Sie einen Teigspatel oder eine flexible, abgerundete Teigkarte und stecken Sie diese an einer beliebigen Stelle tief zwischen Teig und Schüssel. Ziehen Sie den Teig nun mit der Teigkarte so weit wie möglich nach oben. Klappen Sie den gedehnten Teig in die Mitte der Schüssel. Drehen Sie die Schüssel etwas (40–60°) und wiederholen Sie den Dehn- und Faltvorgang. Der Faltprozess ist beendet, wenn Sie die Schüssel wieder zu ihrem Ausgangspunkt gedreht haben. Insgesamt sollten Sie den Teig damit fünf- bis zehnmal gefaltet haben. Setzen Sie anschließend die Stockgare fort.

Den Teig dehnen und falten

(MIT MEHL FALTEN)

SCHRITT 1
Den Teig mit beiden Händen in die Länge ziehen.

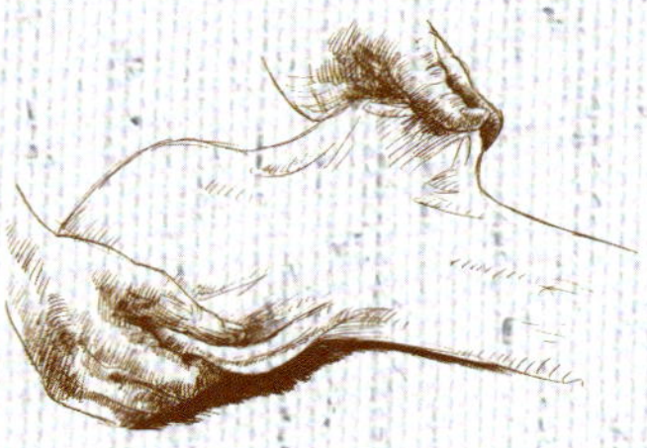

SCHRITT 2
Das Teigband mit beiden Händen zu einem Teiglappen in die Breite ziehen.

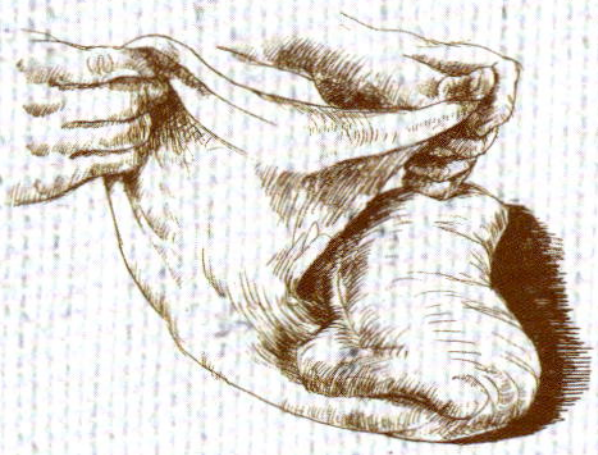

SCHRITT 3
Den Teiglappen wie einen Geschäftsbrief zu je einem Drittel übereinander klappen.

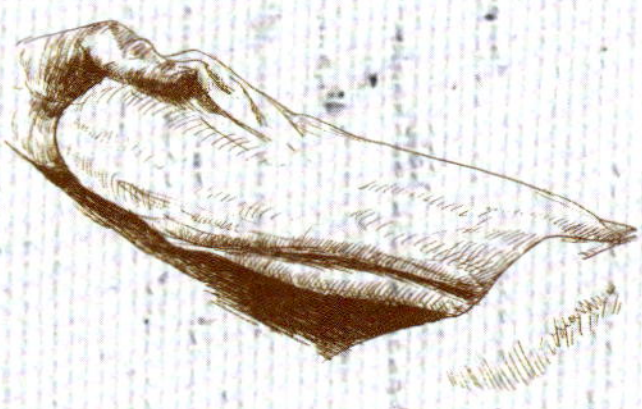

SCHRITT 4
Den Teig erneut zu einem Band in die Länge ziehen.

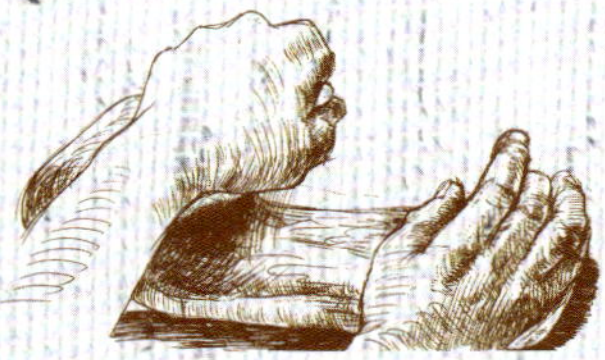

SCHRITT 5
Das Teigband von beiden Seiten zu je einem Drittel zu einem Teigballen übereinanderklappen (wie bei Schritt 3).

(MIT TEIGKARTE FALTEN)

SCHRITT 1
Mit der Teigkarte vom Schüsselrand Teig unterfassen, dehnen und zur Mitte hin falten.

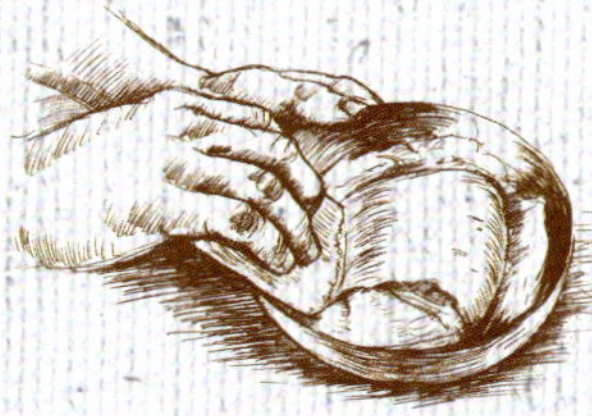

SCHRITT 2
Die Schüssel etwas drehen und Schritt 1 wiederholen.

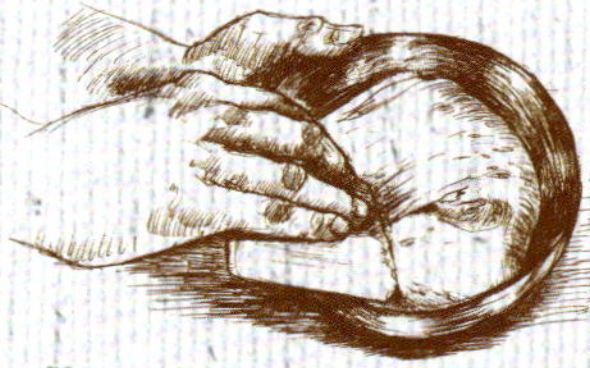

SCHRITT 3
Nach mehreren Wiederholungen der Schritte 1 und 2 wird der Teig straffer und löst sich besser vom Schüsselrand.

Ganz schön förmlich: das Wirken

Wirken ist ein Begriff aus der Bäckersprache. Er beschreibt das Formen eines Teiges. Durch das Wirken entstehen die typischen Brotformen. Der Teig wird dabei zunächst rundgewirkt und bei Bedarf anschließend in eine längliche Form gebracht. Doch Wirken ist viel mehr als nur das Teigformen. Es ist essentiell, um eine gleichmäßige, kleinporige Krume zu erreichen. Das Gärgas Kohlenstoffdioxid wird beim Rundwirken gemeinsam mit Sauerstoff fein im Teig verteilt. Große Gasblasen werden dabei ausgedrückt. Der Austausch von Gärgas und Luftsauerstoff regt die Hefevermehrung an. Außerdem werden Mehlanhaftungen am Teig durch das Wirken eingearbeitet. Auch gerissene Stellen an der Oberfläche des Teiges können so entfernt werden.

Ziel des Wirkens ist es, den Teig in eine Form mit glatter Oberfläche, straffer Teighaut und gleichmäßig verteiltem Gärgas zu verwandeln.

Den Teig gleichmäßig zu straffen, ist dabei von entscheidender Bedeutung, um eine unsymmetrische Brotform und unkontrolliertes Aufreißen im Ofen zu vermeiden.

Durch das Wirken können aber auch neue Brotfehler entstehen, beispielsweise wenn zu viel Mehl eingearbeitet wird (Mehleinschlüsse) oder wenn unvollständig durchgewirkt wurde (Wirkblasen).

Durch das Wirken entsteht auf der Unterseite des geformten Teiges eine Nahtstelle, an welcher der Teig während der Formgebung zusammengeführt und gestrafft wurde. Diese Naht wird Schluss genannt. Der Schluss sollte möglichst gleichmäßig ausgebildet und im Zentrum der Unterseite des Teiglings liegen. Sonst besteht die Gefahr, dass er während des Backens aufreißt. In einigen Fällen ist das Aufreißen des Schlusses erwünscht. Der Teigling wird dann mit Schluss nach oben oder an der Seite gebacken.

Das Rundwirken ist die Grundlage nahezu jeder Brotform. Erst wenn der Teig nach der Stockgare homogenisiert und gestrafft wurde, kann er in seine endgültige Form gebracht werden. Üblicherweise geschieht dies durch Langwirken zu einem länglich-ovalen Laib. Andere Formen, die teils sehr speziell und charakteristisch für eine Region oder einen Bäckerbetrieb sind, werden mit Hilfsmitteln wie dem Rollholz oder der Teigkarte und durch Drücken, Reißen, Schieben, Ziehen, Schlagen oder Rollen hergestellt.

Das Rundwirken zählt zur Phase des Vorformens. Zwischen dem Vorformen und der endgültigen Formgebung muss der Teig 5–15 Minuten abgedeckt entspannen können, um die gestraffte Teighaut bei weiterer Bearbeitung nicht einzureißen.

Die Kleberstränge werden während dieser kurzen Zwischengare wieder dehnbar. Das luftdichte Abdecken der vorgeformten Teiglinge während der Zwischengare ist besonders wichtig, da sonst die Teighaut antrocknen, bei weiterer Bearbeitung einreißen und die Krusteneigenschaften des Brotes verschlechtern würde.

Je nach Teig und Kleberentwicklung können die Teiglinge manchmal auch in einem Schritt rundgewirkt und in ihre gewünschte Endform gebracht werden. Dennoch ist eine kurze Zwischengare empfehlenswert, da auch in dieser Zeit mikrobielle Prozesse ablaufen, die den Teig und letztlich die Brotqualität verbessern.

Wie intensiv gewirkt wird, richtet sich bei weizenreichen Teigen vor allem nach der Entwicklung des Klebergerüstes und der Teigkonsistenz. Straffe, festere Teige werden nur kurz und vorsichtig gewirkt. Sie verfügen über ausreichend eigenen Stand. Dagegen müssen weichere Teige kräftig aufgearbeitet werden, um den Teig zu straffen und damit den Teigling in die Lage zu versetzen, während der Stückgare seine Form zu halten.

Rundwirken auf eine andere Art ist Rundschleifen. Der massive Teig wird zunächst tatsächlich rundgewirkt und einer kurzen Zwischengare unterzogen, die bei Brötchenteig Ballengare genannt wird. Der vorgeformte Teig wird anschließend in mehrere Teiglinge geteilt, die in der hohlen Hand zu Brötchenteiglingen geschliffen, also rund geformt werden. Das Rundschleifen von Brötchenteiglingen ist wie das Rundwirken von Brotteig Ausgangspunkt für die weitere Formgebung, sofern Sie keine runden Brötchen formen möchten.

Je mehr Roggen ein Teig enthält, umso vorsichtiger muss er gewirkt werden. Er reißt wegen des geringeren Kleberanteils schneller und hat eine weniger zusammenhängende Struktur. Sehr roggenlastige Teige können nicht straff geformt werden. Es reicht, den Teig mit bemehlten oder nassen Händen und wenigen Handgriffen durch Falten, Schieben und Drücken in Form zu bringen.

Wichtig ist bei allen Wirkmethoden, dass Sie kein Mehl einarbeiten. Deshalb sollten Sie die Arbeitsfläche und den Teig stets sparsam bemehlen, gerade so viel, dass nichts haften bleibt. Mehlen Sie lieber einmal nach, als durch ein Zuviel an Mehl Wirkeinschlüsse zu riskieren, die im Brot unschöne Mehlnester oder Mehlstreifen zur Folge haben. Als Mehl zum Wirken sollten Sie immer das Mehl verwenden, das den Hauptbestandteil des Teiges ausmacht.

Achten Sie bei weizenreichen Teigen außerdem darauf, den Teig nicht zu überstrapazieren. Eine gerissene Teiglingshaut ist kaum zu reparieren. Die einzige Möglichkeit ist, den Teigling für 10–20 Minuten gut abgedeckt entspannen zu lassen und noch einmal von vorn zu beginnen. Die dadurch verlängerte Garzeit und der stärker beanspruchte Kleber im Teig können aber die Brotqualität mindern.

MEIN TIPP

Die verschiedenen Wirkmethoden sind einfach, wenn Sie diese ein paar Mal ausprobiert haben. Die nachfolgenden Beschreibungen sind ausführlich und behandeln jeden Einzelschritt. Beachten sollten Sie, dass die beschriebenen Schritte in der Praxis innerhalb weniger Sekunden oder gar in Bruchteilen einer Sekunde ablaufen. Im Laufe der Zeit wird sich das Nacheinander der Schritte zu einem in sich fließend verlaufenden Vorgang entwickeln. Haben Sie Geduld mit sich und experimentieren Sie. Vielleicht kommen Sie so auf Ihre ganz eigene, praktikable Methode, einen Teig rund oder lang zu wirken.

Rundwirken

Standardmethode

Die Standardmethode ist die Methode der Wahl für mittelfeste bis feste Teige. Sie führt zu Broten mit eher klein- bis mittelporiger, gleichmäßiger Krume. Die Methode ist mit dem Kneten festerer Teige vergleichbar.

Bemehlen Sie die Arbeitsfläche leicht, legen Sie den Teig darauf und bemehlen Sie ihn ebenfalls etwas. Rechtshänder legen den Handballen ihrer rechten Hand, Linkshänder den ihrer linken Hand in die Mitte des Teiges. Die zweite Hand wird dauerhaft stützend, aber weitgehend inaktiv am Teig gehalten. Mit etwas Druck nach unten wird nun der Handballen vom Körper weg bewegt. Die Fingerspitzen bleiben jedoch ungefähr in ihrer Ausgangsposition. Der Handballen nähert sich also den Fingerspitzen. Der Teig wird dabei mitgezogen und dehnt sich. Umfassen Sie mit Ihren Fingern fest den an die Fingerspitzen gezogenen Teig. Nun heben Sie die zu einer lockeren Faust geballte Hand etwas nach oben und ziehen den Teig zurück zur Mitte. Dort lassen Sie den Teig los, strecken die Finger wieder nach vorn und drücken den zurückgezogenen Teig im gleichen Moment mit dem Handballen in der Mitte fest.

(SIEHE ABBILDUNGEN SEITE 234)

Der Handballen liegt nun wieder mit leichtem Druck in der Teigmitte, die Finger werden locker über der Teigoberfläche gehalten. Nun beginnt der gleiche Ablauf wieder von vorn, wobei der gesamte Teig beim Dehnen mit den Handballen ein kleines Stück auf der bemehlten Arbeitsfläche gedreht wird. Die zweite Hand kann dabei unterstützend eingreifen. Rechtshänder drehen gegen den Uhrzeigersinn, also nach links. Linkshänder drehen im Uhrzeigersinn, also nach rechts. Durch die Kombination der beiden Varianten für Links- und Rechtshänder können zwei Teige gleichzeitig rundgewirkt werden.

Vereinfachte Methode

Diese für Anfänger geeignetere Methode zum Rundwirken hat den Nachteil, dass dabei schonender mit dem Teig umgegangen wird. Mittelfeste und feste Teige werden damit nie eine solch gleichmäßige Porung bekommen wie mit Hilfe der Standardmethode. Bei weicheren Teigen oder Teigen für Brote, die eine gröbere, unregelmäßigere Porung auszeichnet, ist diese Methode bestens geeignet.

Setzen Sie den Teig auf die leicht bemehlte Arbeitsfläche. Der Teig muss nicht bemehlt werden. Es reicht, wenn an den Fingern eine dünne Mehlschicht haftet. Drücken Sie den Teig ein wenig flach. Greifen nun mit den Fingern Ihrer rechten oder linken Hand an der vom Körper weg gerichteten Seite den Teigrand, ziehen ihn nach oben und führen ihn in Ihre Richtung zur Teigmitte. Dort drücken Sie den mitgeführten Teig kräftig fest. Nun drehen Sie den Teig mit beiden Händen um ein paar Grad im oder gegen den Uhrzeigersinn und wiederholen den Vorgang. Setzen Sie ihn solange fort, bis der Teig an der Unterseite straff und glatt wirkt.

(SIEHE ABBILDUNGEN SEITE 234)

Die Anzahl der Dehn- und Faltvorgänge, aber auch die Intensität, mit der sie ausgeführt werden, bestimmt die spätere Ausbildung der Brotkrume. Je mehr und intensiver Sie arbeiten, umso kleinporiger und gleichmäßiger wird die Brotkrume aussehen.

Krempel-Methode

Ähnlich dem Ärmelhochkrempeln wird bei dieser Methode der Teig gekrempelt, also eingeschlagen, allerdings nicht nach außen, sondern nach innen. Das Verfahren ist für mittelfeste und feste Teige hervorragend geeignet, fast genauso effektiv und zielführend wie die Standardmethode. Durch das intensive Einschlagen und Ausdrücken des Teiges entsteht eine eher gleichmäßige, kleine bis mittlere Porung. Da die Methode sehr eingängig ist und schnell erlernt werden kann, ist sie eine gute Alternative zum traditionellen Wirken.

(SIEHE ABBILDUNGEN SEITE 235)

Legen Sie den Teig auf die leicht bemehlte Arbeitsfläche. Bemehlen Sie ihre Hände und umfassen Sie den Teig an der zu Ihnen gerichteten Vorderseite. Die Daumen und Handballen drücken Sie dabei an den Teig, die kleinen Finger legen Sie an die seitlichen Teigkanten und die übrigen Finger ausgestreckt auf den Teig. Nun ziehen Sie die Finger zu den Handballen und raffen dabei den zwischen den Daumen und den Fingern liegenden Teig. Die

Das Rundwirken

(STANDARDMETHODE)

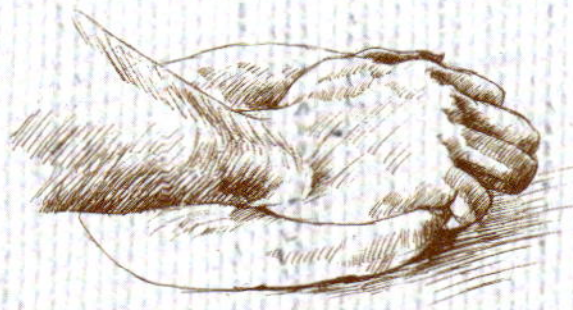

SCHRITT 1
Den Teig mit dem Handballen vom Körper weg drücken.

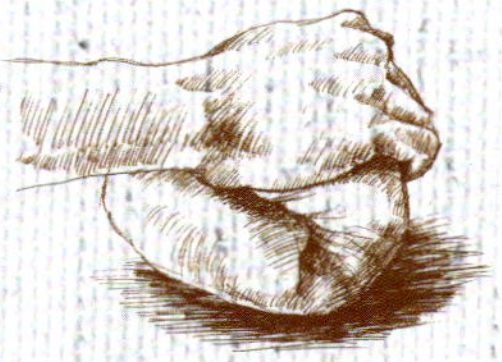

SCHRITT 2
Den gedehnten Teig zur Mitte zurückziehen und mit dem Handballen festdrücken.

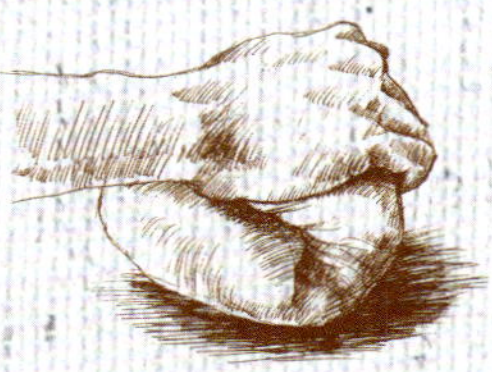

SCHRITT 3
Den Teig entsprechend Schritt 1 dehnen und dabei den Teigballen etwas drehen.

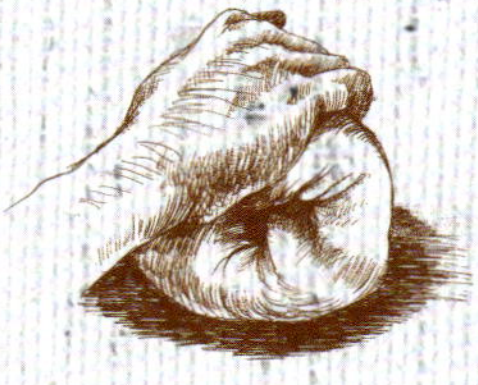

SCHRITT 4
Den Teig entsprechend Schritt 2 zurückholen und mittig andrücken.

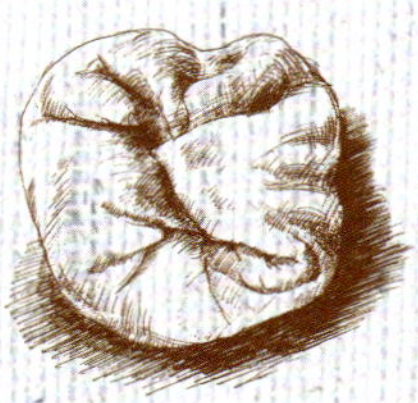

SCHRITT 5
Die Schritte 1 und 2 stets im Wechsel ausführen bis der Teig straff, glatt und gleichmäßig rund gewirkt ist. Am Ende entsteht auf der Teigunterseite eine glatte Teighaut, auf der anderen Seite befindet sich der sogenannte Schluss.

(VEREINFACHTE METHODE)

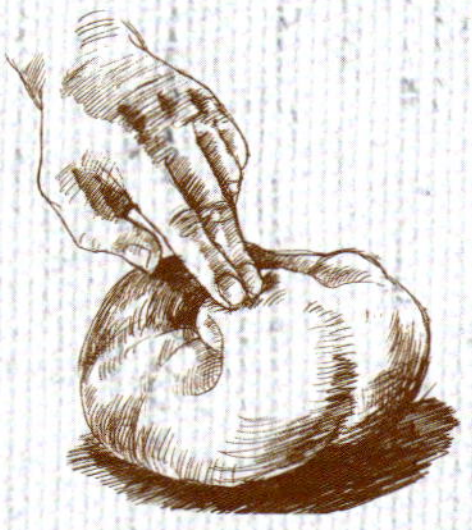

SCHRITT 1
Den hinteren, vom Körper weg zeigenden Teigrand fassen, dehnend zur Mitte ziehen und dort festdrücken.

SCHRITT 2
Den Teig etwas drehen und Schritt 1 erneut ausführen. Diese Abfolge solange wiederholen, bis der Teig straff wirkt und glatt aussieht.

(KREMPEL-METHODE)

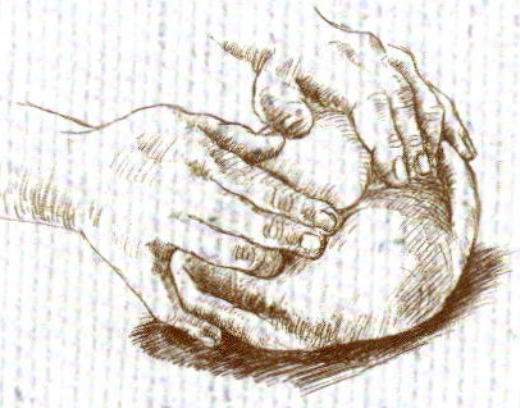

SCHRITT 1

Den Teig umfassen und Finger für Finger den Teig nach innen einkrempeln.

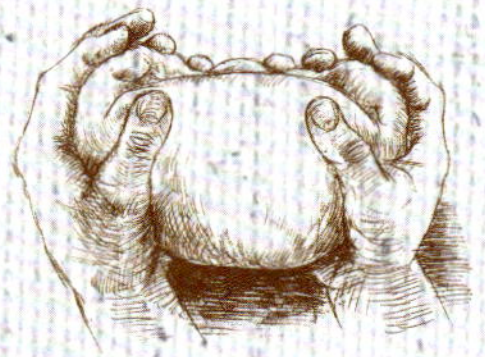

SCHRITT 2

Während des Einkrempelns die Hände so kippen, dass die Handkanten auf der Arbeitsfläche liegen. Von allen Seiten her den Teig nach innen einarbeiten. Auf der gegenüberliegenden, zum Körper zeigenden Teigseite wird die Teighaut gestrafft und geglättet.

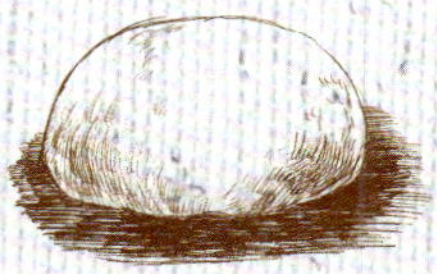

SCHRITT 3

Schritt 2 solange fortführen, bis der Teig glatt und straff wirkt. Den Teig am Ende mit der eingekrempelten Seite nach unten ablegen.

(SCHIEBE-METHODE)

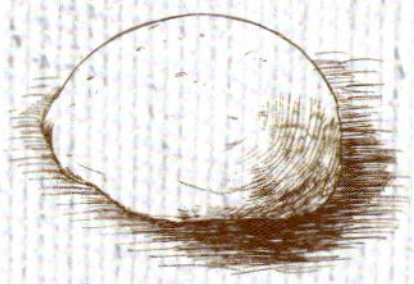

SCHRITT 1

Den losen Teig auf der leicht bemehlten Arbeitsfläche ablegen.

SCHRITT 2

Beide Hände mit den Handkanten und den kleinen Fingern auf der Arbeitsfläche an den hinteren, vom Körper weg zeigenden Teigrand führen. Den Teig mit etwas nach unten gerichtetem Druck zum Körper schieben.

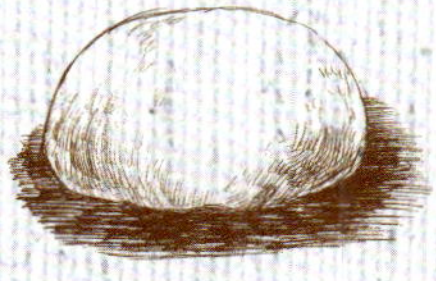

SCHRITT 3

Schritt 2 solange wiederholen bis der Teig straff und glatt wirkt. Zwischen jedem Schiebevorgang den Teig etwas drehen, damit er gleichmäßig geformt wird.

Daumen unterstützen das Greifen, indem sie den Teig etwas anheben. Die Hände sind nun fast zu einer Faust geballt. Angefangen vom kleinen Finger krempeln beziehungsweise stopfen Sie nun Finger für Finger den Teig nach innen. Währenddessen kippen Sie Ihre Hände um 90° zueinander. Die Daumen liegen zuoberst auf dem Teig. Die Hände werden nun so gehalten, als würden Sie mit beiden Fäusten auf den Tisch schlagen. Während Sie mit den Fingern der einen Hand noch den Teig nach innen krempeln, strecken Sie bereits wieder die Finger der anderen Hand aus, lassen Sie aber am Teig liegen. Fassen Sie mit einem oder mehreren äußeren Fingern ein beliebiges Teigstück und führen Sie es zur Teigmitte. Dort greifen es die übrigen Finger der Hand zum Einschlagen und Feststopfen.

Das Heranholen, Greifen und Einschlagen wird nun von jeder Hand etwas zeitversetzt rund um den gesamten Teigrand durchgeführt. Der Teig wird immer unter den Daumen zum Handballen geführt. Sie werden schnell selbst feststellen, wie ihre Hände mit den Fingern am effektivsten den Teig von allen Seiten her nach innen krempeln können. Ziel ist eine runde, glatte Teigkugel. Sie werden merken, wie sich der Teig an der zu Ihnen zeigenden Oberfläche immer mehr strafft und glättet. Ist er ausreichend bearbeitet, legen Sie den Teig auf die eingekrempelte Seite, sodass die glatte Seite nach oben zeigt. Sie können nun noch etwas mit der Schiebe-Methode nachformen.

Schiebe-Methode

Eine weitere Möglichkeit, den Teig rund und straff zu formen, ist das Schieben des Teiges. Sie unterscheidet sich von den anderen beiden Methoden vor allem dadurch, dass die zu straffende Teigseite oben und nicht unten liegt. So kann die Oberflächenbeschaffenheit des Teiges besser kontrolliert werden. Außerdem ist es eine sehr schonende Methode, die das Gärgas und die Porenverteilung deutlich weniger beeinflusst als die anderen Methoden. Sie ist für alle Teigkonsistenzen geeignet, bietet sich aber besonders für weiche Teige an, die zu Broten mit überwiegend grober, unregelmäßiger Porung verbacken werden sollen. Außerdem können Sie die Methode als Ergänzung für die beiden anderen nutzen, um den gewirkten Teiglingen noch den letzten Schliff für einen gleichmäßig gestrafften Teig zu geben. Dieses Vorgehen ist vor allem für Ungeübte empfehlenswert.

(SIEHE ABBILDUNGEN SEITE 235)

Legen Sie den Teig auf die leicht bemehlte Arbeitsfläche. Dehnen und falten Sie den Teig drei- bis sechsmal wie in der Anleitung für die vereinfachte Methode beschrieben. Ziel ist, den Teig an der Unterseite etwas zu straffen. Es entsteht eine recht roh geformte Kugel. Drehen Sie diese Kugel um, sodass die glatte Teigseite nach oben zeigt. Die Arbeitsfläche sollte nun nur noch mit einem Hauch von Mehl oder gar nicht mehr bestäubt werden. Setzen Sie beide Hände direkt hinter die Teigkugel. Die Mittelfinger berühren sich leicht. Die Handkanten liegen am Kontakt zwischen Teig und Arbeitsfläche auf. Die Hände passen sich der Form der Teigkugel an. Ziehen Sie nun Ihre Hände gleichmäßig und vorsichtig in Ihre Richtung. Bauen Sie dabei etwas Druck auf, der auf den Kontakt zwischen Teig, Arbeitsfläche und den kleinen Fingern gerichtet ist. Die kleinen Finger sollten den Teig ganz leicht zur Arbeitsplatte drücken.

Die Teighaut wird durch das Schieben des Teiges zum Körper an der Vorderseite nach unten gezogen. In Kombination mit dem aufgebauten Druck an der Hinterseite kommt es deshalb zur Dehnung und Straffung des Teiges. Sollte der Teig an der Vorderseite keinen Halt auf der Arbeitsplatte haben, streichen Sie mit einem angefeuchteten Finger darüber. Die Arbeitsfläche darf nicht zu feucht sein. Wenn Sie große Hände haben, können Sie die Daumen als Widerstand an der Vorderseite einsetzen, genauso wie es die kleinen Finger an der Hinterseite des Teiges machen.

Schieben Sie den Teig nicht nur in eine Richtung, sondern drehen Sie ihn ab und zu, um eine allseitig gleichmäßige Straffung zu erreichen.

Beobachten Sie die Teigoberfläche gut. Sollten sich erste Risse bilden, hören Sie sofort auf. Sollte der Teig dann noch nicht genug Stand haben, decken Sie ihn luftdicht ab, lassen ihn 5–15 Minuten entspannen und beginnen erneut.

Langwirken

Das Langwirken ist weniger aufwändig als das Rundwirken. Ziel ist hauptsächlich, den Teig in Form zu bringen und nicht das Ausdrücken, Austauschen oder Verteilen von Gärgas. Es gibt viele Möglichkeiten, einen rund vorgeformten Teig lang zu machen. Zwei Methoden haben sich bewährt. Die Standardmethode eignet sich sowohl für Weizen- und Roggenteige, wenngleich Roggenteige sehr schonend geformt werden sollten. Die Krempel-Methode ist nur für Weizen- und Weizenmischteige relevant, die ein ausreichend dehnbares Klebergerüst besitzen oder während des Rundwirkens noch nicht genügend Stand entwickelt haben. Alternativ kann diese Methode auch ohne den Zwischenschritt des Vorformens angewandt werden. Dann sind auch elastischere, straffere Teige geeignet.

Standardmethode

(SIEHE ABBILDUNGEN SEITE 238)

Der rund vorgeformte Teig wird mit dem Schluss nach oben (glatte Seite nach unten) auf die leicht bemehlte Arbeitsfläche gelegt. Klappen Sie die untere, zu Ihnen zeigende Teighälfte mit beiden Händen über die obere. Kippen Sie dabei den Teig auf die entstandene Nahtstelle. Legen Sie Ihre Hände flach auf den Teig. Haben Sie große, lange Hände, ist es vorteilhaft, wenn Handballen und Fingerspitzen die Arbeitsplatte berühren oder sich die Hände zumindest etwas der Wölbung des Teiges anpassen. Bewegen Sie die Hände mehrmals mit mäßigem und zur Arbeitsplatte gerichtetem Druck vor und zurück. Gleichzeitig ziehen Sie die Hände langsam zur Seite, damit der Teig eine längliche Form bekommt. Hat er die gewünschte Länge erreicht, sollten Ihre Hände an den beiden Teigenden liegen. Je näher Sie beim Langwirken diesen Enden kommen, umso mehr Druck müssen Sie zur Arbeitsfläche aufbauen, damit die Nahtstelle (der Schluss) an den Enden besonders gut geschlossen ist. Haben Sie gleichmäßig und korrekt gearbeitet, liegt schließlich ein länglicher Teigling mit ovalem Querschnitt, straffer Teighaut und rundlich-schmal zulaufenden Enden vor Ihnen.

Krempel-Methode

Legen Sie den vorgeformten Teigling mit der glatten Seite nach unten (Schluss nach oben) auf die leicht bemehlte Arbeitsfläche. Bemehlen Sie ihre Hände und umfassen Sie den Teigling an der zu Ihnen gerichteten Vorderseite. Die Daumen legen Sie unter die Teigkante, die Handballen drücken Sie dabei an den Teig. Die übrigen Finger liegen ausgestreckt auf dem Teig. Heben Sie mit den Daumen die zu Ihnen gerichtete Teigkante an. Im gleichen Moment ziehen Sie die Finger zu den Handballen und raffen dabei den zwischen den Daumen und den Fingern liegenden Teig. Die Hände sind fast zu einer Faust geballt. Halten Sie den Teig fest und kippen Sie Ihre Hände von Ihnen weg zur Teigmitte ein. Angefangen vom kleinen Finger krempeln beziehungsweise stopfen Sie nun Finger für Finger den Teig nach innen. Während eine Hand noch damit beschäftigt ist, strecken Sie bereits die Finger der anderen Hand aus, schieben mit den Daumen neuen Teig von unten nach, greifen ihn mit den Fingern, führen ihn zur Teigmitte und krempeln ihn wieder mit den Fingern hinein.

(SIEHE ABBILDUNGEN SEITE 238)

Das Heranholen, Greifen, Kippen und Einkrempeln wird nun von jeder Hand etwas zeitversetzt zur anderen Hand solange wiederholt, bis der Teigling die gewünschte Länge und den nötigen Stand erreicht hat.

Der gesamte Vorgang ist mit dem Einrollen von einem Blatt Papier vergleichbar. Im Gegensatz dazu ist es aber wesentlich, dass die Hände beim Einkrempeln nach außen wandern und den Teig damit in die Länge ziehen. Außerdem müssen Sie beim Einkrempeln des Teiges in die Laibmitte darauf achten, dass immer eine Schicht Teig auf der Arbeitsplatte liegen bleibt, über der die Finger den Teig nach innen krempeln.

Hat der Laib seine endgültige Form, legen Sie beide Hände flach auf den Laib und bewegen sie mit einem kräftigen Ruck und Druck zur Arbeitsplatte ein- bis zweimal vor und zurück. Dadurch wird die Naht geschlossen, die sich durch das Einkrempeln gebildet hat.

Das Langwirken

(STANDARDMETHODE)

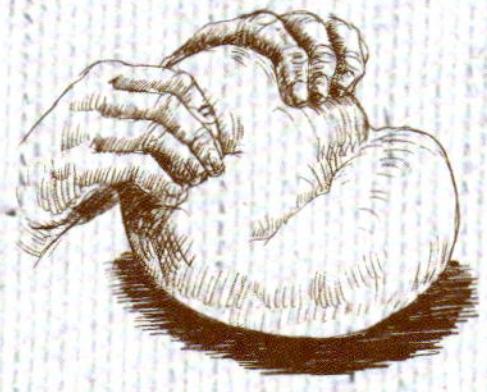

SCHRITT 1
Die vordere, zum Körper zeigende Teighälfte über die hintere Hälfte klappen.

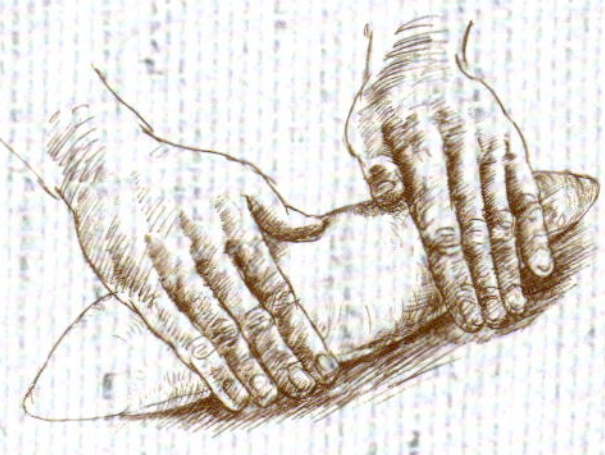

SCHRITT 2
Den Teig mit beiden Händen auf die entstandene Nahtstelle drehen und lang ausrollen. Je nach den Rezeptanforderungen mit runden oder spitzen Enden formen.

(KREMPEL-METHODE)

SCHRITT 1
Den Teig mit beiden Händen an der vorderen, zum Körper zeigenden Teigkante fassen.

SCHRITT 2
Den Teig mit den Daumen vom Körper weg schieben und den anderen Fingern zuführen, die ihn Finger für Finger nach innen krempeln.

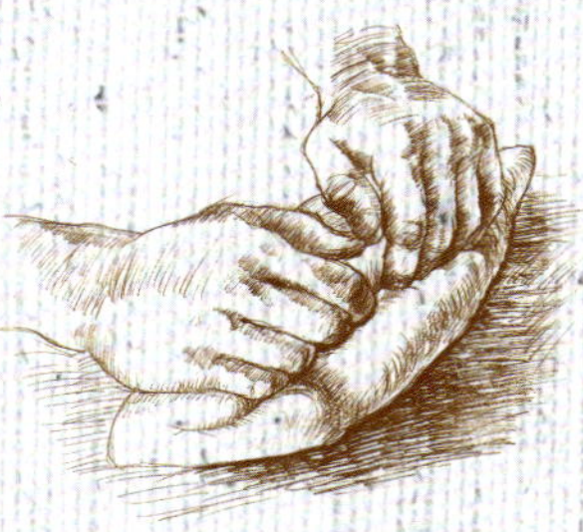

SCHRITT 3
Das Einkrempeln solange fortführen bis der Teig straff und ausreichend lang ist. Darauf achten, dass der Teig immer über der auf der Arbeitsfläche liegenden Teigkante eingekrempelt wird.

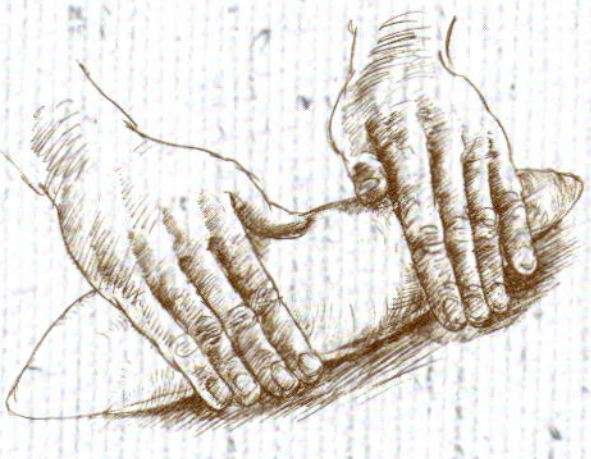

SCHRITT 4
Den gewirkten Teig mit beiden Händen vom Körper weg abrollen, sodass die Nahtstelle, an welcher der Teig nach innen gekrempelt wurde, verschlossen auf der Arbeitsfläche zu liegen kommt. Den Teig mit wenigen Rollbewegungen in die endgültige Länge und Form bringen.

Rundschleifen

Die wichtigste Voraussetzung für das Rundschleifen von Brötchenteiglingen ist eine Arbeitsfläche mit ausreichend Reibungswiderstand. Sie sollte deshalb gar nicht oder bei weichen Teigen nur wenig bemehlt werden. Besitzen Sie eine Arbeitsplatte aus Kunststoff oder Holz, lohnt sich bei relativ festen Teigen das Benetzen mit sehr wenig Wasser. Bei Natursteinplatten ist das in der Regel nicht notwendig.

Für den Anfang

Eine etwas einfachere Variante des Rundmachens von Brötchenteiglingen ist vor allem für mittelfeste bis weiche Teige geeignet. Dafür wird die Arbeitsfläche schwach bemehlt. Der Teigling wird an der hinteren Kante mit dem Daumen, dem Zeigefinger und dem Mittelfinger einer Hand gefasst, etwas nach oben gezogen und in die Mitte des Teiglings gedrückt. Die andere Hand hält dabei den Teigling fest. Dieser wird anschließend um einige Grad gedreht und der gleiche Vorgang wiederholt sich. Sie merken schnell, dass sich die auf der Arbeitsfläche liegende Teighaut strafft. Setzen Sie dieses Dehnen und Falten fort, bis der Teigling ausreichend Stand hat. Die Methode ist, so sie etwas weniger intensiv betrieben wird, auch als Vorarbeit für das Rundschleifen geeignet. So hat der Teigling bereits eine runde Form und kann besser in der hohlen Hand geschliffen werden.

(SIEHE ABBILDUNGEN SEITE 240)

Für Geübte

Nehmen Sie sich einen Teigling, den Sie vom Brötchenteig abgetrennt haben, und legen ihn auf die wenig oder gar nicht bemehlte Arbeitsfläche. Die Oberfläche des Teiglings und Ihre Hände können Sie bei mittelfesten und weichen Teigen etwas bemehlen. Legen Sie Ihre Hand auf den Teigling. Die Hand muss mit den Fingerspitzen, den Handkanten und dem Handballen während des gesamten Vorgangs auf der Arbeitsfläche aufliegen. Ziehen Sie nun den Daumen und den kleinen Finger ein wenig an den Teigling. Beginnen Sie, mit der Hand eine schnelle kreisende Bewegung zu machen. Die Richtung ist egal, muss aber beibehalten werden. Während die Hand kreist, ziehen Sie den Daumen, den kleinen Finger und auch die anderen Finger zum Teigling. Gleichzeitig drücken Sie mit der Handfläche auf die Teiglingsoberfläche. Haben die Finger den Rand des Teiglings erreicht, ziehen Sie sie weiter zusammen. Die Fingerspitzen sollten sich dabei ein wenig unter den Teigling schieben. Sie merken, wie der Teigling nach oben ausweicht und straffer wird. Die Teighaut wird durch die Fingerspitzen und die Kreisbewegung immer weiter unter den Teigling geschoben und dadurch gestrafft. Setzen Sie dem Anheben des Teiglings mit Ihrer Handfläche leichten Druck entgegen, folgen ihm jedoch. Die am Anfang relativ flache Hand richtet sich so innerhalb von drei bis fünf Kreisbewegungen zu einer hohlen Hand auf. Der Teigling ist kreisrund, hat eine glatte und straffe Oberfläche. Wichtig ist das schnelle und druckvolle Arbeiten, damit der Teig nicht an der Arbeitsfläche hängen bleibt oder überstrapaziert wird.

(SIEHE ABBILDUNGEN SEITE 240)

Geübte schaffen das Schleifen eines Teiglings in maximal 2–3 Sekunden und bearbeiten mit beiden Händen je einen Teigling.

Das Rundschleifen

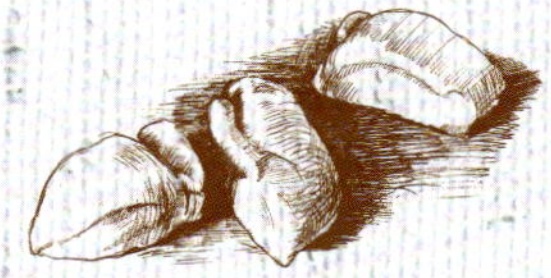

SCHRITT 1
Die portionierten Teiglinge zurechtlegen. Möglichst eine unbemehlte Seite nach unten auf die Arbeitsfläche setzen, um ausreichend Reibungswiderstand zu erzeugen.

SCHRITT 2
Die Hand flach auf den Teigling legen und mit leichtem Druck auf den Teigling kreisende Bewegungen machen.

SCHRITT 3
Während der Kreisbewegungen die Fingerspitzen immer weiter an den Teig ziehen. Der Teig wird straffer, wölbt sich nach oben. Die Handwölbung folgt dieser Aufwärtsbewegung. Der Druck nach unten wird aber beibehalten.

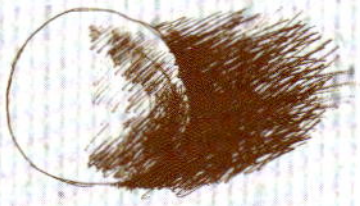

SCHRITT 4
Nach 3–5 Kreisbewegungen ist der Teig straff und hat eine glatte Oberfläche.

SCHRITT 1 (FÜR ANFÄNGER)
Die portionierten Teiglinge zurechtlegen. Möglichst die bemehlte Seite nach unten auf die Arbeitsfläche setzen.

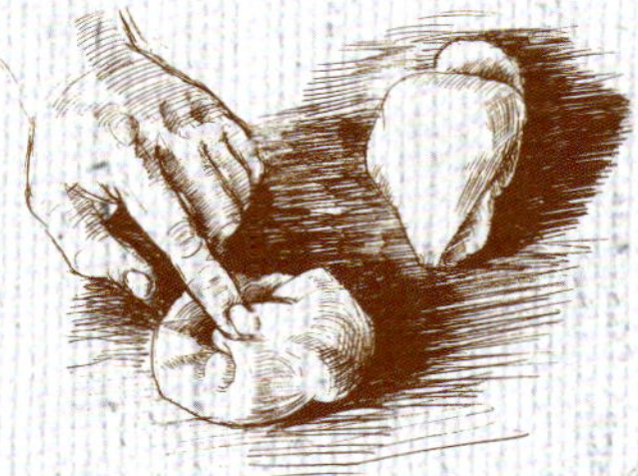

SCHRITT 2 (FÜR ANFÄNGER)
Den hinteren, vom Körper weg zeigenden Teigrand fassen, dehnend zur Mitte ziehen und dort festdrücken.

SCHRITT 3 (FÜR ANFÄNGER)
Den Teig etwas drehen und Schritt 2 wiederholen. Diese Abfolge solange fortsetzen bis der Teig straff ist und glatt aussieht.

SCHRITT 4 (FÜR ANFÄNGER)
Den Teig in der Mitte am sogenannten Schluss (der Nahtstelle) packen, etwas zusammendrücken und dem jeweiligen Rezept entsprechend zur Stückgare stellen.

Kurz vor dem Ziel: endlich backen

Das Backen ist der letzte Schritt in einem langen Prozess vom Mischen der Zutaten bis hin zum fertigen Brot oder Brötchen. Der Bäcker kann dabei ein letztes Mal aktiv eingreifen und die Brotqualität über die Auswahl des richtigen Garzustandes, die Endbearbeitung des Teiglings, die Luftfeuchtigkeit und Temperatur im Backofen sowie die Nachbearbeitung steuern.

Der Backprozess könnte nicht spannender verlaufen als ein Krimi. Der Bäcker tötet mit der Hitze des Ofens all jene Mikroorganismen und Enzyme, die ihm auf dem langen Weg geholfen haben und selbst im Backofen noch ihre letzte gute Tat vollbringen. Den Teig beim Backen im Ofen zu beobachten, ist besser als jeder Fernseh- oder Kinofilm. Vor allem die erste Phase nach dem Einschießen des Brotes in den Ofen ist für jeden (Hobby-)Bäcker immer wieder aufs Neue ein Erlebnis und Krise zugleich. Wird der Teigling aufgehen, schön aufreißen, eine ansprechende Kruste und Krume haben?

Im Ofen entscheidet sich, ob Sie über den gesamten Verlauf der Brotherstellung gut gearbeitet haben. Vor allem bei Anfängern spielt immer auch das Glück für den Backerfolg eine Rolle. Selbst bei Erfahreneren kommt ein Quäntchen Glück dazu, da sich in der Bäckerküche nie alle Faktoren regulieren lassen, die das Brot in seiner Qualität beeinflussen können.

Die Reifeprüfung

Während der letzten Gare, der Stückgare, muss der Teigling regelmäßig auf seinen Garzustand geprüft werden. Zeitangaben in Rezepten sollten Sie immer mit Vorsicht genießen, da sie von vielen Faktoren abhängen, die in der heimischen Küche nicht immer zu beeinflussen sind. Dazu gehören unter anderem die Temperatur und die Luftfeuchtigkeit. Umso wichtiger ist es, den Teig zu beobachten und bei Erreichen der gewünschten Gare die letzten Schritte zum fertigen Brot einzuleiten.

Ein Teigling kann entweder Untergare, Vollgare oder Übergare haben.

Bei Untergare hat er noch nicht sein volles Gärvolumen erreicht. Die Hefen haben noch ausreichend Nahrung und Kraft, den Teig weiter gehen zu lassen. Das Teiggerüst ist außerdem noch in der Lage, dem Gasdruck Stand zu halten. Das Backen zu diesem Zeitpunkt würde zu einem Brot mit kleinem Volumen, satter Krume und feiner Porung führen. Ist die Untergare nur noch gering ausgebildet, wird von knapper Gare (oder Dreiviertelgare) gesprochen. Sie ist der Idealzustand für Teiglinge, die einen kräftigen Ofentrieb haben sollen. In der Regel werden sie vor dem Backen auf der glatten Seite des Teiglings eingeschnitten. Eine andere Möglichkeit, die knappe Gare für ein ästhetisches Brot zu nutzen, ist der Schluss des Teiglings, also die Naht, die beim Wirken entstanden ist. Solche Teiglinge werden meist mit Schluss nach unten im Gärkorb zur Gare gestellt und anschließend mit Schluss nach oben gebacken. Dank der Untergare und dem guten Ofentrieb reißt das Brot an der Naht rustikal auf.

Bei Übergare haben die Hefen ihre Tätigkeit aus Mangel an Nahrung und durch aktivitätshemmende Substanzen nahezu eingestellt. Dazu gehört vor allem der Alkohol, den die Hefen selbst durch die Vergärung von Zuckerstoffen produzieren. Ab einer bestimmten Konzentration verhindert Alkohol den weiteren Gärprozess. Außerdem kann das Teiggerüst durch Übersäuerung oder zu starkem enzymatischen Klebereiweißabbau geschwächt sein. Ein Brot mit Übergare ist flach, hat eine trockene, ungleichmäßige Krume und ist kaum genießbar.

Die Vollgare ist das Optimum zwischen Unter- und Übergare. Die Hefetätigkeit ist verlangsamt, das Teigvolumen wird sich beim Backen nur noch unwesentlich vergrößern. Das Gashaltevermögen des Teiges wird bei Vollgare optimal genutzt. Das Teiggerüst kann dem Gasdruck Stand halten. Der Ofentrieb reicht gerade noch aus, um den Teig ein klein wenig zu straffen und das Volumen etwas zu vergrößern, ohne dass die Kruste reißt. Brote mit Vollgare werden deshalb niemals eingeschnitten, außer feine, flache Schnitte zur Dekoration.

Die Gärtoleranz eines Teiges bezeichnet dessen Vermögen, sich bei Erreichen oder Überschreiten der Gärreife dem steigenden Gasdruck zu widersetzen. Die Gärtoleranz beginnt mit der Dreiviertelgare und endet bei Beginn der Übergare. In diesem Intervall muss der Teigling zum Brot verbacken werden. Die Gärtoleranz ist von der Gärstabilität abhängig, die ein Maß für das Gashaltevermögen des Teiges während der Reifung ist. Gärstabile Teige sind elastisch und dehnbar und haben eine gute Gärtoleranz.

Je nach Garzustand der in den Ofen geschobenen Teiglinge müssen auch die Bedingungen im Ofen angepasst werden. Je voller die Gare, umso weniger muss der Ofenraum beschwadet (bedampft) werden und umso höher sollte die Anbacktemperatur sein. Je höher die Luftfeuchte und je geringer die Anbacktemperatur, umso länger bleibt die Teiglingshaut dehnbar und kann dem Gasdruck Stand halten.

Der Gartest (Fingertest)

Um den aktuellen Garzustand der zur Gare gestellten Teiglinge prüfen zu können, sind vor allem ein gutes Auge, viel Erfahrung und der Fingertest empfehlenswert. Drücken Sie den Teigling an der Oberfläche mit dem Zeigefinger etwa 1 cm tief ein, um zu testen, über wie viel Elastizität und Gasdruck er noch verfügt.

(SIEHE ABBILDUNGEN UND TABELLE)

Da jeder Teig etwas anders reagiert, müssen Sie im Laufe der Zeit Ihre eigenen Erfahrungen sammeln, bei welcher Reaktion auf das Eindrücken der Teigoberfläche die von Ihnen gewünschte Gare erreicht ist.

Der letzte Streich

Nachdem der Teigling ausreichend gegärt ist, wird er für das Backen im Ofen ein letztes Mal bearbeitet. Zur Endbearbeitung zählen beispielsweise das Abglänzen des Teiglings mit Wasser oder einer Glanzstreiche, das Einschneiden, das Bemehlen oder das Stippen. Die letzte Einflussnahme des Bäckers auf den Teig kann das Aussehen des Brotes dezent oder sogar stark verändern. Während das Wirken die Grundform des Brotes bestimmt, werden durch die Endbearbeitung die Details festgelegt. Details, die entscheidende Verbesserungen der Krumen- und Krusteneigenschaften bewirken können.

Der Gartest (Fingertest)

Mit dem Finger ca. 1 cm tief eingedrückter Teigling. **ÜBERGARE**: Der Eindruck verändert sich nicht.

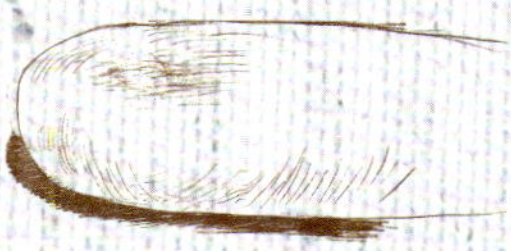

UNTERGARE: Der Eindruck kehrt in den Ausgangszustand zurück.

VOLLGARE: Der Eindruck bewegt sich nur noch wenig zurück.

KNAPPE GARE: Der Eindruck kehrt fast vollständig zum Ausgangszustand zurück.

TABELLE 15
Vergleich verschiedener Garzustände von Teigen und ihre Auswirkungen auf das gebackene Brot.

	UNTERGARE	KNAPPE GARE	VOLLGARE	ÜBERGARE
Fingertest	Druckstelle springt vollständig zurück	Druckstelle springt bis auf 1–2 mm zurück	Druckstelle springt nur 1–2 mm zurück	Druckstelle springt nicht zurück
Hinweise	nicht backen, sondern weiter gären lassen	mit Schluss nach oben oder mit Einschnitten backen	mit Schluss nach unten und ohne Einschnitte backen	mit Schluss nach unten und ohne Einschnitte backen
Ofentrieb	mäßig	hoch	gering	keiner
Einschneiden	ja	ja (tief)	nein	nein
Schwaden	stark	mäßig	gering	gering
Anbacktemperatur	niedrig	mäßig bis hoch	hoch	sehr hoch
Brotvolumen	mäßig bis klein	optimal	optimal	mäßig bis klein
Brotform	gedrungen	optimal, großer Ausbund, ovaler Querschnitt	optimal, ovaler Querschnitt	breit, flach
Brotkrume	kleinporig, gleichmäßig, mäßig gelockert	klein- bis grobporig, gleichmäßig bis ungleichmäßig, sehr gut gelockert	klein- bis grobporig, gleichmäßig bis ungleichmäßig, sehr gut gelockert	trocken, ungleichmäßig, mittel- bis grobporig
Brotkruste	dick, zäh, blass	zart, knusprig, gut gebräunt	zart, knusprig, kräftig braun	dünn, mäßig knusprig, tiefbraun
Geschmack	fade, unausgewogen	ausgeprägt aromatisch	ausgeprägt aromatisch	fade, säuerlich

Abglänzen

Brote, die vor dem Backen mit Hilfe eines Brotstreichers (Bräunwisch) mit Wasser abgestrichen werden, entwickeln beim Backen einen besonderen Glanz. Dieser Glanz kommt noch stärker zum Tragen, wenn die Brotteiglinge nach dem Backen nochmals abgestrichen werden. Gären die Teiglinge mit Schluss nach oben in Bäckerleinen oder in Gärkörben, die mit Kartoffelstärke (oder besser Kartoffelstärkepuder) ausgestäubt sind, vervielfacht sich der Glanzeffekt durch das Abstreichen. Das Abstreichen eignet sich für Brote, die einen stabilen Stand haben. Weichere Teige würden in der Zeit, die zum Abstreichen benötigt wird, zu stark auseinander treiben. Sie werden meist rustikal mit bemehlter Kruste gebacken oder schnell mit Glanzstreiche abgesprüht.

Das Abstreichen vor dem Backen intensiviert den Glanz und macht die Teighaut in der ersten Backphase dehnbarer. Außerdem bräunt die Kruste besser.

Brote, die einen noch stärkeren Glanz haben sollen, werden nach dem Backen mit einer Glanzstreiche bearbeitet. Glanzstreichen fördern zudem das Krustenaroma. Es gibt verschiedene Rezepturen, die vom gewünschten Glanz- und Bräunungsgrad abhängen.

Eine schnell angerührte Glanzstreiche besteht aus 3 g Kartoffelstärke, die Sie in 100 g kochendes Wasser klümpchenfrei einrühren müssen. Die Glanzstreiche sollten Sie nach dem Backen noch heiß dünn auf die ebenfalls heiße Kruste streichen.

MEIN TIPP
Für einen sehr dunklen Glanz rösten Sie die Kartoffelstärke vorher im Backofen auf Backpapier oder in einer fettfreien Pfanne. Für die Glanzstreiche verwenden Sie pro 100 g Wasser nun 5 g Kartoffelstärke.

Süße Teige, etwa für Hefezöpfe oder Milchbrötchen, werden in aller Regel vor dem Backen mit verquirltem Ei, Eigelb oder einer Ei-Milch-Mischung bestrichen.

Wichtig für alle Arten von Glanzmitteln ist, dass vor dem Abstreichen möglichst sämtliches überschüssiges Mehl vom Teigling mit einem Pinsel oder Brotstreicher entfernt wird. Es würde sonst unter der glänzenden Schicht durchscheinen und bei größeren Mengen eine matt glänzende, gräulich schimmernde, unästhetisch wirkende Kruste verursachen.

Bemehlen

Nachdem Sie den Teigling aus dem Gärkorb oder dem Bäckerleinen auf den Brotschieber oder das Backpapier gesetzt haben, verstreichen Sie mit der flachen Hand das auf der Teighaut aufsitzende Mehl gleichmäßig. Überschüssiges Mehl streichen Sie ab. Teiglinge, die praktisch ohne Mehl an ihrer Oberfläche gegärt sind, können Sie vor dem Backen gezielt bemehlen, zum Beispiel mit einem feinen Sieb. Je nach Mehlsorte und Mehltype entstehen so zart oder rustikal wirkende Krusten.

Besonders attraktiv sind Krusten, die mit Hilfe von Schablonen bestäubt wurden. Die Teiglinge müssen dafür eine etwas feuchte Oberfläche besitzen. Idealerweise werden sie vorher dünn mit Wasser abgestrichen. Die Schablone wird aufgelegt und das Mehl mit einem Sieb darüber verteilt.

Schablonen können Sie selbst entwerfen. Gestalten Sie dafür auf Zeichenkarton ein zweifarbiges Motiv oder drucken Sie sich eines aus. Schneiden Sie eine der beiden Farben aus und kleben Sie zwei gegenüberliegende Papierschnipsel als Halterung darauf. Mit der Halterung kann die Schablone nach dem Bemehlen entfernt werden, ohne das Motiv zu gefährden. Schablonenmotive sind nur bei Teiglingen empfehlenswert, die reif sind, also Vollgare erreicht haben. Bei Untergare oder knapper Gare würde das Motiv beim Backen zerreißen.

Teiglinge richtig einschneiden

Es gibt mehrere gute Gründe, einen Teigling einzuschneiden. Einerseits gewinnt das Brot deutlich an visuellem Reiz. Es verführt zum Hineinbeißen und wird außerdem unterscheidbar von anderen Brotsorten. Andererseits werden durch Einschnitte kontrollierte Bahnen geschaffen, an denen überschüssiges Gärgas entweichen kann. Gleichzeitig sollen die Einschnitte den Widerstand des Teiges gegen das Aufgehen im Ofen schwächen. Die Teighaut wird im Ofen trotz Schwaden (Dampf) relativ schnell fest. Ein triebstarker Teig wäre so in sich selbst gefangen. Die Einschnitte ermöglichen deshalb eine deutliche Volumenvergrößerung. Die Krumenporung wird offener, die Lockerung verbessert sich.

Ein weiterer Grund, Brote einzuschneiden, ist der Geschmack. Durch Einschnitte vergrößert sich im Ofen der Krustenanteil. Beim Backen entsteht der sogenannte Ausbund, also der Teig, der im Einschnitt nach oben dringt und Teil der Kruste wird. Das Verhältnis von Kruste zu Krume steigt. Die beim Backen entstandenen Röststoffe übernehmen so einen größeren Teil der Aromabildung. Bestimmte Brote gewinnen ihren typischen Geschmack erst dank des üppigen Ausbundes.

Generell sollten Sie nur Teiglinge mit knapper Gare (Dreiviertelgare) einschneiden. Auf Teiglingen mit Vollgare werden oft Motive mit geringer Schnitttiefe eingeritzt. Ziel dabei ist nicht, den Teig im Ofen an den Motivschnitten aufreißen zu lassen. Die Schnitte sollen sich für eine ästhetische Kruste nur ganz leicht öffnen. Um Brote derart künstlerisch einschneiden zu können, ist viel Erfahrung im Erkennen der Vollgare gefragt.

Teige mit knapper Gare können mit verschiedenen Werkzeugen eingeschnitten werden. Unverzichtbar ist ein sehr scharfes Messer mit maximal ringfingerlanger, dünner Klinge. Bewährt haben sich gute Brötchenmesser mit Wellenschliff und rostfreie Rasierklingen.

Kräftiger Ausbund (Weizenmischbrot II, Seite 54)

MEIN TIPP
Für ein wirklich scharfes Messer sollten Sie den Gang in eine richtige Messerschleiferei wagen. Dort werden Sie vom Schleifermeister fachkundig beraten und haben länger Freude am Messer.

Auch Skalpelle aus der Medizintechnik werden ab und zu genutzt. Für spezielle Brote, zum Beispiel Baguettes, empfiehlt sich eine gebogene, sehr dünne Klinge. Bestens geeignet sind dafür Rasierklingen. Sie werden auf einen schmalen Metallstab geschoben und dadurch gebogen. In Frankreich heißt dieses Werkzeug Lame de boulanger (Bäckerklinge). Dickere Holzspieße sind ein günstiger, wenn auch kein gleichwertiger Ersatz. Im Spezialhandel erhältliche gebogene Klingenhalter aus Kunststoff sind relativ teuer und nicht besser als der Metallstab. Für Baguette-Enthusiasten gibt es auch spezielle Messer mit gebogener Klinge im Handel.

Lagern Sie Messer und Klingen am Backtag möglichst immer in einem Glas Wasser. Das gewährt vor allem beim Backen mehrerer Brote die nötige Sauberkeit und verbessert den Schnitt, da der Teig nicht haften bleibt.

Messer und Rasierklinge im Wasserglas

Das Einschneiden von Teiglingen scheint auf den ersten Blick keine schwierige Aufgabe zu sein. Die Herausforderung besteht allerdings darin, möglichst glatte, gleichmäßige und dem Garzustand beziehungsweise dem erwarteten Ofentrieb angepasste Schnitte zu setzen. Das erfordert viel Erfahrung, eine ruhige und leicht geführte Hand, eine gute Beobachtungsgabe und Genauigkeit.

Ein Brot mit fortgeschrittener Gare darf weniger tief eingeschnitten werden als ein Brot, das am Beginn der Dreiviertelgare steht. Brote mit mehreren Einschnitten können sich ungewollt verformen, wenn nicht alle Schnitte mit gleicher Länge, gleicher Tiefe und im gleichen Winkel gesetzt werden.

Zum Einschneiden müssen Hand und Unterarm eine in sich unbewegliche Einheit bilden. Die Schneidbewegung darf nicht aus dem Handgelenk oder aus den Fingern kommen, sondern wird über die Schulter gesteuert, um den Teigling möglichst geradlinig und präzise einzuschneiden.

Welche Schnittmöglichkeiten gibt es?

Welche Schnitttechnik Sie verwenden, hängt von der Beschaffenheit des Teiges ab, im Wesentlichen aber von Ihren eigenen Wünschen. Bei länglichen Brotformen führen Schnitte, die mehr oder weniger parallel zur Längsachse des Teiglings verlaufen, zu einem eher flachen Brotquerschnitt. Quer gesetzte Schnitte verhelfen dem Brot dagegen zu einem höheren, ovalen Querschnitt. Vor allem bei recht weichen Teigen sollten Sie deshalb Schnitte quer zur Längsachse setzen, um das Risiko eines flachen Brotes zu mindern. Bei runden Broten führen parallel gesetzte Schnitte zu einer ovalen Form, da der Ofentrieb nur in eine Richtung wirken kann. Schnitte, die alle Seiten des Laibes einbeziehen, sind deshalb für ein rundes Brot besser geeignet.

Brotteiglinge mit unterschiedlichen Schnittvarianten: Längsschnitt mit gerader Klinge (links), Längsschnitt mit flacher Klinge (mittig), Querschnitte mit gerader Klinge. Statt mit einer Rasierklinge können Sie auch mit einem Messer einschneiden.

DER RICHTIGE WINKEL MACHT'S

Über den Winkel, mit dem die Klinge zur Teiglingsoberfläche gehalten wird, lässt sich die Form des Ausbundes steuern. Wird die Klinge flach gehalten, also im spitzen Winkel zur Teighaut, entwickelt sich ein zur Seite austreibender Ausbund. Diese Methode hat außerdem den Vorteil, dass der Ofentrieb optimaler ausgenutzt werden kann, da der Schnitt flach unter die Teighaut führt. Die Teighaut wiederum schützt den Schnitt beim Backen vor dem Austrocknen, sodass dem Ofentrieb des Teiges über lange Zeit kein Widerstand entgegengesetzt wird.

Eine zur Teighaut gerade (senkrecht) gehaltene Klinge lässt den Ausbund symmetrisch zu zwei Seiten wachsen. Die gerade Klinge wird oft für quer verlaufende Schnitte auf länglichen Broten oder für kreuzförmige Einschnitte verwendet, die über die Mitte runder Teiglinge führen. Die flach gehaltene Klinge (ca. 20–40° zur Teigoberfläche) kommt dagegen häufig bei Schnitten zum Einsatz, die am Rand runder Teiglinge oder im spitzen Winkel zur Längsachse langgewirkter Teige gesetzt werden (zum Beispiel Baguette).

WANN WIRD EINGESCHNITTEN?

Der Zeitpunkt des Einschneidens richtet sich vor allem nach der Teigbeschaffenheit. In den meisten Fällen werden die Teiglinge direkt vor dem Backen eingeschnitten. Lediglich Teige mit einer losen Struktur (speziell Teige mit hohem Roggenanteil) können auch nach dem Wirken eingeschnitten werden, um ein Abflachen durch das Einschneiden bei knapper Gare zu verhindern. Dazu müssen sie mit Schluss nach unten in Gärkörbe gesetzt und dort eingeschnitten werden. Selten werden auch Brote mit besserem Stand direkt nach dem Wirken oder während der Stückgare eingeschnitten. Die Schnitte gehen bereits während der Stückgare auf. Allerdings muss zum Backen die Vollgare erreicht werden. Bestimmte Weißbrote erhalten so ein Schnittmuster, die Kruste wird aber im Ofen nicht rustikal aufgerissen.

Neben dem weit verbreiteten Einschneiden mit Klingen existieren exotischere Methoden, der Teighaut Sollbruchstellen für den Ofentrieb zu verleihen. Der Teigling kann zum Beispiel mit einem speziellen Werkzeug gehackt oder gerissen werden. Auch mit der Schere lassen sich kreative Schnitte setzen.

Variante eines Scherenschnittes, bei dem der Teigling mit der Schere über Kreuz eingeschnitten wird (Milchbrötchen, Seite 100).

Stippen

Teiglinge, die bereits die Vollgare erreicht haben, sollten Sie nicht mehr einschneiden. Um der Teighaut dennoch die Möglichkeit zu geben, sich im Ofen auszudehnen, ohne dass unkontrollierte Risse entstehen, wird sie gestippt. Das Stippen verhindert das Ansammeln von Gärgas und Dampf unter der Kruste. Das Werkzeug, die Stipprolle, ist ein auf einer Achse beweglich gelagerter Zylinder, auf dem zahlreiche Spitzen angebracht sind. Mit Hilfe eines Griffes wird die Rolle mit leichtem Druck über den Teigling bewegt. Über die Teighaut sind nun die typischen kleinen kreisrunden Einkerbungen verteilt. Bei sehr klebrigen Teigen sollte die Stipprolle zunächst durch Wasser gezogen werden.

Gestippte Brotkruste (Langbrot, Seite 113)

MEIN TIPP
Falls Sie keine Stipprolle haben, können Sie die Teighaut auch mit einer Gabel, einem Holz- oder Metallspieß einstechen. Das ist aber recht unkomfortabel und zeitaufwändig.

Wie heiß muss es sein?

Die Backtemperatur entscheidet neben der Backdauer und bestimmten Teigeigenschaften über die Farbe, die Rösche (Knusprigkeit), die Dicke, die Konsistenz und den Geschmack der Brotkruste. Außerdem beeinflusst sie die Krume hinsichtlich ihrer Stabilität, Feuchte, Elastizität, Schnittfähigkeit, ihrem Volumen und ihrem Geschmack.

Jung und feurig – das Anbacken

Neben der bekannten Backtemperatur spielt die Anbacktemperatur eine bedeutende Rolle, die Temperatur also, bei der der Teigling in den Ofen geschoben und die ersten Minuten gebacken wird. Sie muss auf den Garzustand und den Brottyp angepasst werden.

Brote werden in aller Regel bei fallenden Temperaturen gebacken. Die hohe Anbacktemperatur von 250–280 °C stabilisiert den Teigling im Ofen. Der Ofentrieb und die Krumenlockerung werden durch ausreichend Unterhitze gefördert. Je weicher und größer ein Teigling ist, umso höher muss die Anbacktemperatur sein. Auch Kastenbrote sollten höhertemperiert angebacken werden, da die Hitze durch das Metall nicht unmittelbar am Teig angreifen kann. Brötchen und Kleingebäcke werden bei etwa 220–250 °C angebacken.

Ohne Trieb – das Ausbacken

Hat der Teigling nach ca. 10 Minuten in der ersten Backphase sein Volumen stabilisiert und den größten Teil des Ofentriebes abgeschlossen, wird die Temperatur auf 230 bis 210 °C gesenkt (Ausbacktemperatur), um eine ausreichend lange Backzeit bei nicht zu starker Krustenbräunung zu gewährleisten. Schrot- und Vollkornbrote werden häufig bei noch niedrigeren Temperaturen zwischen 180 °C und 200 °C ausgebacken, da sie durch die höhere Enzymaktivität im Teig schneller bräunen.

Für den Geschmack und die Krumeneigenschaften ist es generell vorteilhafter, Brot länger bei geringeren Temperaturen auszubacken als kurz und hochtemperiert.

Das Ende naht

Um dem Brot eine aromatischere Kruste zu verleihen, können Sie die Ofentemperatur in den letzten 5–8 Minuten Backzeit um 10–30 °C anheben. Gleichzeitig wird dadurch dem Temperaturverlust entgegengewirkt, der durch das Öffnen der Ofentür zum Ablassen des Schwadens (Dampf) für eine rösche Kruste entsteht.

Ein Brot ist fertig durchgebacken, wenn im Zentrum der Krume eine Kerntemperatur von 96–99 °C erreicht ist.

Vorheizen und Prüfen

Normale Haushaltsöfen erreichen nur maximal 250 °C. Umso wichtiger ist es, den Ofen ausreichend kräftig auf voller Stufe vorzuheizen (mindestens 45 Minuten, besser 1 Stunde). Ein Backstein (oder als weniger wirksamer Ersatz ein umgedrehtes Backblech) ist unabdingbar.

Außerdem sollten Sie mit einem Backofenthermometer prüfen, ob beziehungsweise wann Ihr Ofen tatsächlich die eingestellte Temperatur erreicht. Auch wenn Ihr Ofen anzeigt, die gewünschte Temperatur erreicht zu haben, muss das nicht der Fall sein. Kontrolle ist besser.

Brote werden üblicherweise bei Ober- und Unterhitze gebacken. Neuere Ofenmodelle mit eingebauter Dampffunktion funktionieren ausschließlich im Umluftbetrieb.

MEIN TIPP

Backen Sie in einem herkömmlichen Umluftofen ohne Dampfmöglichkeit, sollten Sie die für Ober-/Unterhitze ausgelegten Temperaturen um 20–30 °C senken und stärker schwaden (bedampfen). Die Umluft würde die Kruste ansonsten zu schnell austrocknen.

Wie lange bäckt ein Brot?

Backtemperatur und Backzeit hängen unmittelbar zusammen und sollten aufeinander abgestimmt sein. Brote müssen grundsätzlich umso länger backen, je höher der Roggenanteil, je dunkler das Mehl (je höher die Mehltype), je weicher der Teig, je dichter die Krume und je schwerer das Brot ist. Roggenreiche Brote müssen etwa 5–10 Minuten länger backen als vergleichbare weizenlastige Brote. Auch Kastenbrote brauchen etwas länger.

Eine zu kurze Backzeit führt nicht nur zu einer schwachen, wenig elastischen, mürben und unter der Kruste verdichteten Krume, sondern ist auch für eine zu weiche und zu dünne Kruste verantwortlich. Das Brot sackt nach dem Backen etwas ein und hält nicht so lang frisch wie ausreichend lang gebackene Brote.

Für ein Weizenbrot mit 500 g Teigeinlage (Teiggewicht) werden etwa 35–40 Minuten Backzeit veranschlagt, für ein Roggenbrot 45–50 Minuten. Je 250 g Zusatzgewicht muss die Backzeit um etwa fünf Minuten verlängert werden.

Eine Methode, um die Kruste zu kräftigen und den Geschmack zu intensivieren, ist das Doppeltbacken. Dazu wird das eigentlich fertig gebackene Brot ca. 30 Minuten bei Zimmertemperatur abgekühlt und anschließend bei hoher Temperatur (230–270 °C) 10–15 Minuten ein zweites Mal gebacken. Besonders verbreitet ist dieses Verfahren bei roggenreichen Kastenbroten, die im zweiten Durchgang ohne die Kastenform gebacken werden.

Ohne geht‘s nicht – Schwaden (Dampf)

Dampf, der in der Bäckersprache als Schwaden oder Wrasen bezeichnet wird, ist essentiell für einen guten Ofentrieb, ein optimales Brotvolumen und eine glänzende, gut gebräunte Kruste.

Brote, die ohne Dampf gebacken werden, haben eine gedrungene Form, eine matt-blasse, stumpfe und dicke Kruste, eine dichte Porung und eine satte Krume.

Ein Wohltäter

Der heiße Dampf legt sich auf die kühle Teigoberfläche. Durch den Temperaturunterschied bildet sich Kondenswasser, das auf der Teigoberfläche als dünner, glänzender Film zu sehen sein sollte.

Baguette (Seite 143) ohne Dampf gebacken mit blasser Kruste

Baguette mit Dampf gebacken

Ansonsten ist die Dampfmenge nicht ausreichend. Das Kondenswasser löst Dextrine (Mehrfachzucker), die durch Hitze und Mitwirkung von Enzymen aus der Mehlstärke entstanden sind. Die Dextrine sorgen für den Glanz und gemeinsam mit anderen Zuckern für die Bräunung der Kruste.

Durch die Kondensation wird Wärme freigesetzt, die in der Teighaut Eiweißstoffe schneller gerinnen und Stärke schneller verkleistern lässt. So werden die Grundlagen für die spätere Kruste gelegt. Die Wärmeleitung ins Teiginnere wird dank der Wasserschicht verzögert. Der Dampf hält damit die Teighaut dehnbar und verzögert die Krustenbildung. Er ermöglicht das Aufgehen des Teiges, das Aufreißen der Schnitte und die Bildung einer zarten, röschen Kruste. Der Schwaden schützt die Teigoberfläche außerdem vor einem zu raschen Austrocknen.

Einfach mal Dampf ablassen

Nach ca. 8–10 Minuten ist ein Großteil des Ofentriebes abgeschlossen, die Teighaut ist bereits angetrocknet, das Brot hat seine Form und Größe weitgehend erreicht. An diesem Punkt wird die Ofentür bis 60 Sekunden weit geöffnet, um den Schwaden abzulassen. Er würde im weiteren Verlauf des Backprozesses störend auf die Krustenbeschaffenheit wirken. Das Öffnen der Ofentür hilft gleichzeitig dabei, die Temperatur zum Ausbacken des Brotes abzusenken. Während der restlichen Backzeit wird aus dem Brot weiterer Wasserdampf freigesetzt. Dieser muss etwa 5–8 Minuten vor Ende der Backzeit nochmals durch weites Öffnen der Ofentür abgelassen werden. Anschließend sollte der Ofen einen Spalt breit geöffnet bleiben, um einen trockenen Ofenraum zu schaffen. Dadurch entwickelt sich eine äußerst rösche Kruste, die beim Abkühlen zart splittert.

TABELLE 16
Methoden, um in Haushaltsöfen Schwaden (Dampf) zu erzeugen. Die effektivste Variante steht an erster Stelle, die am wenigsten empfehlenswerte Methode an letzter Stelle.

METHODE	ANLEITUNG	VORTEILE	NACHTEILE
Ofen mit Dampffunktion	Wasser einziehen lassen und nach dem Einschießen des Brotes schwaden.	sehr effektiv kein Temperaturverlust dauerhaft Dampf keine Schäden am Ofen oder Ofenzubehör keine Gefahren	teuer lohnt sich nur für Vielbäcker
Guseiserner Topf mit Deckel	Teigling in den aufgeheizten Topf fallen lassen und mit Deckel backen.	Teig erzeugt eigenen Dampf schnell viel Dampf	Verbrennungsgefahr Brotform vom Topf abhängig
Wasser auf heiße Gegenstände schütten	Ein Blech mit großen Schrauben oder porösen Vulkangesteinen auf dem Ofenboden aufheizen und beim Einschießen des Brotes mit einer Tasse Wasser übergießen.	schnell viel Dampf	Dampfverlust leichter Temperaturverlust Verbrennungs- und Verbrühungsgefahr
Wasser auf Ofenboden oder Backblech	Eine Tasse Wasser nach dem Einschießen des Brotes auf den heißen Ofenboden oder ein mit aufgeheiztes Blech schütten.	relativ schnell viel Dampf	Dampfverlust leichter Temperaturverlust Verbrennungs- und Verbrühungsgefahr mögliche Verformung des Ofenbodens/Bleches durch Temperaturkontrast Kalkflecken
Blech mit Wasser in der untersten Ofenebene	Das Blech bereits mit dem Vorheizen in den Ofen schieben, damit das Wasser den Siedepunkt vor Einschießen des Brotes erreicht. Die Wassermenge so dosieren, dass sie nach 10 Minuten Backzeit aufgebraucht ist. Ansonsten das Blech mit dem Restwasser nach 10 Minuten aus dem Ofen nehmen.	effektiv kein Temperaturverlust dauerhaft Dampf, auch während des Broteinschießens	heißes Blech mit Restwasser muss entfernt werden
Wasser aus Drucksprühflasche	Wasser mit hohem Druck durch einen Spalt zwischen Ofentür und Ofenraum an eine Seitenwand spritzen (nicht auf die Ofenlampe, da sie sonst zerspringt).	schnelle Methode	Temperatur- und Dampfverlust Teigling kann von Wassertropfen getroffen werden (verursacht Flecken auf bemehlten Krusten) Kalkflecken im Ofen

Fortsetzung Seite 252

Fortsetzung von Seite 251

METHODE	ANLEITUNG	VORTEILE	NACHTEILE
Wasser aus Blumensprühflasche	Das Wasser durch einen Spalt zwischen Ofentür und Ofenraum fein verteilt in den Ofen sprühen.	ofenschonend	hoher Temperatur- und Dampfverlust zu wenig Dampf bemehlte Teiglinge werden mit Wasser benetzt Verbrennungsgefahr
Dampfdruckreiniger	Mit einer langen Düse heißen Dampf durch einen Spalt zwischen Ofentür und Ofenraum einleiten.	ofenschonend	Temperatur- und Dampfverlust umständlich ineffektiv
Schüssel/Tasse Wasser	Eine Schüssel oder Tasse mit Wasser beim Einschießen des Brotes auf den Ofenboden stellen.	keine	äußerst ineffektiv heißes Gefäß muss nach 10 Minuten wieder entfernt werden

Ausreichend Dampf erzeugen

Um in einem herkömmlichen Haushaltsofen Dampf zu erzeugen, stehen mehrere Methoden zur Verfügung.

Jede der Methoden hat ihre Vor- und Nachteile. Sie müssen selbst Erfahrungen sammeln, welche der aufgeführten Varianten Ihnen am besten liegt und für Sie praktikabel ist. Der größte Nachteil fast aller Methoden ist der relativ hohe Temperaturverlust, der beim Zuführen des Wassers in den Ofen entsteht. Außerdem gelangt durch die geöffnete Ofentür gleich wieder ein Großteil des erzeugten Dampfes nach draußen.

Ganz gleich, wie umständlich die von Ihnen gewählte Methode ist, auf das Schwaden verzichten sollten Sie in keinem Fall. Eine Ausnahme bilden Gebäcke, die vor dem Backen mit Ei oder einer Ei-Milch-Mischung bestrichen wurden. Die Teighaut ist dadurch feucht und dehnbar genug. Den durch das Gebäck erzeugten Dampf sollten Sie am Ende der Backzeit dennoch ablassen.

MEIN TIPP
Auch wenn es ernüchternd klingt: Durch die deutlich größere Dampfmenge und den Dampfdruck entstehen beim professionellen Bäcker qualitativ bessere Krusten als in der heimischen Küche. Besonders feinsplittrige Brötchenkrusten wie vom Bäcker sind in einem normalen Küchenofen unerreichbar.

Hinein in den Ofen

Nachdem der Teigling in der Endbearbeitung seinen letzten Schliff bekommen hat, wird das Brot in den Ofen eingeschossen (eingeschoben). Dies geschieht in der häuslichen Küche entweder mit einem kleinen Brotschieber (Brotschießer) oder mit Backpapier, auf dem der Teigling auf den Backstein in den Ofen gezogen wird. Letztere Methode hat den Nachteil, dass die Verbrennungsgefahr für Hand und Arm relativ hoch ist, da beide weit in den heißen Ofen hineingeführt werden müssen. Deutlich besser geeignet ist der Brotschieber. Er wird mit etwas Grieß bestreut, um das Ankleben zu vermeiden und eine bessere Beweglichkeit zwischen Brett und Teigling zu gewährleisten. Der Teigling wird vor der Endbearbeitung aus dem Gärkorb oder dem Bäckerleinen auf den so vorbereiteten Brotschieber gesetzt und für das Backen vorbereitet. Der Brotschieber wird dann mit seiner abgeflachten Kante zügig auf das hintere Drittel oder gar das Ende des Backsteines geführt. Mit einer schnellen Rückwärtsbewegung wird der Brotschieber aus dem Ofen gezogen. Durch die Trägheit des Teiges und die gute Rollfähigkeit des Grießes bleibt der Teigling auf dem heißen Backstein liegen. Nun den Ofen schnell schließen und schwaden.

Was geschieht beim Backen?

Die ersten Minuten

Sobald die Hitze des Ofens auf den Teigling trifft, wird er durch eine komplexe Abfolge physikalischer und chemischer Prozesse zum Brot gewandelt. Innerhalb der ersten Minuten wird durch den schnellen Temperaturanstieg die Enzym- und Mikroorganismentätigkeit beschleunigt (30–45 °C). Erst jetzt bilden Hefen und Milchsäurebakterien einen Großteil des Kohlenstoffdioxids, das für eine lockere Krume benötigt wird. Außerdem dehnt sich das Gärgas bei steigender Temperatur im Teiggerüst aus. Dieser als Ofentrieb bezeichnete Prozess darf in der ersten Backphase nicht durch die Bildung einer Kruste gehemmt werden. Der eingesetzte Dampf (Schwaden) hilft dabei, in dem er auf der noch kühlen Teigoberfläche kondensiert und die Teighaut dehnbar hält. Die freigesetzte Kondensationswärme beginnt jedoch bereits die Grundlagen für die spätere Krustenbildung zu legen. Die Eiweißstoffe der Teighaut gerinnen, ihre Stärke verkleistert und wird durch die Kondensationswärme teilweise zu Dextrinen abgebaut, während unter der Teighaut noch enzymatische und bakterielle Vorgänge für den Ofentrieb sorgen. Ab 45 °C bis etwa 60 °C sterben die Hefen und Bakterien ab. Der Ofentrieb ist abgeschlossen, der Schwaden kann aus dem Ofen gelassen werden.

Die Brotkrume entsteht

Ab ca. 55–60 °C gerinnen die Eiweißstoffe im Teig. Dazu gehören auch die für das Krumengerüst wichtigen Klebereiweiße in Weizenteigen. Durch diese Denaturierung verliert der Kleber seine plastischen Eigenschaften. Es entsteht ein erstes, vorläufiges Krumengerüst. Der Teig wird elastisch. Während dieses Prozesses geben die Eiweiße ihr zuvor bei der Teigbereitung durch Quellung aufgenommenes Wasser ab. Auch die Pentosane (Schleimstoffe) in Roggenteigen geben Wasser ab, allerdings einen kleineren Teil. Das meiste Wasser bleibt dauerhaft gebunden. Das nun freigesetzte wie auch das bereits frei im Teig verfügbare Wasser wird während der zwischen ca. 55–88 °C einsetzenden Verkleisterung von Roggen- und Weizenstärke gebunden. Durch die Temperaturerhöhung gerinnt die Eiweißhülle der Stärkekörner und wird wasserdurchlässig. Die Stärkekörner vergrößern durch die Wasseraufnahme ihr Volumen um das Zweieinhalbfache und platzen. Die Teigenzyme zersetzen einen Teil der Stärke stufenweise in verschiedene Zucker. Die freigesetzten Stärkeketten bilden mit Wasser und ihren Abbauprodukten eine komplexe gelatinierte Masse, die der wesentlichste Bestandteil der Krume ist. Die ursprünglich regelmäßige Stärkestruktur ist zerstört.

Ab 78 °C wandelt sich der während der Hefegärung entstandene Alkohol in Verbindung mit den verschiedenen Teigsäuren durch Veresterung zu wichtigen Geschmacksstoffen.

Zwischen 80 und 90 °C endet die Eiweißgerinnung. Die Enzyme sind inaktiv. Sobald die Temperatur im Inneren des Brotes 98 °C erreicht, ist die Phase der Krumenbildung abgeschlossen. Bei 100 °C beginnt die Verdampfung von Wasser. Das Brotgewicht sinkt. Dieser sogenannte Backverlust beträgt je nach Brotgröße, Brotform und Brottyp, Krustenanteil, Backtemperatur und Backdauer zwischen 10 % und 25 % des Teiggewichtes.

Aus Teig wird Kruste

Die Kruste ist ein Komplex aus verschiedenen Farb- und Aromastoffen, der wissenschaftlich noch immer nicht vollständig verstanden ist. Bereits unter 100 °C bilden sich in der Teighaut erste Melanoide. Melanoide sind Bräunungs- und Aromastoffe, die durch die Verbindung von Zuckern und Aminosäuren entstehen. Die ab 110 °C besonders intensiv ablaufende Reaktion zwischen Zuckern und Aminosäuren ist in Wirklichkeit ein großes Bündel an chemischen Vorgängen, das einen Großteil der Krustenfarbe und des Aromas ausmacht. Es wird nach seinem Entdecker als Maillard-Reaktion zusammengefasst. Sie läuft ohne Mitwirkung von Enzymen ab. Die Enzyme sind zu diesem Zeitpunkt bereits vollständig inaktiv. Bei Laugengebäcken wird die Maillard-Reaktion durch Natronlauge (Natriumhydroxid) beschleunigt und intensiviert. Dadurch erhalten Sie ihre typische braune Farbe und ihren unverwechselbaren Geschmack.

Ab 100 °C trocknet die Teigoberfläche zunehmend aus. Die in der Teighaut befindliche Stärke verliert ihr Wasser. Erst jetzt kann sie bei 115–140 °C durch die Hitzeeinwirkung in kleinere Stücke gespaltet werden. Die entstehenden blassgelben Dextrine bräunen als Mehrfachzucker ab etwa 140 °C. Auch andere Restzucker, die nicht in Gärgas gewandelt wurden oder erst nach Ablauf der bakteriellen Tätigkeit entstanden sind, beginnen zwischen 140 und 150 °C zu bräunen (Karamellisierung).

Erreicht die Kruste Temperaturen um 150 °C beginnt die Bildung von dunklen Röststoffen. Eine kräftige Krustenfarbe ist gleichzeitig der Garant für ein volles Brotaroma. Bei Temperaturen über 180–200 °C werden zunehmend Bitterstoffe gebildet. Die Kruste wird schwarz und ungenießbar.

Wird die Kruste noch im heißen Zustand mit Wasser abgestrichen, lösen sich die aus der Stärke durch thermische Zersetzung gebildeten Dextrine und bringen die Brotoberfläche zum Glänzen. Um den Effekt zu verstärken, wird in Glanzstreichen Stärke zuvor in heißem Wasser zu Dextrinen zersetzt und dann auf die heiße Brotkruste aufgetragen.

Nach dem Backen

Ein durchgebackenes Brot sollte sich hell und hohl anhören, wenn Sie direkt nach dem Backen auf die Unterseite klopfen. Am sichersten ist das Messen der Kerntemperatur der Brotkrume. Beträgt sie 98 °C, ist die Krume vollständig ausgebildet. Das Brot ist fertig gebacken. Dennoch sind die Backprozesse danach noch nicht vollständig abgeschlossen. Während des Abkühlens wird weiterhin Wasserdampf aus der Krume über die Kruste freigesetzt. Kann dieser nicht ungehindert über die Raumluft entweichen (zum Beispiel wenn das Brot abgedeckt wird), kondensiert er auf der Kruste. Die Kruste wird weich, manchmal sogar feucht-klitschig. Deshalb sollte ein frisch gebackenes Brot bis es vollständig ausgekühlt ist von allen Seiten Kontakt zur Raumluft haben.

Decken Sie das Brot niemals mit einem Tuch zu und stellen Sie es immer auf ein Abkühlgitter, um auch an der Unterseite eine gute Belüftung sicherzustellen. Eine weiche Kruste kann auch durch zu hohe Luftfeuchtigkeit im Zimmer verursacht werden. Außerdem sind hohe Temperaturdifferenzen beim Abkühlen des Brotes nicht förderlich. Am besten kühlt das Brot in der warmen Backküche aus.

Das Aroma der Kruste durchzieht während der Abkühlung des Brotes allmählich die gesamte Krume. Die Krume wiederum beeinflusst auch das Krustenaroma. Umso wichtiger ist es, Brote und Brötchen nach dem Backen möglichst vollständig auskühlen zu lassen.

Das beim Backen in den Poren ausgedehnte Gas entweicht beim Abkühlen und wird durch die kühlere Raumluft ausgetauscht. In der Folge sinkt das Brotvolumen. Während die Krume aufgrund ihrer Elastizität auf den Volumenverlust reagieren kann, bilden sich in der Kruste feine Risse.

Die Rissbildung (Fensterung) ist ein wichtiges Qualitätsmerkmal für eine rösche Kruste und gleichzeitig ein Faszinosum, da sie mit lautem Krachen bis leisem Knistern einhergeht.

Würdig altern: Brot richtig frischhalten

Sobald das Brot aus dem Ofen genommen wurde, beginnt seine Alterung. Es wird mit der Zeit altbacken. Ist das Brot ausgekühlt, gleichen sich der hohe Wassergehalt der Krume (45–50 %) und der niedrige Wassergehalt der Kruste (5–10 %) allmählich an. Die Kruste wird weicher, die Krume trockener.

Die beim Backen verkleisterte Stärke bildet sich unter Wasserabgabe zurück (Entquellung). Das Wasser verdunstet im Laufe der Zeit. Auch Geruchs- und Geschmacksstoffe werden abgeführt. Die miteinander verwobenen Stärkeketten reorganisieren sich zu ihrer geregelten Struktur. Besonders effektiv wirkt dieser als Retrogradation bezeichnete Prozess in weizenreichen Broten mit niedrigen Mehltypen und bei Temperaturen zwischen −7 °C und + 7 °C. Die Krume wird hart, trocken und stumpf.

MEIN TIPP
Die Retrogradation kann durch Erwärmung kurzzeitig rückgängig gemacht werden. Deshalb schmeckt älteres Brot nach dem Aufbacken oder Toasten deutlich besser.

Durch die Wahl der Teigzutaten, die Teigbearbeitung und die optimale Lagerung können Sie ein zu rasches Altern Ihres Brotes verhindern.

Frische dank guter Rezepturen

Je höher die Teigausbeute und damit der Wasseranteil im Brot ist, umso länger hält es frisch. Am besten eignen sich Zutaten, die Wasser gebunden haben, zum Beispiel Kartoffeln. Der gleiche Effekt wird durch das Verquellen von Getreideerzeugnissen in Vorstufen und durch lange Teigführung erreicht. Je roggenlastiger das Mehl und je mehr Schalenanteile des Korns enthalten sind, umso frischer bleibt das Brot.

Auch die Zugabe von Brot verbessert die Frischhaltung. Dafür wird entweder mit Wasser verquollenes, getrocknetes oder altbackenes Brot einer Vorstufe oder dem Hauptteig zugeführt. Es sollte nur qualitativ einwandfreies Brot aus Mehl, Wasser, Salz und Hefe/Sauerteig verwendet werden. Jede andere Zutat im zugesetzten Brot würde den Geschmack negativ beeinflussen, es sei denn es handelt sich um dieselbe Brotsorte.

MEIN TIPP
Setzen Sie Vorteigen und Sauerteigen Brot zu, verlängern sich die Reifezeiten, da das im Brot enthaltene Salz die mikrobielle Tätigkeit bremst.

Eine kräftig ausgebackene Kruste hilft ebenfalls, dem Wasserverlust der Krume entgegenzuwirken. Typische Krustendicken liegen zwischen 3–5 mm.

Frische durch richtige Lagerung

Das vollständig ausgekühlte Brot sollten Sie niemals ohne Schutz lagern. Es würde schnell austrocknen, die Kruste würde hart und ungenießbar werden.

Angeschnittenes Brot sollten Sie immer auf die Schnittfläche stellen, damit es nicht austrocknet.

Es gibt eine Vielzahl an Lagervarianten, von denen nur wenige tatsächlich geeignet sind.

Empfehlenswert sind Ton- oder Steinguttöpfe mit Deckel. Es gibt sie in verschiedenen Größen und Formen. Falls Sie überwiegend roggenbetonte Brote lagern möchten, achten Sie darauf, dass der Tontopf innen möglichst nicht glasiert ist. Der höhere Wasseranteil im Brot bedingt eine große Speicherfähigkeit der Poren im Ton. Eine Glasur würde diese Poren verschließen.

Bewahren Sie oft weizenlastige Brote auf, so sollte der Topf wiederum eine Glasur haben. Nur der Deckel ist dann meist unglasiert, da weniger Wasser gespeichert und bei Bedarf wieder an das Brot abgegeben werden muss.

Eine Alterative zu den relativ teuren Tontöpfen sind Brotkästen. Sie werden aus Holz, Metall und Kunststoff angeboten. Brotkästen aus Holz haben ähnliche wasserregulierende Eigenschaften wie Ton. Metall- und Plastikkästen sind weniger empfehlenswert. Sie fördern die Schimmelbildung, sofern nicht für ausreichend Luftzirkulation gesorgt ist. Sowohl Tontöpfe als auch Brotkästen sollten Sie mindestens einmal wöchentlich mit Essig auswischen, um Schimmel vorzubeugen.

Brotbeutel aus Leinen oder Baumwolle halten Brot zwar frisch, aber deutlich kürzer als Tontöpfe und Brotkästen. Eine schnelle, aber auf Dauer unpraktische Lösung sind Leinentücher, in die das Brot eingeschlagen wird. Auf keinen Fall sollte Brot in Kunststoffbeuteln oder -schachteln gelagert werden. Es würde innerhalb kürzester Zeit aufweichen und schimmeln, da kein Luftaustausch stattfinden kann. Papierbeutel sind vor allem für Kleingebäcke und Brötchen geeignet. Sie halten die Kruste kurzfristig knusprig, führen aber innerhalb von 1–2 Tagen zum Austrocknen.

Eiskalt gelagert

Bei längerer Aufbewahrung empfiehlt sich das Einfrieren. Besonders wichtig ist, dass das Brot luftdicht verpackt ist und möglichst schnell auf Temperaturen unter −7 °C gebracht wird. Unterhalb von −7 °C ist die Entquellung der Stärke auf ein Minimum reduziert. Die Lagerung bei Frost hat den Nachteil, dass sowohl beim Einfrieren als auch beim Auftauen der kritische Temperaturbereich zwischen −7 °C und +7 °C durchlaufen werden muss, bei dem die Retrogradation der Stärke am schnellsten abläuft.

Eingefrostete Brote sollten Sie in der heimischen Tiefkühltruhe nie länger als 2–4 Wochen aufbewahren. Frostschäden wie abgelöste Krustenteile, Aromaverlust oder Austrocknen werden mit längerer Aufbewahrungsdauer immer wahrscheinlicher.

Zum Ausfrieren sollten Sie das Brot entweder bei Zimmertemperatur auftauen oder bei ca. 200 °C mit Schwaden (Dampf) etwa 5 Minuten im Ofen anbacken und anschließend bei Zimmertemperatur auftauen. Diese letztgenannte Variante minimiert die Entquellungsprozesse im Brot.

Um nach dem Einfrieren möglichst schnell frisches Brot oder frische Brötchen genießen zu können, bietet sich eine Reduzierung der Backzeit an. Teilgebackenes Brot wird nur etwa 80 % der angegebenen Backzeit im Ofen belassen und nach Abkühlung anschließend tiefgefroren. Zum Auftauen lassen Sie das Brot etwa eine halbe Stunde lang bei Raumtemperatur liegen und backen es anschließend zehn Minuten bei 230 °C ohne Schwaden auf. Vor dem Anschneiden sollten Sie es noch etwa 45–60 Minuten bei Raumtemperatur ruhen lassen. Ähnlich können Sie mit Brötchen und Kleingebäck vorgehen, nur dass diese vom Tiefkühlgerät sofort für 3–4 Minuten in den auf 230 °C vorgeheizten Ofen geschoben werden. Außerdem sind sie sofort für den Verzehr geeignet. Bei Brötchen und Kleingebäck, welche auf diese Weise gelagert werden, empfiehlt sich beim Teigmachen eine Zugabe von inaktivem Malz in Höhe von 1–2 % der Mehlmenge beziehungsweise eine Erhöhung der vorhandenen Malzmenge um ein Viertel oder gar das Doppelte, um dem verstärkten Abbau von Zuckerstoffen durch Enzyme zu begegnen.

Reich gefüllter Tontopf zur Brotaufbewahrung

Brotfehler erkennen und beheben

Umstrittenes Qualitätskriterium: Blasen auf der Kruste von Backwaren

Brotfehler sind oftmals Sache der Definition, in einigen Fällen aber selbst von Laien ohne Probleme als solche auszumachen. Der Begriff lässt sich sehr weit dehnen. Professionelle Brotprüfer legen andere Maßstäbe an (zum Beispiel nach Vorgaben der Deutschen Landwirtschafts-Gesellschaft, DLG) als der Otto-Normal-Verbraucher.

Brotfehler sind außerdem länderspezifisch. Eine ungleichmäßige, wilde Porung in einem Weizenmischbrot wäre für viele Bäcker in Deutschland unverzeihbar, während in Italien oder in Frankreich nicht mit einer homogenen, kleinporigen Krume wie in Deutschland zu rechnen ist. Eine von Blasen überzogene Brotkruste gilt in Deutschland als unverkäuflich, im nicht deutschsprachigen Ausland wird dies oft als Qualitätsmerkmal einer langen, kühlen Teigführung angesehen. Die Reihe der Beispiele ließe sich fortsetzen.

Ein Brotfehler ist demnach ein Brotmerkmal, das mit der erwarteten und typischen Qualität einer Brotsorte nicht übereinstimmt. Die Bewertung eines Merkmals als Brotfehler ist höchst subjektiv.

MEIN TIPP
Sie werden am Anfang froh darüber sein, überhaupt etwas aus dem Ofen geholt zu haben, das einem Brot ähnlich sieht. Erst im Laufe der Zeit und mit wachsender Erfahrung im Brotbacken steigen auch die qualitativen Ansprüche an das eigene Brot. Sie müssen Ihre eigene Balance zwischen Anspruch und Realität finden.

Den Tätern auf der Spur

Jeder (vermeintliche) Brotfehler hat eine oder mehrere Ursachen. Um ihn beim nächsten Mal zu vermeiden, ist es wichtig, dass Sie beim Backen auf die jeweiligen Ruhe- und Garzeiten Ihres Teiges, aber vor allem auf die Teig- und Gartemperaturen achten. Gleiches gilt für Vorstufen, insbesondere für Sauerteige. Sind sie zu sauer oder zu mild oder ist ihre Menge nicht richtig dosiert, können Brotfehler auftreten, die das Brot ungenießbar machen. Auch die Intensität und Dauer des Beschwadens spielen eine wichtige Rolle zur Rekonstruktion der möglichen Fehlerquellen.

TABELLE 17
Typische Brotfehler und ihre Ursachen. Welche Ursache am wahrscheinlichsten ist, hängt von der jeweiligen Herstellungsweise ab.

BROTFEHLER	URSACHE	BROTFEHLER	URSACHE
BROTKRUSTE			
kleine Blasen auf der Kruste	zu kalte Teiglinge (Kondenswasser auf Teighaut) zu lange und kühle Stückgare zu viel Schwaden bei zu hoher Anbacktemperatur	helle Kruste	kein/zu wenig Salz im Teig zu kurz und/oder zu kühl gebacken zu schwach gesäuert zu wenig/kein Schwaden zu niedrige Enzymaktivität des Mehles
auf- oder abgerissene Kruste	zu wenig Schwaden (seitliche Risse, abgerissene Kruste bei Kastenbroten) zu viel Schwaden (feine Risse) zu kurze Stückgare zu kalt angebacken Teigoberfläche verhautet	dunkle Kruste	zu heiß und/oder zu lang gebacken zu stark gesäuert zu viel Schwaden zu hohe Enzymaktivität des Mehles
Schrumpffalten	zu kurz gebacken zu warm und feucht abgekühlt	verbrannte Kruste, zu dicke Kruste	zu lang und zu heiß gebacken
Blasige Hohlräume unter der Kruste	Teig zu weich oder zu kühl zu schwach gesäuert Stückgare zu feucht zu viel Schwaden zu hohe Enzymaktivität des Mehles	ungleichmäßig gefärbte Kruste	Teiglinge angetrocknet zu wenig Schwaden zu viele Teiglinge im Ofen bzw. Teiglinge zu dicht im Ofen
BROTKRUME			
großer Hohlraum / horizontale Risse unter der Kruste	zu weicher Teig zu lange Stückgare zu schwach gesäuert zu hohe Enzymaktivität des Mehles zu heiß angebacken	ungleichmäßige Farbe der Krume	Mehl beim Wirken eingearbeitet Vorstufen nicht ausreichend eingeknetet zu warmer Teig Teiglinge verhautet zu hohe Enzymaktivität des Mehles
senkrechte Risse in der Krume	zu fester Teig zu kalter Teig zu lange Stückgare zu stark gesäuert zu schwache Enzymaktivität des Mehles	zu kleine Porung, zu geringe Lockerung	Teiglinge zu intensiv bearbeitet zu kalter Teig zu fester Teig zu kurze Stockgare zu kurze Stückgare (zu viel Hefe) zu stark gesäuert zu niedrige Enzymaktivität des Mehles

BROTFEHLER	URSACHE	BROTFEHLER	URSACHE
dichtere Porung unter der Kruste (bei Kastenbroten normal)	Teig zu fest zu kurze Stockgare zu heiß angebacken	zu große Porung, zu starke und zu ungleichmäßige Lockerung	Teiglinge nicht intensiv genug bearbeitet Teig zu warm Teig zu weich zu lange Stockgare zu lange Stückgare (zu wenig Hefe)
Wasserring I (ringförmige Verdichtung der Krume, die etwas dunkler gefärbt ist als die restliche Krume)	Teig zu fest zu kurze Stockgare zu kurze Stückgare zu heiß angebacken	Krumenröllchen oder Krümel beim Schneiden	Brot zu frisch angeschnitten zu stark gesäuert (trockene Krümel) zu schwach gesäuert (feuchte Krümel) zu fester Teig zu kalt angebacken zu niedrige Enzymaktivität des Mehles
Wasserring II (ringförmige Verdichtung unter der Kruste)	Teig zu weich Teig zu kalt	trockene Krume	Teig zu fest (zu geringe Teigausbeute) kleberschwaches Mehl zu niedrige Enzymaktivität des Mehles
Wasserstreifen (feucht-klitschige Verdichtung der Krume über dem Brotboden)	Teig zu weich zu schwach gesäuert zu hohe Enzymaktivität des Mehles Backzeit zu gering Unterhitze zu schwach	unelastische Krume, klebrige Krume	zu kurz gebacken zu weicher Teig zu schwach gesäuert zu hoher Quell- oder Brühstückanteil zu hohe Enzymaktivität des Mehles
auffällige Hohlräume	Teiglinge nicht intensiv genug bearbeitet zu hohe Ober- oder Unterhitze		
BROTFORM			
Querschnitt zu flach	zu weicher Teig zu tief eingeschnitten oder gestippt zu lange Stückgare zu kalt angebacken zu schwach gesäuert zu hohe Enzymaktivität des Mehles	Taillenbildung bei Kastenbroten (vor allem Weizenbrote)	zu lange Stückgare zu viel Hefe zu wenig geknetet zu kurz und/oder zu kalt gebacken unsachgemäß geformt

BROTFEHLER	URSACHE	BROTFEHLER	URSACHE
Querschnitt zu rund	zu fester Teig zu wenig oder nicht eingeschnitten oder gestippt zu kurze Stückgare zu heiß angebacken zu wenig Schwaden oder Schwaden zu früh abgelassen zu stark gesäuert zu niedrige Enzymaktivität des Mehles	Kastenbrot an Oberfläche eingefallen	zu kurz und/oder zu kalt gebacken zu lange Stückgare zu weicher Teig zu kurze Stockgare
zu kleiner Ausbund	zu lange Stückgare zu kurze Stockgare nicht optimal eingeschnitten zu viel Schwaden zu fester Teig kleberarmes Mehl	nach oben gewölbter Boden	zu stark gesäuert zu fester Teig zu lang und zu kalt gebacken
zu großer oder unkontrollierter Ausbund	zu kurze Stückgare zu lange Stockgare nicht optimal eingeschnitten zu fester Teig kleberstarkes Mehl	glockenförmiger Querschnitt (breiter Boden mit spitzwinklig dazu verlaufenden Seiten)	zu lange Stückgare keinen Gärkorb verwendet zu weicher Teig zu schwach gesäuert zu kalt angebacken Schwaden zu spät abgelassen
GERUCH / GESCHMACK			
fade, kaum Aroma	zu wenig Salz zu kurz geführter Teig zu viel Hefe zu fester Teig zu schwach gesäuert zu kurz gebacken zu niedrige Enzymaktivität des Mehles	sauer	zu hoher Sauerteiganteil falsch geführter Sauerteig mit Betonung der Essigsäure zu alter, überreifer Sauerteig zu lang geführter Teig Spontangärung der Quell-/Brühstücke

Keine Scheu: eigene Rezepte erfinden

Irgendwann hat ein Hobbybäcker so viel Erfahrung gesammelt, dass er sich an eigenen Rezepten versuchen möchte. Es fängt an mit kleinen Veränderungen vorhandener Rezepturen, sei es aus Zeitgründen oder weil ein anderer Geschmack oder eine andere Form gewünscht wird. Es endet mit völlig eigenständigen Kreationen von Backwaren. Die Möglichkeiten sind unendlich. In jedem Fall sollten Sie beim Schaffen von Rezepturen einige Hinweise beachten, in deren Grenzen Sie Ihrer eigenen Kreativität freien Lauf lassen können.

Jede Zutat und ihren Anteil am Teig sollten Sie bewusst wählen, um dem Brot gezielt bestimmte Eigenschaften zu verleihen. Ohne Kenntnis der Funktion einer Zutat ist das Brotbacken nach eigener Rezeptur ein Glücksspiel.

Sämtliche Zutaten werden auf die Gesamtmehlmenge (beziehungsweise Gesamtgetreideerzeugnismenge) bezogen berechnet. Der Salzgehalt sollte in der Regel 2 % nicht übersteigen. Ausnahmen, zum Beispiel bei höheren Saatenanteilen, hohen Mehltypen oder sehr weichem Wasser, müssen dabei berücksichtigt werden.

Vor jeder Berechnung der Mengen sollten Sie Ihre gewünschte Teigausbeute, also die Teigkonsistenz festlegen und darauf Ihre Rezeptur aufbauen.

Alle Zutatenmengen sollten Sie zunächst in Prozenten berechnen. Das vereinfacht die Umrechnung auf ein bestimmtes Teiggewicht. Begonnen wird mit denjenigen Zutaten, die die Konsistenz des Teiges beeinflussen, also mit den Getreideerzeugnissen, dem Wasser und anderen wasserhaltigen Lebensmitteln.

Die Wahl der Hefemenge muss auf die Führungsart abgestimmt sein.

Die Wahl der Vorstufe muss sich nach den Teigzutaten, den gewünschten Teigeigenschaften und dem erhofften Geschmack richten. Die Dauer von Stock- und Stückgare ist entsprechend anzupassen.

Generell lohnt es sich, andere Rezepte miteinander zu vergleichen und sich daran zu orientieren.

Am wichtigsten für erfolgreiche Rezepte ist, trotz aller Planung und Erfahrung, immer noch das Lernen aus Versuch und Irrtum. Ausprobieren, prüfen, Fehler korrigieren, erneut ausprobieren. Nur so können Sie vor allem am Anfang gröbere Fehler erkennen und beheben. Misserfolg ist der beste Lehrmeister.

Service

Bezugsquellen

TECHNIK

http://www.assistent-kuechenmaschine.de

Karl-Heinz Häussler GmbH
Nussbaumweg 1, 88499 Heiligkreuztal
www.backdorf.de

Holländer & Zacharias GbR
Flinschstr. 35, 60388 Frankfurt
http://www.ankarsrum-deutschland.de

http://www.kenwood24.de
http://www.kitchenaid.de

Manz Backtechnik GmbH
Münster 193, 97993 Creglingen
http://www.manz-backtechnik.de

http://www.miele.de/de/haushalt/produkte/Herde_Backoefen.htm
http://www.neff.de/produkte/herde-back %C3 %B6fen.html
http://shop.backdorf.de

Unold AG, Vertrieb & Service
Mannheimer Str. 4, 68766 Hockenheim
http://www.unold.de

ZUBEHÖR UND HILFSMITTEL

http://www.backfunshop.de
http://www.brotformen24.de
http://www.gaerkorb.de

Hobbybäcker Versand Inge Pinzer
Am Mühlholz 6, 89287 Bellenberg
http://www.hobbybaecker.de

http://www.ketex.de/online-shop
http://www.ploetzblog.de/markt

GETREIDEERZEUGNISSE

Adler Mühle
Eichstetter Str.3
79353 Bahlingen am Kaiserstuhl
http://www.adler-muehle.de/form/index.html

http://www.backstars.de
http://www.gaerkorb.de
http://www.hobbybaecker.de
http://www.hobbybrauerversand.de (Malze)

Horbacher Mühle
Produktions- und Handels GmbH
Oberhorbacher Str. 25
53819 Neunkirchen-Seelscheid
http://www.horbacher-muehle.de

http://shop.hubermuehle.de
http://www.isaak-naturkost.de
http://www.ketex.de/online-shop
http://www.mehlstuebchen.de

Buchtipps zur Vertiefung

BREAD: A BAKER'S BOOK OF TECHNIQUES AND RECIPES
Sehr gutes Brotbackbuch für Hobbybäcker mit Vorkenntnissen. Ein Klassiker.
Autor: Jeffrey Hamelman
Verlag: John Wiley & Sons
ISBN 978-1118132715

BROTLAND DEUTSCHLAND (BAND 1–3)
Eigentlich für professionelle Bäcker geschrieben, aber auch für fortgeschrittene Hobbybäcker eine nahezu unerschöpfliche Wissens- und Rezeptquelle.
Autor: Franz Josef Steffen
Verlag: Deutscher Bäcker-Verlag
ISBN 3920787161
(Band 1 vergriffen)

BROT / PAIN
Standardwerk für weizenlastige Brote aus der Schweiz. Für erfahrene Hobbybäcker ein Schatz aus Grundlagen und vielen Rezepten.
Autor/Verlag: Richemont Fachschule
ISBN 3905720051

ADVANCED BREAD AND PASTRY
Zwar widmet sich nur das halbe Buch dem Brotbacken, aber dafür sehr intensiv. Ein Muss für Hobbybäcker, die tief in die chemisch-physikalischen Prozesse und Einflussfaktoren des Brotbackens eindringen wollen.
Autor: Michel Suas
Verlag: Delmar
ISBN 978-1418011697

Backen wie zu
Oma‘s Zeiten
Frisch gemahlene Mehle ohne Zusatzstoffe
Dinkel
1000 g
Dinkelmehl
frisch gemahlen
Type 630
mehl
www.horbacher-muehle.de
Horbacher Mühle
Horbacher Mühle - Oberhorbacher Str. 25, 53819 Neunkirchen-Seelscheid

Internettipps

Das Internet ist voller Informationen zum Brotbacken. Die empfohlenen Internetseiten können nur ein kleiner Ausschnitt aus diesem riesigen Angebot sein, geben aber einen ersten Überblick und Verlinkungen auf weitere Informationsmöglichkeiten.

Unter http://www.brotbackbuch.de finden Sie eine eigens für dieses Buch eingerichtete Informationsseite. Der Buchautor Lutz Geißler steht Ihnen dort für alle Fragen, Probleme und Anregungen rund um die Rezepte und Informationen des Buches zur Verfügung.

Wenn Sie auf der Suche nach weiteren Rezepten und Tipps sind, besuchen Sie den Foodblog des Buchautors Lutz Geißler unter
http://www.ploetzblog.de.
Unter http://www.baeckerlatein.de finden Sie außerdem ein umfangreiches Lexikon mit Fachbegriffen rund um das Brotbacken.

REZEPTE
http://www.backfreaks.de
http://baeckersuepke.wordpress.com
http://berndsbakery.blogspot.ca
http://breadaroundtheworld.blogspot.de
http://brotdoc.com
http://www.northwestsourdough.com
http://www.hefe-und-mehr.de
http://ketex.de/blog
http://kochtopf.twoday.net
http://ostwestwind.twoday.net
http://www.petras-brotkasten.de
http://www.ploetzblog.de
http://www.schellikocht.de
http://www.wildyeastblog.com

FOREN
http://www.backenmitvollkorn.de
http://www.backfreaks.de
http://www.backrezepte-online.de/forum
http://brotbackforum.iphpbb3.com
http://www.der-sauerteig.com
http://www.wir-baecker.de

VIDEOANLEITUNGEN
http://www.youtube.com/user/breadhitz
http://www.youtube.com/user/breadtopia
http://www.youtube.com/user/Ploetzblog
http://www.youtube.com/user/virtuousbread
http://brotbackforum.iphpbb3.com/forum/77934371nx46130/videosammlung-f16

Rund ums Brot

ZENTRALVERBAND DES DEUTSCHEN BÄCKERHANDWERKS E. V.
http://www.baeckerhandwerk.de

BACKWARENTESTS DER DLG
http://www.dlg.org/backwarentest.html

DEUTSCHES BROTREGISTER
http://www.brotregister.de

DIE BÄCKER. ZEIT FÜR GESCHMACK E. V.
http://www.die-baecker.org

WISSENSFORUM BACKWAREN E. V.
http://www.wissensforum-backwaren.de

INSTITUT FÜR QUALITÄTSSICHERUNG VON BACKWAREN E. V.
http://www.brot-test.de

LEITSÄTZE FÜR BROT UND KLEINGEBÄCK
http://www.bmelv.de/cae/servlet/contentblob/379754/publicationFile/22005/LeitsaetzeBrot.pdf

LEITSÄTZE FÜR FEINE BACKWAREN
http://www.bmelv.de/SharedDocs/Downloads/Ernaehrung/Lebensmittelbuch/LeitsaetzeFeineBackwaren.pdf

Bildquellen

Alle Fotos stammen vom Autor.
Die Grafiken fertigte Anita Voigt nach Vorlagen des Autors.

Schnell nachgeschlagen

Impressum

Bibliografische Information der Deutschen Nationalbibliothek
Die Deutsche Nationalbibliothek verzeichnet diese Publikation in der Deutschen Nationalbibliografie; detaillierte bibliografische Daten sind im Internet über http://dnb.d-nb.de abrufbar.

Wollgrasweg 41, 70599 Stuttgart (Hohenheim)
E-Mail: info@ulmer.de
Internet: www.ulmer.de

Umschlagentwurf, Innenlayout und Satz: Miriam Strobach, www.lefoodink.com, Wien
Reproduktionen: Medienfabrik, Stuttgart
Druck und Bindung: Friedrich Pustet KG, Regensburg
Printed in Germany

ISBN 978-3-8001-7957-2